JN050141

aruco
シンガポール
Singapore

こんどの旅行も みんなと同じ、お決まりコース?

「みんな行くみたいだから」「なんだか人気ありそうだから」
とりあえずおさえとこ。そんな旅もアリだけど……
でも、ホントにそれだけで、いいのかな?

やっと取れたお休みだもん。
どうせなら、みんなとはちょっと違う
とっておきの旅にしたくない?

『aruco』は、そんなあなたの
「プチぼうけん」ごころを応援します!

★女子スタッフ内でヒミツにしておきたかったマル秘スポットや穴場のお店を
思い切って、もりもり紹介しちゃいます!

★観ておかなきゃやっぱり後悔するテッパン観光名所 etc. は
みんなより一枚ウワテの楽しみ方を教えちゃいます!

★「シンガポールでこんなコトしてきたんだよ♪」
帰国後、トモダチに自慢できる体験がいっぱいです

そう、シンガポールでは、
もっともっと、
新たな驚きや感動が
私たちを待っている!

さあ、"私だけのシンガポール"を見つけに
プチぼうけんに出かけよう!

arucoには
あなたのプチぼうけんをサポートする
ミニ情報をいっぱいちりばめてあります

aruco調査隊が行く!!①
シンガポ
中国系に台
世界名

女子スタッフが現地で実体験＆徹底調査☆　本音トークを「aruco調査隊が行く!!」「裏aruco」でお伝えしています。

どの
ぼうけんに
しようかな？

アフタヌーンティーと
ハイティーの違い
シンガポールでは、3段トレイのスイーツとともに楽しむティータイムをアフタヌーンティー、スイーツと飲茶などのスナックを揃えたビュッフェスタイルの軽食をハイティーと呼ぶことが多い。

知っておくと理解が深まる情報、アドバイスetc.をわかりやすくカンタンにまとめてあります☆

日焼け止め
サングラスと帽子
折りたたみ傘
ウエットティッシュ
常備薬
カーディガン

女子ならではの旅アイテムや、トラブル回避のための情報もしっかりカバー☆

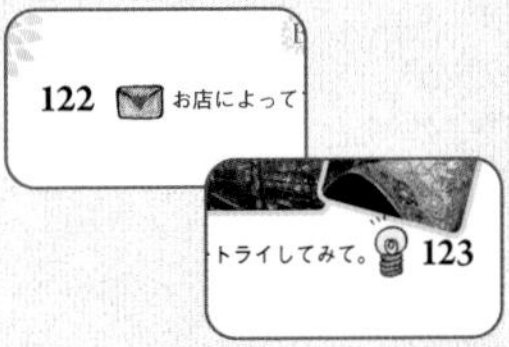
122
お店によって
トライしてみて。
123

右ページのはみだしには編集部から、左ページのはみだしには旅好き女子のみなさんからのクチコミネタを掲載しています☆

マリーナベイ・サンズを極める　TOTAL 14時間

オススメ時間　10:00〜21:00　予算　$60〜

鉄板コースで1日満喫

P.18の攻略プランをたどれば、1日まるごと楽しめる。「スペクトラ」を見たあと、「ガーデン・ラプソディ」（→P.25）のナイトショーへハシゴも◎。

プチぼうけんプランでは、予算や所要時間の目安、アドバイスなどをわかりやすくまとめています。

物件データのマーク

⌂……住所
※#01-05などは階数と店番号で1階の05号店を表しています。
※2F（2nd Floor）、L2（Level2）はビルの階数を現地表記で表しています。

☎……電話番号

[FAX]…ファクス番号
※国番号65も記載しています。

[Free]…フリーダイヤル

🕘……営業時間、開館時間

[休]……休館日、定休日

[料]……予算、入場料、料金

[予]……予約の必要性

[交]……交通アクセス

[URL]…URL

✉…E-Mailアドレス

[Card]…クレジットカード
A：アメリカン・エキスプレス、D：ダイナース、J：ジェーシービー、M：マスター、V：ビザ

[室]……部屋数

[他]……その他の店舗

👠…ドレスコード

別冊MAPのおもなマーク

●……見どころ、観光スポット

Ⓡ……レストラン、食堂

Ⓒ……カフェ

Ⓢ……ショップ

[B]……スパ、マッサージ

[H]……ホテル

本書は正確な情報の掲載に努めていますが、ご旅行の際は必ず現地で最新情報をご確認ください。
また、掲載情報による損失などの責任を弊社は負いかねますので予めご了承ください。

■発行後の情報の更新と訂正について

発行後に変更された掲載情報は、『地球の歩き方』ホームページ「更新・訂正・サポート情報」で可能なかぎり案内しています（ホテル、レストラン料金の変更などは除く）。ご旅行の前にお役立てください。

[URL]www.arukikata.co.jp/travel-support

シンガポールでプチぼうけん！
ねえねえ、どこ行く？なにする？

観光にグルメにお買い物、スパ。

うーん、やりたいことはキリがない！

ココ行っておけばよかった、あれ食べたかった……、

そんな後悔をしないように、

ビビッときたものにはハナマル印をつけておいて！

新しいものが
ざっくざく
シンガポールは今
世界でイチバン熱い国！

4

一気にシンガポール Lover になっちゃう！
コレはゼッタイ見たい！　やりたい！

ドキドキとわくわくが詰まった
マリーナベイ・サンズへ！　P.28

フォトジェニックなスポットを探して
シンガポールの街角をホッピング♪　P.22

最旬の
シンガポールも、
文化も自然も
カバーしましょ

噂の未来系植物園で
おもしろ写真撮りまくり！　P.34

かわいすぎて美しすぎる！
華麗なるプラナカンの世界　P.38

シンガポール観光の定番
3大動物園を1日でハシゴする！？　P.50

2大名物チキンライス＆チリクラブ
名物料理はどこで食べる？　P.58

空港に出現した近未来都市！
ジュエル・チャンギ・エアポート　P.42

5

ローカルフードに、中国料理、マレーにインドにプラナカン……
選べないから全部食べちゃえ！

ダイエットは帰ってから！

美食家をうならせる
やみつき必至の絶品中華 Best5

P.94 →

究極のスローフード!?
プラナカン料理を初体験☆

P.98 →

キャー、全部おいしそう♥
シンガポールスイーツの誘惑

P.106 →

シンガポールで行きたい
人気の個性派カフェはコチラ

P.112 →

帰りたく
ないなぁ！

憧れの高級ホテルで
ハイソな午後のティーブレイク♪

P.110 →

きらめく夜景に感動☆
とっておきのルーフトップバー

P.118 →

今それ買わなきゃ、ゼッタイ後悔する！
手放しちゃ、ダメ〜！

繊細かつ優美な
プラナカン雑貨にうっとり
P.122

お気に入りの香りを身につけて
女子力めちゃアップ！！
P.126

シンガポールで見つけた
喜ばれるおみやげ
P.124

S.C.こんなにあるの!?
狙いを定めてかしこくショッピング
P.130

買いすぎ警報は
スルーですか？

シンガポールの注目
ティーブランドを徹底比較
P.132

シンガポールのスパで、心も体もリフレッシュ！

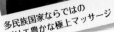

女磨きは
エンドレス

多民族国家ならではの
バリエ豊かな極上マッサージ
P.144

せっかくだからリュクスなスパで
思いっ切り自分磨き♡
P.140

Contents

Let's go!

便利
だね!

"取りはずせる"
別冊MAP

巻末

ざっくり知りたいシンガポール基本情報

これだけ知っておけば安心だね

お金のコト

通貨・レート **$1**=**約102円** (2023年5月現在)

シンガポールの通貨単位はS$（シンガポール・ドル）、
補助通貨単位はS¢（シンガポール・セント）。※本書では$、¢と表記。

両替 手数料にも気をつけよう

円からシンガポール・ドルへの両替は、空港や街なかの銀行、両替商
でできる。レート、手数料は国内、海外と両替商ごとに違うので確認
を。またVISA、Masterなどのカードがあれば、空港や街なかにある
ATMでのキャッシングも可能（金利には留意を）。

チップ 基本的に不要

レストランなどでよいサービスを受けたと思ったら、
小銭のおつりを置いてもいい。ホテルのベルボー
イ、ルームメイドには$2前後が目安。

物価 日本よりやや高い

（例：(500ml)=$0.7〜、🚕=$3.9〜、🚆=$0.99〜）

お金について詳細はP.184をチェック！

ベストシーズン **4月〜9月頃**

シンガポールは熱帯モンスーン気候に属しているため、年中高温多湿。雨季と乾
季に分かれており、10〜3月の雨季は雨が多く、気温もいくらか下がる。4〜9月
の乾季は雨が少なく、空気も乾燥している。ただし、乾季であってもスコールは
頻繁にある。6〜8月は特に日差しが強い。

日没は1年を通して19:00頃

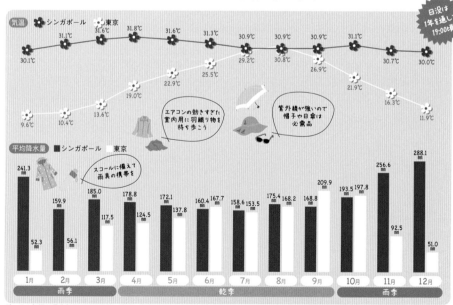

エアコンの効きすぎた室内用に羽織り物を持ち歩こう

紫外線が強いので帽子や日傘は必需品

スコールに備えて雨具の携帯を

データ：気温は最高気温の月平均値　東京：気象庁　シンガポール：National Environment Agency（国家環境庁）

日本からの 飛行時間

直行便で 約**6**時間30分～**8**時間

成田⇒シンガポール7時間30分～8時間、
羽田⇒シンガポール7時間30分～8時間、
大阪⇒シンガポール約7時間、
名古屋⇒シンガポール約7時間、
福岡⇒シンガポール約6時間30分、
札幌⇒シンガポール約8時間30分

ビザ

14日もしくは30日間の 滞在なら不要

14日か30日かは入国審査官の判断による。通常一般的な観光の場合は30日間になることが多い。
パスポート残存有効期間＝入国時点で6ヵ月以上必要。

時差

－**1**時間（サマータイムはない）

日本	8	9	10	11	12	13	14	15	16	17	18	19	20	21	22	23	0	1	2	3	4	5	6	7
シンガポール	7	8	9	10	11	12	13	14	15	16	17	18	19	20	21	22	23	0	1	2	3	4	5	6

言語

公用語は英語、北京語、マレー語、タミール語

多民族国家のシンガポールでは、他民族間のコミュニケーションは英語。また多様な言語が混ざり合ったシングリッシュ（→P.174）も用いられている。

旅行期間

3泊以上は必要

シンガポールは小さな島国。しかしこのなかにガーデンズ・バイ・ザ・ベイやマリーナベイ・サンズなど旬の観光スポットや、チャイナタウン、リトル・インディアといった魅力的な街がたくさんあるので、できれば3～4泊したいところ。

交通手段

MRT＆タクシーが便利

詳細はP.181～183

建国記念日にはパレードや空軍戦闘機のショー、花火などが行われおおいに盛り上がる

おもな祝祭日とイベント

1月1～3日	新正月
1月22～23日（2024年は2月10～11日）	中国正月（旧正月）※
2月8日	タイプーサム※
4月7日	グッド・フライデー※
4月22日	ハリ・ラヤ・プアサ※
5月1日	レイバー・デー
6月2日	ベサック・デー※
6月22日	ドラゴンボート・フェスティバル※
6月29日	ハリ・ラヤ・ハジ※
8月9日	ナショナル・デー（建国記念日）
9月15～17日	F1シンガポール・グランプリ※
11月12日	ディーパヴァリ※
12月25日	クリスマス

2023年の日程。※は毎年日にちが変わる。

中国正月（旧正月）の旅行は注意

旧正月の2～3日間は休業となるレストランや店が多い。マレー系の店ではハリ・ラヤ・プアサやハリ・ラヤ・ハジのイスラムの祝日に休む店、インド系の店ではディーパヴァリに休む店が多い。

シンガポールのバーゲン情報

シンガポールには、旧正月前の「チャイニーズ・ニューイヤー・セール」と5月後半～7月後半の「グレート・シンガポール・セール」というふたつのバーゲンシーズンがある。この時期、小売店はもちろんデパートや一流ブティックまでもがバーゲンを行い、なかには50～80％割引きになる物もあるので、ブランドショッピングを考えている人は要チェック！

ふーんしらなかったなぁ

こまかい規則や法律に注意！

ゴミのポイ捨ては最高$1000の罰金やガムの持ち込み禁止など、シンガポールにはこまかな法律がたくさんある。詳しくは→P.177、182

シンガポールの詳しいトラベルインフォメーションは、P.176～をチェック！

3分でわかる！
シンガポールかんたんエリアナビ

到着！

シンガポールの面積は東京23区とほぼ同じと小さく
観光スポットは、マリーナ・エリアを中心としたエリアに集中。
MRTという電車を利用すればたいていの観光スポットにアクセスできる。
この地図でだいたいの距離感をつかんでおこう。

Malaysia
Singapore
チャンギ国際空港

A シンガポールのアイコンが集結する注目エリア
シティ・ホール＆マリーナ・エリア
City Hall & Marina Area
マーライオンにマリーナベイ・サンズ、極めつ
けは未来系植物園、ガーデンズ・バイ・ザ・ベ
イと見どころ満載のエリア。夜は光のショーも
必見。高級ホテルやS.C.も多い。

ガーデンズ・
バイ・ザ・ベイ → P.34

マリーナ
ベイ・サンズ → P.28

マリーナ・エリア → P.152

夜遊びに
来てね♪

オーチャード・ロード
Orchard Rd.

タングリン・ビレッジ
Tanglin Village

G

D

クラーク・キー周辺
Clarke Quay

B

H

チョンバル
Tiong Bahru

チャイナタウン＆
シェントン・ウェイ
Chinatown & Shenton Way

C

B 健全な夜遊びが楽しめる
クラーク・キー周辺
Clarke Quay
レストラン、バー、クラブ、カフェな
どが集合し、夜になるとさらに勢いを
増す一大夜遊びスポットのクラーク・
キー。川沿いを西へ進んだロバートソ
ン・キーもレストラン街として人気。

クラーク・キー → P.154

C 一度は訪れたい美食エリア
チャイナタウン＆シェントン・ウェイ
Chinatown & Shenton Way

チャイナタウン → P.156

MRT東北線／ダウンタウン線チャイナ
タウン駅を中心に広がる中国世界。色
鮮やかに塗り替えられたショップハウ
スでは、みやげ物店、中国料理店など
が営業し、中国パワー全開のエリア。

UNIVERSAL
● ユニバーサル・
スタジオ・シンガポール

J

セントーサ島
Sentosa Island

D ショッピング派はここへ直行！
オーチャード・ロード
Orchard Rd.
言わずと知れたシンガポールいちの
ショッピング・ストリート。ファスト
ファッションにハイブランド、あやし
げな一坪ショップまであり、歩いてい
るだけで新しい発見がありそう。

オーチャード・ → P.150
ロード

N

0   1km

I ♥ Singapore

ムスタファ・センター → P.66

E インド好きにはたまらない
リトル・インディア
Little India

MRT東北線／ダウンタウン線リトル・インディア駅を降りると、そこはもうインド世界。ヒンドゥー寺院やインド雑貨店、インド料理のレストランなど思いっ切りインドの空気に浸ってみよう！

リトル・インディア → P.160

リトル・インディア
Little India

E

カトン
Katong

ブギス ＆
アラブ・ストリート
Bugis & Arab St.

F

シティ・ホール＆
マリーナ・エリア
City Hall & Marina Area

A

●マーライオン　ガーデンズ・
　　　　　　　バイ・ザ・ベイ
●マリーナ
　ベイ・サンズ

F イスラム世界に迷い込む
ブギス＆アラブ・ストリート
Bugis & Arab St.

MRT東西線／ダウンタウン線ブギス駅周辺は、若者向けのS.C.やスナック店が多く、いつもにぎわっている。そこからわずか300mあまりのアラブ・ストリート界隈は、エキゾチックなイスラムワールド。

アラブ・
ストリート界隈 → P.158

G 高感度なレストランやバーが集合
タングリン・ビレッジ
Tanglin Village

ボタニック・ガーデンの南に広がる緑地はタングリン・ビレッジと呼ばれ、おしゃれなカフェやレストランが点在するグルメスポットとして有名。中心となるデンプシー・ヒルを中心に散策してみよう。

デンプシー・ → P.166
ヒル

H 若者カルチャーを体感
チョンバル
Tiong Bahru

昔ながらのノスタルジックな街並みに新しいカフェやおしゃれな雑貨店がオープン。若者の注目を集めるトレンドエリア。

チョンバル → P.164

I 美しい街並みにうっとり♥
カトン
Katong

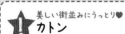

マレーと中国、ヨーロッパの文化が融合したプラナカン文化が息づく数少ないエリア。装飾の美しいプラナカン様式の住宅が目を楽しませてくれる。

カトン → P.162

プラナカン文化 → P.38,122

J 究極のエンタメアイランド☆
セントーサ島
Sentosa Island

セントーサ島 → P.46

シンガポール本島の南に位置する小さな島。島内にはレジャー施設やアトラクション、ホテル、そしてアジア最大級の統合型リゾート施設「リゾート・ワールド・セントーサ」がある。

USS → P.72

リゾート・ワールド → P.70
セントーサ

INFORMATION

point① 入国審査が電子化
入国前のオンライン登録が必須に！

2020年3月末に紙の入出国カードが廃止された。入国者は事前にオンラインでアライバルカードと健康申告書の登録が必須！　入国3日前から可能なので登録を忘れずに。

オンライン登録で入国がスムーズに

チャンギ国際空港はT1〜T4の4つのターミナルがあり、施設も充実

詳細は →P.178

クレジットカードのほか、交通系ICカードの「イージー・リンク・カード」、スマホ決済のアップルペイやグーグルペイが使える店がある

QRコードを読み取り、オーダーする店が急増

point② キャッシュレス化が進行中！
クレジットカードを携帯しよう

国の政策に新型コロナ感染症の影響も加わり、キャッシュレス化が急速に進行中。飲食店ではクレジットカードや電子マネーでの支払いが主流で、現金不可の店もあり注意が必要。

point③ ホーカーズやフードコートでの食器返却が義務化

2021年から2022年にかけて、ホーカーズ、フードコート、コピティアムでの食器返却が義務化された。食事のあと、トレイや器、ゴミなどは指定の場所に片づけよう。注意を受け、従わなければ罰金刑も。

食べ終わったら食器は返却棚へ

食器返却場所は「ハラル」と「ノンハラル」に分かれている。マレー・ムスリム料理店の食器は「ハラル」へ

イージー・リンク・カードのトップアップ（増額）マシン。クレジットカード専用と現金が使えるタイプがある

改札手前に増額のマシンが並ぶ

詳細は →P.182

point④ MRT（電車）のチケット廃止
乗車にはプリペイド式カードが必要

2022年3月末にカードタイプのスタンダード・チケットが廃止に。切符を購入して乗車することができなくなり、イージー・リンク・カードやツーリスト・パスなどのプリペイド式カード、もしくは非接触タイプのクレジットカードが必要に。

街には活気が戻り、観光客も増加中。今のシンガポール旅行で知っておきたいポイントと話題のトレンドをお届けします！

今行きたい！最新スポット情報

SIGHTSEEING

無料の屋上庭園で天空散歩！キャピタスプリング

オフィスとサービスアパートメントが入居する高さ280mのキャピタスプリング。屋上スカイガーデンと17〜20階のグリーンオアシス、2〜3階のホーカーズが一般開放に。

360度の絶景ビューが楽しめる！

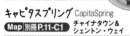

マーケット・ストリート・ホーカーセンター

1. 安くてうまい店が多く、オフィスワーカーで混み合う 2.「ヤミー・ニョニャ・プラナカン」（♠#02-22）のプラナカン定食 3. エビのうま味たっぷりのブラウン・ヌードル$5

キャピタスプリング CapitaSpring
Map 別冊P.11-C1
チャイナタウン＆シェントン・ウェイ

♠88 Market Place
⏰スカイガーデン8:30〜10:30、14:30〜18:00 マーケット・ストリート・ホーカーセンターは店によって異なる 休土・日曜、祝日
🚇MRTラッフルズ・プレイス駅から徒歩約3分

駅のホームは昔のまま

郊外でサイクリングがトレンド ブキ・ティマ鉄道駅

2011年に廃止されたシンガポール国内のマレー鉄道の線路跡地と駅を、緑豊かなトレイルとしてリニューアル。復元されたブキ・ティマ鉄道駅は庭園やカフェが設けられ、憩いの場に変身。

ブキ・ティマ鉄道駅
Bukit Timah Railway Station
Map 別冊P.2-B2
シンガポール全図

写真撮影に人気の鉄橋

1932ストーリー 1932 Story
ブキ・ティマ鉄道駅敷地内のれんが造りの鉄道職員宿舎を改装した趣のあるカフェ。レトロな調度品を配した室内のほかガーデン席も。
Map 別冊P.2-B2　シンガポール全図

♠1005 Bukit Timah Rd. ☎9427-7177
⏰9:00〜21:00 休無休 🚇MRTキング・アルバート・パーク駅から徒歩約5分

NEWS

エンタメ感満載の自動販売機が登場

日本でも話題の生搾りオレンジジュースの自販機

果汁100%の生搾りオレンジジュースの自動販売機が街のいたるところにある。4個分のオレンジ果汁たっぷりの1杯が$2。街歩きでのどが渇いたら、手軽に水分&ビタミンチャージ！

あっというまに搾汁！

交通グッズを扱うナックストップの自動販売機で、電車やバスをデザインしたバッグやキーチェーンなどをゲット。ブギス・ジャンクションの入口にあり。**Map** 別冊P.20-B2

鉄道好きは要チェック！バスやMRTグッズの自販機

15

MORNING

予算 $5〜

行列必至の安ウマローカル朝食

喜園咖啡店

YY Kafei Dian

カヤトーストや海南チキンライスが有名な海南系のコーヒーショップ。ここには知る人ぞ知る人気の朝限定のビーフン&フライドヌードルがある。選べる具材の組み合わせでいくとおりにも楽しめる。

[Map] 別冊P.9-C1 シティ・ホール&マリーナ・エリア

🏠37 Beach Rd., #01-01 ☎6336-8813 🕘7:30〜19:00（土・日曜、祝日8:00〜） [休]旧正月 [Card]不可 [交]MRTシティ・ホール駅、エスプラネード駅から徒歩約6分

ベースの麺は$1.5、魚のすり身揚げや目玉焼きなどの具材は1品$0.7〜1.5

10:00頃に売り切れるので早めに

朝食にはカヤトースト（手前）やクロワッサン（後方左）もおすすめ

ふわふわソフトパンのカヤトースト（$1.6）もぜひトライ

リーズナブルな朝食メニューやハッピーアワーを活用しよう

物価の高いシンガポールでも安心！ [時間別]お得な情報教えます

地元の人が愛用する名店からレストランのハッピーアワーまで、お得に楽しめるレストランの時間別利用法をまとめました。

7:30- 10:00-

予算 $8〜

LUNCH

ローストダックとクリスピーローストポークのコンボライス$10.8

香港ミシュラン1つ星の名店

カムズ・ロースト・エクスプレス Kam's Roast Express

香港のロースト料理の有名店が、アイオン・オーチャードのフード・オペラ（→P.97）内にホーカースタイルの店をオープン。看板メニューのジューシーなローストダックをはじめ、チャーシュウも美味。

[Map] 別冊P.15-C2 オーチャード・ロード（西部）

🏠2 Orchard Turn, #B4-03/04 Food Opera@ION Orchard ☎6513-3718 🕘10:00〜21:15（土・日曜、祝日〜21:00） [休]無休 [Card]不可 [交]MRTオーチャード駅から徒歩約4分

店先にはこんがり焼けたロースト類がつるされている

HAPPY HOUR

ハッピーアワーは、カクテルは通常価格より$3安い$20〜、ビールは1グラス$12〜

予算
$30〜

生ガキが割安になる時間帯を狙おう
オイスターバンク
The Oyster Bank

月〜金曜17:00〜20:00、土・日曜15:00〜18:00はハッピーシャッキングアワーと称し、お酒1杯ごとに最大6個の生ガキを1個$2（通常$3.95）で提供。さらに12:00〜21:00はお酒も安くなるハッピーアワー。

Map 別冊P.10-B2 チャイナタウン＆シェントン・ウェイ

🏠 39 Tanjong Pagar Rd., #01-02　☎6970-7662
🕐12:00〜15:00、16:30〜22:30（金曜〜24:00、土曜12:00〜24:00、日曜12:00〜22:30）
🗓旧正月1〜2日間
Card A.J.M.V.
🚇MRTマックスウェル駅から徒歩約5分

料理メニューは和食の要素を取り入れた創作系。手前はポークの串焼き$16

ハッピーシャッキングアワーで供される生ガキ。うま味ととろける食感がたまらない

17:00-20:00（土・日曜 15:00〜18:00）　**17:00-22:00**

予算
$15〜

創業以来、変わらない家庭の味です

4代目店主のタンさん

DINNER

駅近＆リーズナブルな穴場ホーカーズ
アルバート・センター・マーケット＆フードセンター
Albert Centre Market & Food Centre

ブギス駅近くのHDB（住宅団地）の1階にあるホーカーズは、いつも地元客で大にぎわい。料理のバリエーション豊富で、比較的リーズナブルな店が多く、エコノミーライスは$3前後〜、麺料理は$3.5〜。

Map 別冊P.20-B2 ブギス＆アラブ・ストリート

🏠 270 Queen St., 1F Albert Centre　🏪店によって異なり、7:30頃〜21:00頃　🚇MRTブギス駅から徒歩約3分

人気のコーヒー・リブは香り高い風味

スパイスの効いた甘辛いソースを鶏のから揚げにからめたフレグラントチキン

地元で人気の名物食堂
東亞餐室
Tong Ah Eating House

サクサクのカヤトーストで名をはせる老舗。中国広東の家庭料理の店としても定評があり、値段も安い。料理は3サイズあり、肉料理$15〜、炒飯$5.5〜、炒め米麺$6〜。小サイズでもボリューム満点。

Map 別冊P.10-A2 チャイナタウン＆シェントン・ウェイ

🏠 35 Keong Saik Rd.　☎6223-5083　🕐7:00〜22:00（水曜〜13:00）※朝時間と水曜はカヤトーストとコーヒーメニューのみ。料理メニューは11:00〜14:30、17:00〜22:00。🗓旧正月3日間　**Card**不可　🚇MRTアウトラム・パーク駅から徒歩約6分

豚足が豪快に入ったフライドビーフン$26

ピリ辛ソース添え揚げ豆腐$12

手前右のエコノミービーフンセットは$3.3、手前左のポピアは$2

シンガポール3泊5日 aruco的 究極プラン

見どころもエンタメも満載のシンガポール。
あれもしてみたいし、ここにも行ってみたい！
そんな願いをぜ～んぶ叶えるaruco的究極プランをご案内♪

Day 1　シンガポール到着！夕方からでも出かけちゃおう☆

初日はホテルでゆっくり、なんてもったいない。
さっそく街へ繰り出して夜までパワー全開！

15:30 日本からの直行便でチャンギ国際空港到着

タクシー20分

16:30 ホテルにチェックイン

ピリリとスパイシー！

タクシー20分

17:30 「ジャンボ・シーフード」で
シンガポール名物
チリクラブの夕食　P.61

タクシー20分

19:45 未来系植物園
「**ガーデンズ・バイ・ザ・ベイ**」で
音と光のショーを観賞　P.24

ショーは19:45と20:45から。植物園は深夜2:00まで開園

徒歩10分

21:00 「**マリーナベイ・サンズ**」へ
移動して無料のショーをハシゴ！　P.24

無料なのにド迫力！

21:30 「マリーナベイ・サンズ」57階の
「**セラビ**」で初日の夜に乾杯☆　P.31

マリーナ・エリアを一望☆

タクシー5分

23:30 ホテルに帰る

Day 2　朝からショッピングへ繰り出す日！後半戦は動物園&ナイトサファリ

ショッピングとローカルフードを堪能したあとは
動物園&ナイトサファリで動物ウオッチング。

9:00 「キリニー・コピティアム」で
カヤトーストの朝食　P.117

徒歩5分

10:00 **オーチャード・ロード**で
ショッピング開始♪もちろん
スーパーマーケットも外せません！　P.136　P.150

フードみやげをゲット

徒歩3分

12:00 ちょっと奮発して、
念願の**チキンライス**を
「チャターボックス」で　P.60

タクシー30分

13:30 「**シンガポール動物園**」で
かわいい動物たちに急接近！　P.50

ボクに会いに来てね

徒歩3分

19:15 シンガポールの
夜のメインイベント
「**ナイトサファリ**」へ
出発☆　P.54

ウンピョウも生きいきしてる！

タクシー30分

23:00 巨大なS.C.「**ムスタファ・センター**」で
ナイトショッピング開始　P.66

Day 3 マリーナ・エリアを攻める。
そのあとはエスニックタウン巡り！

「マリーナベイ・サンズ」や「ガーデンズ・バイ・ザ・ベイ」
を楽しんだらインド、アラブ、中国を数時間でハシゴ。

7:00 「サンズ・スカイ
パーク」の
スカイパーク・ヨガ
で1日をスタート！
P.30

すごい
眺め！

*徒歩
10分*

10:00 「ガーデンズ・バイ・ザ・ベイ」で
トリック写真撮影会！ P.34

P.34〜35で
撮影スポットを
チェック！

*タクシー
15分*

14:00 リトル・インディアに到着！
「バナナリーフ・アポロ」で P.90
フィッシュヘッド・カレーのランチ P.102

魚の頭が
まるまる
入ってる〜！

*徒歩
3分*

15:30 「アーユッシュ・アーユルヴェディック」で
シロダーラを体験。
しばしの休息時間 P.144

*タクシー
5分*

16:30

アラブ・ストリート界隈で
インスタ映えする写真の P.126
撮影会&香水を買う P.158

*タクシー
10分*

17:30 チャイナタウンに到着。中華料理を
つまみ食いしつつ、激安みやげ
を大量買い！ P.156

*徒歩
3分*

18:00

「味香園」でスノーアイス
を食べながらちょっと休憩 P.106

*タクシー
5分*

18:30 クラーク・キーからボートに乗って
シンガポール川をクルーズ P.27 P.155

*徒歩
1分*

19:30

クラーク・キーで
夜遊び開始！ P.154

Day 4 カトンで文化散策のあとは
エンタメが詰まったセントーサ島へ

カトンで食べ歩きしながらショッピング。
昼過ぎからタクシーでセントーサ島目指そう。

10:00 「ルマー・ビビ」の
インハウス・
ツアーに参加する P.40

プラナカンの
民族衣装を
着てみてね

*徒歩
10分*

辛いけど
おいしい

12:00 「チリ・パディ」で
プラナカン料理
のランチ P.162

*タクシー
5分*

13:00 ゲイランのドリアン・ストリートで
絶品ドリアン&フルーツをつまむ
P.120

15:00 アートサイエンス・ミュージ
アムの「フューチャー・
ワールド」で最先端デジ
タルアートを体験 P.76

*タクシー
15分*

18:30 セントーサ島に移動。
「メガジップ」などスリル満点
のアトラクションを楽しむ P.46

ど真ん中の
席を狙って☆

*徒歩
5分*

19:40 水と光のショー
「ウイングス・オブ・
タイム」に感動 P.48

*タクシー
20分*

22:00 ホテルに戻って空
港へ。
空港に着いたら、
最後のショッピン
グ P.42 P.138

意外と何でも
揃っちゃう！

深夜 チャンギ国際空港発日本へ
（翌日着）

ビューン

19

リピーターさんにおすすめの
シンガポールの西部を攻めるプラン。

ビール好きはぜひ！

10:00「タイガービール
工場」見学へ！

おいしい
生ビールに感動♥
P.86

タクシー
30分🚕

12:30「リバーワンダーズ」で
パンダに癒やされる　P.52

子パンダの
ルァルァ

徒歩
3分

15:00「シンガポール動物園」で　P.50
のびのびと過ごす
動物たちに感動！

ゾウに
エサやり

徒歩
3分

19:15 ナイトサファリ

こんなおみやげ
買っちゃいました！

ローカルデザイナーの
ミニノート各$9
P.124

キム・チュー・
クエ・チャン
のプラナカン
陶器の小皿
$18~38
P.123

プラナカンタイ
ル柄の箱入り
クッキー各$18
P.45

ジャマール・カズ
ラ・アロマティッ
クスのエジプト製
香水ビン$25
P.127

リトル・イン
ディアで見つ
けたアーユル
ヴェーダコス
メ$1~
P.146

medimix

medimix

体を動かしてリフレッシュしたい人におすすめ。
運動のあとはごほうびスイーツ♥

8:30「シンガポール・ボタニック・
ガーデン」で朝ヨガ　P.83

マイナス
イオン
たっぷり！

徒歩
10分

12:00 ひと汗流したあとは
ガーデンカフェ「ハリア」で昼食を　P.83

和牛を使った
ナシ・レマ

タクシー
10分🚕

13:30 グッドウッド・パーク・ホテルの
「レスプレッソ」で
優雅なハイティー・ビュッフェ　P.150

ビュッフェ
スタイルが
うれしい

タクシー
15分🚕

16:30「シンガポール・
フライヤー」から
マリーナ・エリアを
見下ろす　P.153

タクシー
5分🚕

19:00「ジャスティン・フレーバー・オブ・アジア」
で絶品ローカルフードの夕食　P.32

徒歩
15分

21:00 ビルの33階にあるビール醸造所
「レベル33」で　P.119
クラフトビールを味わう

ビールも
絶景も
味わえる！

行きたいとこ
全部行こ！

こんな楽しみ方が
あったんだ！
とっておきのプチぼうけん

天空に浮かぶ船のホテルや、幻想的なスーパーツリーがきらめく植物園。
シンガポールには世界的にも珍しいスポットがめじろおし！
でも普通に観光するだけじゃつまらない……
そんな女子ゴコロを応援するaruco厳選のプチぼうけんで
シンガポールをもっと好きになっちゃお☆

LET'S GO!

レトロな歴史建築にポップな壁画まで

インスタ映え間違いなしの
フォトジェニックツアー

SNS映えスポット巡り

TOTAL
3時間

オススメ
時間 11:00〜
14:00

予算 $100

効率のよい回り方
①②③は歩ける距離にあるけれど、そ
のほかのスポット間の移動はタクシー
が◎。ランチはピエドラ・ネグラで。

さまざまな文化が交差するシンガポールならではの
ベストショットをカメラに収めよう。

カラフルな街並みに
ひとめ惚れ!

パステルカラーのショップハウ
スや派手なウォールアートか
らジェラートまで、かわいい&
おいしいスポットをご紹介。

1
クーン・セン・ロードの
プラナカンハウス
Peranakan House

1900〜1940年頃に
建てられた、色彩や
装飾の美しい家々が
連なる。民家なので
撮影の際は配慮を。

DATA → P.162

3
バーズ・オブ・パラダイスの
ボタニカル・ジェラート
Birds of Paradise

花やスパイスなど天
然の植物素材で作る
ジェラートは、食べ
る前に店名のボード
と一緒に撮影。

DATA → P.106

おいし〜

2
ルマー・ビビの
ショップハウス
Rumah Bebe

プラナカン雑貨店「ル
マー・ビビ」の外観
はアンティークなマ
ジョリカタイルで彩ら
れてレトロかわいい!

DATA → P.123

1. 1928年建設の歴史ある建物。東
洋と西洋が混ざり合った独自の折
衷様式が美しい。提灯は表札代わ
り　2. カラフルな外壁に気分も盛り
上がる

1. タバスコ入りのブラッディ・マリー（$15）は刺激的　2. モルカヘテ（すり鉢）で供されるセビーチェ（魚介のマリネ）$14.9

4 ハジ・レーンのグラフィティアート
Haji Lane

奇抜なペイントが年々増加中のハジ・レーン。パイオニアはメキシコ料理の「ピエドラ・ネグラ」の壁画。

DATA → P.159

ピエドラ・ネグラ
Piedra Negra

[Map] 別冊P.22-B3　サルタン・モスク南側

⌂241 Beach Rd.　☎9199-0610
🕘12:00～24:00（金・土曜～翌2:00）
[休]無休　[Card]A.M.V.　[予]不要
[交]MRTブギス駅から徒歩約10分

6 タン・テンニア邸
Residence of Tan Teng Niah

中国南部とヨーロッパ建築がミックスしたド派手なお屋敷。1900年に中国人事業家のタン氏が創建。

[Map] 別冊P.18-B3　リトル・インディア

⌂37 Kerbau Rd.

色使いがスゴイ！

このエリアでは最古の中国人屋敷

5 オールドヒル・ストリート・ポリス・ステーション
Old Hill Street Police Station

カラフルな窓枠が印象的な旧ヒル・ストリート警察署。1934年建設のネオクラシック建築。

1. 現在は情報通信芸術省が入居し、アートスペースも併設　2. 窓枠は5色に塗り分けられている　3. ライトアップされる夜もフォトジェニック！

[Map] 別冊P.7-D2　クラーク・キー周辺

⌂140 Hill St.

カメラマンとっておきの場所を公開！
毎晩でも見たい！シンガポールの夜を彩る
光のショーをハシゴ

マリーナ・ベイ周辺では毎晩、光と音楽の無料ショーが開催される。
大人気のふたつのショーをどこで見るか、どうやってハシゴするかを
詳しく解説。きらめく夜景をバックにファンタジーの世界へ。

まるで
SF世界のような光景
ガーデン・
ラプソディ
Garden Rhapsody

DATA →P.25

マリーナ・エリアの
2大ショーを制覇しよう！

ガーデンズ・バイ・ザ・ベイのショー
「ガーデン・ラプソディ」を見たあと、歩
いて移動し、マリーナベイ・サンズのイベ
ントプラザで「スペクトラ」を見るのが定
番コース。時間が許せば、「スペクトラ」を
さまざまなスポットから楽しんでみよう。

ナイトショーをハシゴする

TOTAL
1.5時間

オススメ
時間　19:45〜
　　　21:15

予算　$0

 ふたつのショーを徒歩でハシゴ
ふたつのショー会場であるガーデンズ・
バイ・ザ・ベイとマリーナベイ・サンズ
間は連絡通路で結ばれていて、徒歩約
10分。P.25のスケジュールを参考にハ
シゴしてみて。リピーターさんはP.26
〜27をチェック！

水と光の
シンフォニー
スペクトラ
'Spectra

DATA →P.25

19:45 START

芝生に座って見るとこんな感じ

ツリーの下から見ると花火のよう

3

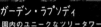
SF世界にいるみたい

1

2

📷 **Advice!**
スーパーツリーとマリーナベイ・サンズを入れた構図がおすすめ。迫力が出るのはスーパーツリーの真下から。奥行きを出した広い写真が撮りたいなら芝生の場所からがベスト。

ガーデン・ラプソディ
園内のユニークなツリータワー「スーパーツリー」が、光のマジックと壮大な音楽で演出される、約15分間のファンタジックなショー。

Map 別冊 P.13-C3　マリーナ・ベイ周辺
🕐19:45～20:00、20:45～21:00
休無休　料無料
URL www.gardensbythebay.com.sg

20:10

サンズへの連絡通路
連絡通路を直進し、サンズのホテル棟を通り抜ける

展望スペース
上階には展望スペースがあり、ガーデンズ・バイ・ザ・ベイがきれいに見える

6

5

20:00

エスカレーター
サンズの方向へ続く橋を渡りきり、左側のエスカレーターで上階へ上る

4

7

サンズのショッピングセンター屋上
ホテル棟を抜けた左側前方にあるエスカレーターでL1へ下りる

20:20 イベントプラザに到着
マリーナ・ベイに面した階段状のデッキで場所取り

8

📷 **Advice!**
コンパクトデジカメで夜景を撮る場合は、フラッシュをオフにして夜景モードで撮るといい。建造物を利用して、カメラを固定するように押さえて撮ると、手ブレが防げます。

GOAL

スペクトラ
マリーナ・ベイを舞台に繰り広げられる、音楽、水、光の壮大なシンフォニー。中央最前列で見たいなら30分ほど前から場所取りが必要。

Map 別冊 P.12-B2　マリーナ・ベイ周辺
🕐20:00～20:15、21:00～21:15(金・土曜は22:00～22:15の回もある)
休無休
料無料　URL jp.marinabaysands.com

25

リピーター向けの
スペクトラ観賞スポット

スペクトラはイベントプラザで正面から見るのがいちばんおすすめだけど、リピーターならマリーナ・ベイのさまざまなスポットで、ひと味違う楽しみ方をしてみよう。

SPOT ジュビリーブリッジ
(歩道橋) から

光のオブジェと化したサンズとマーライオンを一枚に収めた写真が撮れる。

Map 別冊P.12-A1

📷 **Advice**
ここからの撮影のポイントは、水面に映ったレーザーの光を入れること。ジュビリーブリッジの光を入れると、より幻想的に。

Merlion ★

M

SPOT サンズの正面
(ワン・フラトン) から

複合飲食施設「ワン・フラトン」前のマリーナ・ベイ沿いのプロムナードは、マリーナベイ・サンズの真正面。 **Map 別冊P.12-A2**

SPOT クリフォード桟橋脇の
遊歩道から

Map 別冊P.12-A2

📷 **Advice!**
サンズ中心の夜景が撮れます。ショーを観賞するためにマリーナ・ベイに集まってくるクルーズ船を入れましょう。

📷 **Advice!**
ルーフトップのマリーナ・ベイに面したテラス席に座り、テーブルにカメラを固定するときれいに撮れますよ。

SPOT ヴューから

DATA→ P.153

マリーナ・ベイに面した高層ビルの最上階にあるダイニングバー。オープンエアのルーフトップバーは夜景観賞の特等席。

SPOT ヘリックス(歩道橋) から

サンズとマリーナ・ベイ多目的施設を結ぶ光の歩道橋が「ヘリックス」。歩道橋の幾何学的なフォルムがライトアップされて、光のトンネルに大変身。

Map 別冊P.12-B1

📷 **Advice!**
ヘリックスのたもとから、橋の全景とサンズ、ハスの形のミュージアムを入れると構図のまとまりがいいです。ヘリックスは日によって光の色を変えるので、いろんな色を撮影してみてください。

📷 **Advice**
ショーの開始10分後くらいのレーザー光線が出るタイミングで、観覧車の頂上に到着するようにタイミングを調整しましょう。

SPOT シンガポール・フライヤーから

DATA → P.153

ガラス張りの観覧車から、360度の絶景パノラマを楽しめる。きらめくマリーナ・エリアのロマンティックな絶景に感動すること間違いなし。

SPOT 船上から

19:30、20:30にクラーク・キーを出発するリバー・クルーズ船に乗れば、船上で「スペクトラ」(→P.25)を観賞できる。レーザー光線、光と水、音楽が一体となり迫力満点。

リバー・クルーズの詳細は →P.155

📷 **Advice!**
水と光、レーザー光線が写るので、迫力ある写真になります。ブレないようにカメラをボートの手すりにのせ、押さえて撮るといいですよ。

★ **Marina Bay Sands**

Gardens by the Bay ★

必見ポイント① クラーク・キー

レストラン、バー、クラブが密集する一大夜遊びスポットから出発！

Map 別冊P.8-A2

必見ポイント② UOBプラザなどの超高層ビル群

写真中央左右に、66階建て、高さ約280mのUOBプラザ。設計は有名な建築家丹下健三氏が手がけた。

Map 別冊P.8-B3

平日のほうがキレイ

必見ポイント③ フラトン・シンガポール

1928年創建のコロニアルなたたずまいにうっとり。ホテルの手前の橋は1868年に架けられたカベナ橋。

Map 別冊P.8-B3

必見ポイント④ マーライオン

海の上からなら金融街の超高層ビルを背負ってどっしりと立つマーライオンの姿を収められる。

Map 別冊P.12-A1

金融街をバックにバチリ☆

27

プチぼうけん 3

シンガポールNo.1の

絶景&エンタメスポット マリーナベイ・サンズを

朝から晩までMAX楽しもっ!

奇抜な姿とケタ違いのスケールを誇る、シンガポールの
アイコン「マリーナベイ・サンズ」。地上200mにある
天空に浮かぶ船「スカイパーク」はもちろん、おいしい食事に
エンタメにショッピングも堪能できて、テンション上がりっぱなし!!

世界第3位の高さを誇る
シンガポール・フライヤー
Singapore Flyer

シンガポール全域を見渡す世界最大規模の観
覧車。地上165mからの絶景は、絶対見てお
きたい!

→P.153

芸術と科学をフィーチャーした
アートサイエンス・ミュージアム
ArtScience Museum

ハスの花をイメージしたユニークな形の
ミュージアム。チームラボによるインスタ
レーションアートの常設展が話題。

→P.76

天空の展望台
サンズ・スカイパーク展望台
Sands SkyPark Observation Deck

船の先端部分にある展望台。タワー3の
地下1階で入場券を購入し、専用エレ
ベーターで56階へアクセス。

Map 別冊P.12-B2 マリーナ・ベイ周辺

🏠10 Bay Front Ave., L56〜57 Marina
Bay Sands ☎6688-8826 ⏰11:00
〜21:00 (最終チケット販売20:30)
無休 Card A.D.J.M.V. 大人$32、
2〜12歳、学生、65歳以上$28

行くべきスポットと
時間をおさえて
賢く回る

マリーナベイ・サンズには、食・買・
エンタメとあらゆる魅力的な施設が
入っている。じっくり見ようと思った
ら1日じゃ足りないメガ施設の、時間
別攻略プランを教えちゃいます。

Check!
泊まらなくても楽しめること
★スカイパークの展望台へGo!
★最上階にあるレストランやバー
から絶景を楽しむ
泊まった人だけ楽しめること
★空に溶け込むようなインフィ
ニティプールを利用できる。
プール越しの夜景は宿泊者
だけの特権!

無料ナイトショーの会場
イベントプラザ
Event Plaza

光と水のショー「スペクトラ」(→P.25) を観
賞しようと、毎晩多くの人が詰めかける。

時間別
攻略プラン

7:00	11:00	12:00	14:00	18:00	20:00
日の出とともに絶景の中で朝ヨガ	朝いちで美景パノラマひとり占め	セレブorローカルランチ	買い物&エンタメ楽しむ	サンセットを見ながらカクテル	水と光のショー「スペクトラ」を見る
@サンズ・スカイパーク展望台	@サンズ・スカイパーク展望台	@ショップス・アット・マリーナベイ・サンズ	@ショップス・アット・マリーナベイ・サンズ	@セラヴィ	@イベントプラザ
→P.30	→P.30	→P.32	→P.33	→P.31	→P.25

マリーナベイ・サンズを極める

TOTAL 13.5時間

[オススメ時間] 7:00～20:30　[予算] $100～

鉄板コースで1日満喫

P.28の攻略プランをたどれば、1日まるごと楽しめる。「スペクトラ」を見たあと、「ガーデン・ラプソディ」（→P.25）のナイトショーへハシゴも◎。

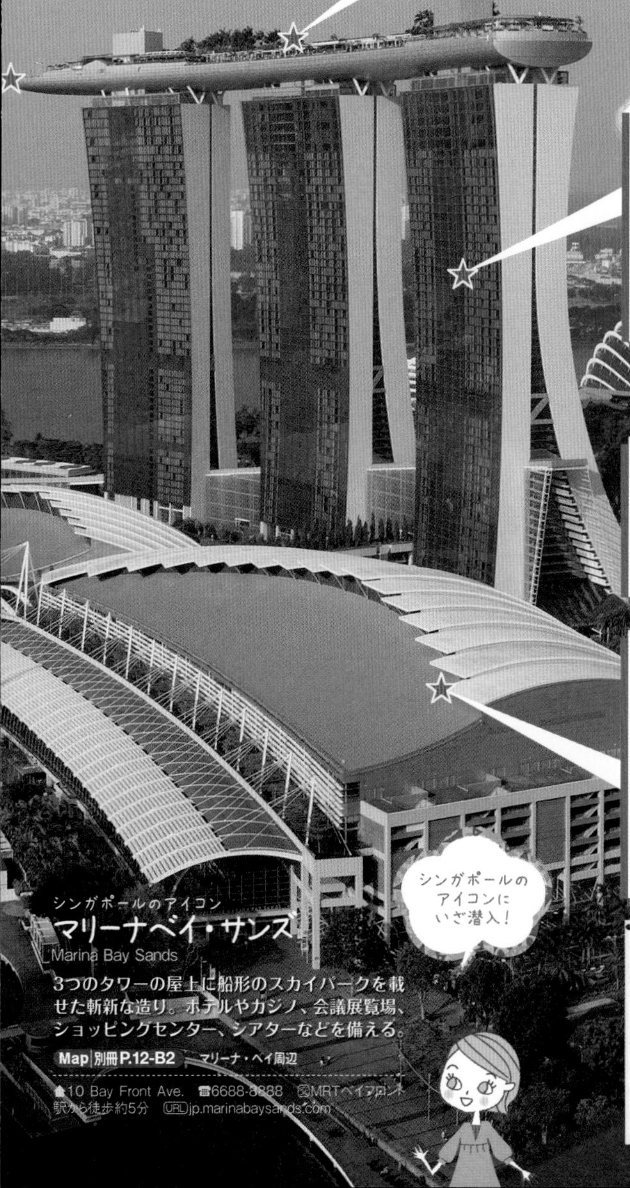

絶景パノラマに興奮

サンズ・スカイパーク

Sands SkyPark

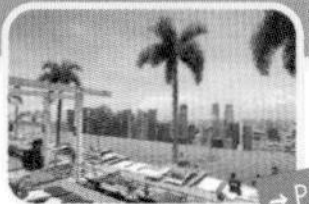

→P.30

マリーナベイ・サンズのトップ（56～57階）にある天空に浮かぶ船のこと。船の先端部分のサンズ・スカイパーク展望台、バーやレストランなど、どこからでも絶景が楽しめる。

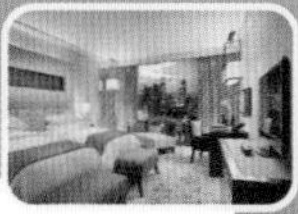

一度は泊まってみたい5つ星ホテル

マリーナベイ・サンズ（ホテル）

Marina Bay Sands

天空の船を支える3つのタワー部分がホテル施設になっている。

Map 別冊P.12-B2　マリーナ・ベイ周辺

☎6688-8868　[Card]A.D.J.M.V.
[料]$600～（＋18%）　[室]2200室
[URL] jp.marinabaysands.com/hotel.html

未来系植物園

ガーデンズ・バイ・ザ・ベイ

Gardens by the Bay

SFのような世界が広がるガーデン。サンズとともにシンガポールのアイコンのひとつに挙げられる。

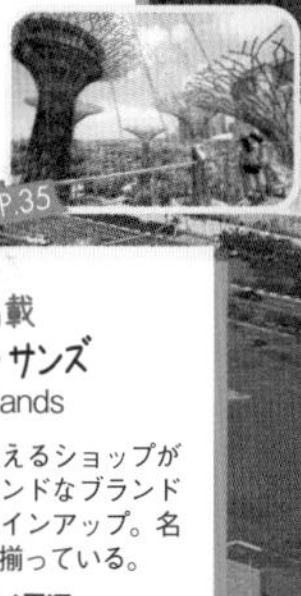

→P.35

買い物だけじゃない楽しみ満載

ショップス・アット・マリーナベイ・サンズ

The Shoppes at Marina Bay Sands

L1、B1、B2の3フロアに170店を超えるショップが並ぶショッピングセンター。ハイエンドなブランドからローカルの人気店まで多彩なラインアップ。名シェフのレストランや遊べる施設も揃っている。

Map 別冊P.12-B2　マリーナ・ベイ周辺

⌂10 Bay Front Ave., B2～L1 Marina Bay Sands
☎6688-8868　🕘10:30～22:00（金・土曜、祝日前日～23:00）　[休]無休

詳細マップは→別冊P.25

シンガポールのアイコン

マリーナベイ・サンズ

Marina Bay Sands

3つのタワーの屋上に船形のスカイパークを載せた斬新な造り。ホテルやカジノ、会議展覧場、ショッピングセンター、シアターなどを備える。

Map 別冊P.12-B2　マリーナ・ベイ周辺

⌂10 Bay Front Ave.　☎6688-8888　[交]MRTベイフロント駅から徒歩約5分　[URL]jp.marinabaysands.com

シンガポールのアイコンにいざ潜入！

おもなショップ＆レストランリスト

L1
シャネル、ミュウミュウ、ヴェルサーチ
フランクミュラー、Ⓡダラス・カフェ＆バー

B1
フェンディ、ディオール、エルメス、カルティエ、グッチ、ⓇCUT、Ⓡモット32シンガポール

B2
余仁生、ザラ、アルマーニ・エクスチェンジ、コーチ、セフォラ、バシャコーヒー、Ⓡアンジェリーナ

7:00
貸し切りのスカイパークで絶景朝ヨガ体験!

朝焼けに染まるドラマチックな絶景を眼下に望みながら朝ヨガ体験。この時間にスカイパーク展望台に入れるのはヨガの参加者のみ! 大都会のど真ん中で静寂に包まれながらのヨガ体験はシンガポールならでは。

気持ちがいいね

SOUTH

★ 天空の船でパワーチャージ
スカイパーク・ヨガ SkyPark Yoga
Map 別冊P.12-B2

🏠L56 Marina Bay Sands Tower 3　📞6908-7878
🕐木〜日曜7:00〜7:45　㊡月〜水曜　Card A.D.J.M.V.
💴$30　㊟3日前までにウェブから要予約　🚉MRTベイフロント駅から徒歩約5分　URL www.marinabaysands.com/offers/attractions/virgin-active-yoga.html

サンズ・スカイパーク
展望台東側からの眺め

🍴 DJブースを備える
極上ダイニング
ラボ LAVO

180度のパノラマを眺めながら、イタリア系アメリカ料理が楽しめる。名物のミートボール($39)はマストトライ!
Map 別冊P.12-B2

🏠L57 Marina Bay Sands
📞6688-8591　🕐11:00〜22:45（ディナーは、18歳未満は大人の同伴が必要）㊡無休　Card A.D.J.M.V.　㊟望ましい　🧥スマートカジュアル
※タワー1のエレベーターを利用。

📅 宿泊専用スペースのゲート
🛗 エレベーター
🚻 トイレ
↔ レストラン出入口

ショップ　インフィニティプール

すっすごい…　キッズプール
エレベーター
▶ タワー1

11:00
サンズ・スカイパークへは空気の澄んでいる朝に行く

スカイパーク展望台へは、きれいな写真が撮れる朝に訪れるのがおすすめ。スカイパーク内のレストランで食事すれば無料で57階へアクセスできてお得。

広々とした展望台

ジャグジー　ガーデン
▶ タワー2　EAST

🛍 ギフトショップでGet

オリジナルのランチバッグ($29)とマグカップ($20)

きれいか

360度シンガポールの大地と海が見渡せる

雑学スカイパーク　〜え〜

●建築家は?
モシェ・サフディMoshe Safdie氏
●どうやって屋上に船を作ったの?
地上で組み立てた数百トンのブロック状建造物を、屋上に設置した特殊ジャッキーで吊り上げて造設した。
●スカイパークの全貌
高さ:200m／総面積:12400㎡／全長:340m／プールの長さ:150m／総重量:約6万トン／デッキの収容人員:3900人

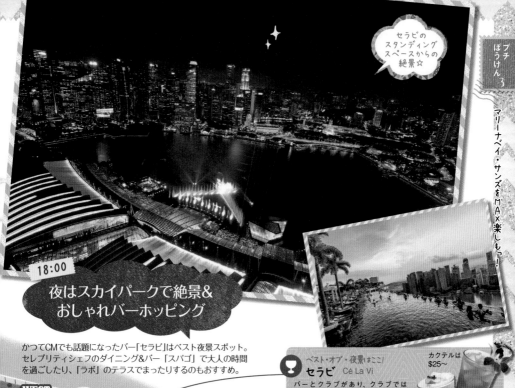

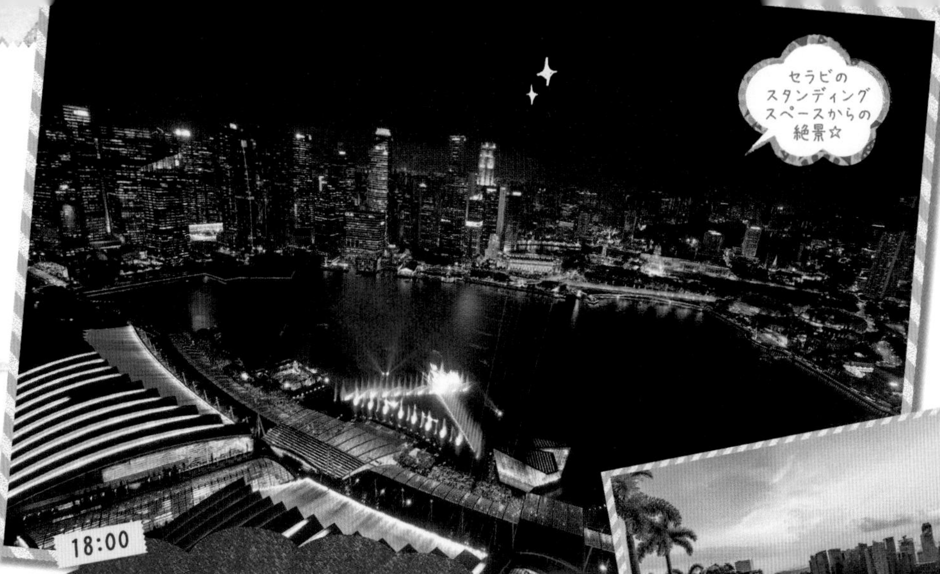
セラビのスタンディングスペースからの絶景☆

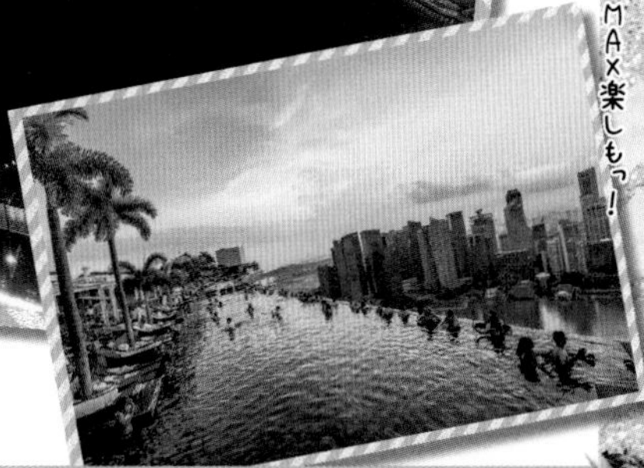

18:00

夜はスカイパークで絶景&おしゃれバーホッピング

かつてCMでも話題になったバー「セラビ」はベスト夜景スポット。セレブリティシェフのダイニング&バー「スパゴ」で大人の時間を過ごしたり、「ラボ」のテラスでまったりするのもおすすめ。

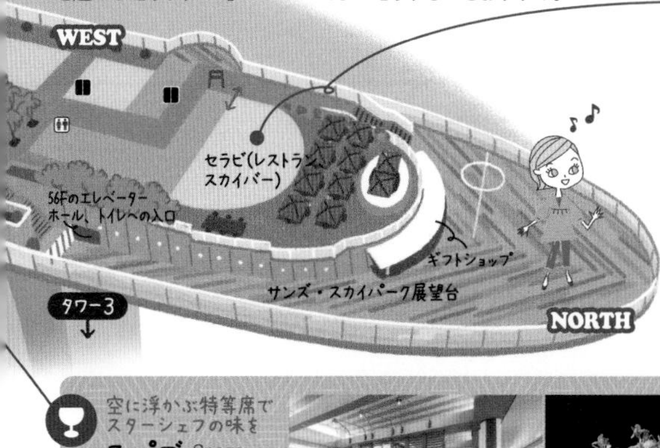
WEST
セラビ（レストラン、スカイバー）
56Fのエレベーターホール、トイレへの入口
ギフトショップ
サンズ・スカイパーク展望台
タワー3
NORTH

ベスト・オブ・夜景はここ！

セラビ Cé La Vi

バーとクラブがあり、クラブでは17:00からDJが登場しグルーブに包まれる。スカイデッキのバーからはさえぎるもののない夜景が望める。

Map 別冊P.12-B2

⌂L57 Marina Bay Sands ☎6508-2188 🕘12:00～15:00、17:30～翌1:00（L.O.14:30、23:15）。バー16:00～深夜 [休]無休 [Card]A.J.M.V. [予]レストランは要予約 👠22:00以降はドレスコードがあり、男性のタンクトップ、短パン、サンダルは入場不可 ※タワー3のエレベーターを利用。

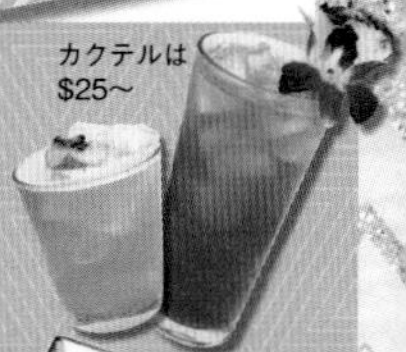

カクテルは$25～

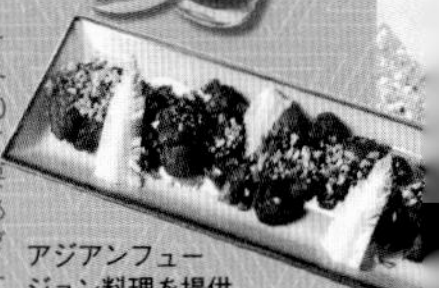

アジアンフュージョン料理を提供

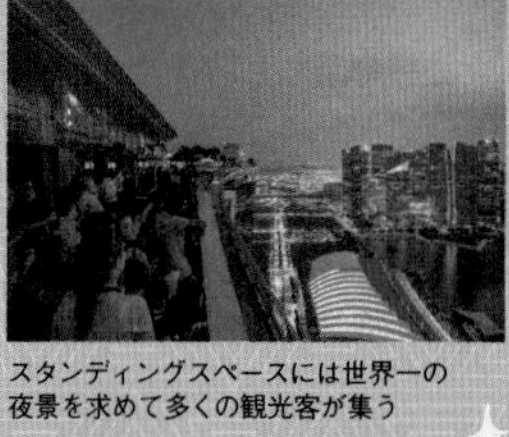

スタンディングスペースには世界一の夜景を求めて多くの観光客が集う

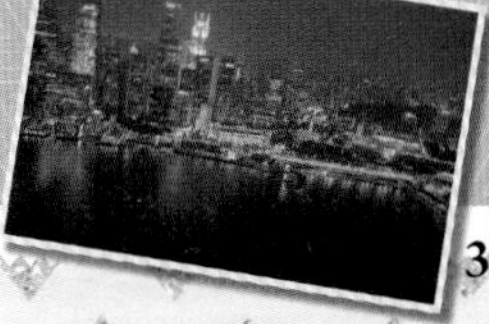

空に浮かぶ特等席でスターシェフの味を

スパゴ Spago

セレブリティシェフ、ウルフギャング・パック氏のカリフォルニア料理店。ラウンジは、夕日観賞にもおすすめ。

Map 別冊P.12-B2

⌂L57 Marina Bay Sands ☎6688-9955 🕘7:00～10:15、12:00～14:00、14:30～21:30（金・土曜、祝日前日、祝日～22:00） [休]無休 [Card]A.J.M.V. [予]要予約 👠スマートカジュアル ※タワー2のエレベーターを利用。

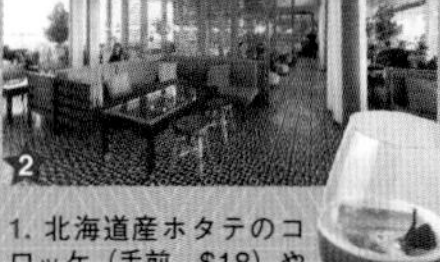

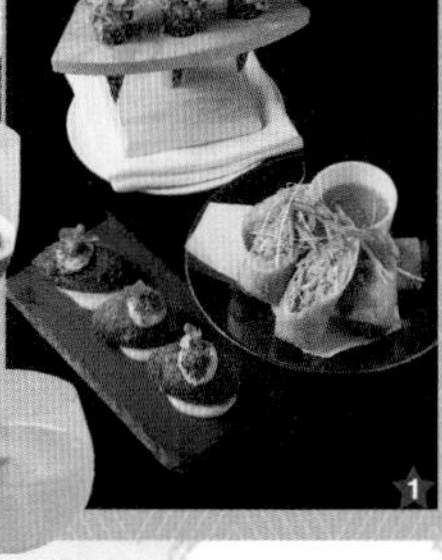

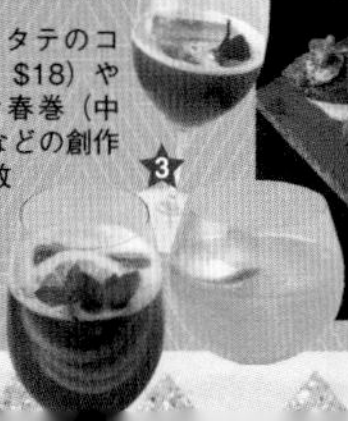

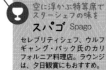

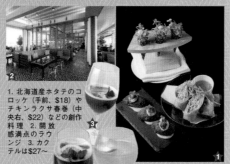

1. 北海道産ホタテのコロッケ（手前、$18）やチキンラクサ春巻（中央右、$22）などの創作料理 2. 開放感満点のラウンジ 3. カクテルは$27～

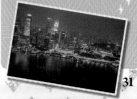

12:00

ランチはローカルフードorセレブシェフレストランで

スカイパークで絶景を堪能したら、ショップス・アット・マリーナベイ・サンズへ移動。L1、B1、B2の3フロアに、250店を超えるショップや名シェフのレストランがズラリと並ぶ巨大S.C.で、まずは腹ごしらえ。

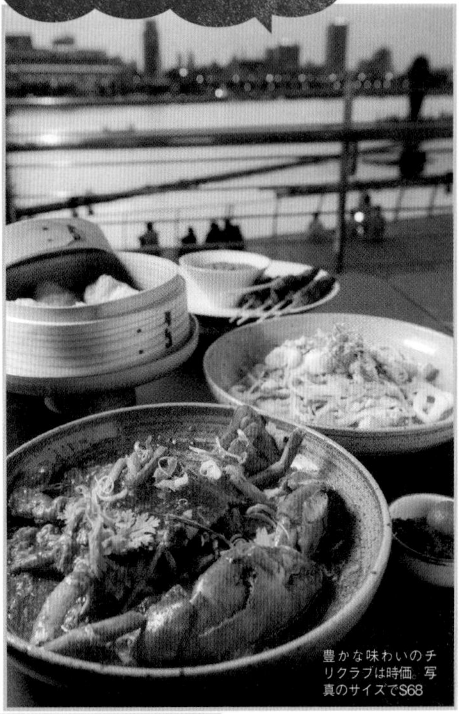

豊かな味わいのチリクラブは時価。写真のサイズで$68

🍴 洗練のモダンチャイニーズ
モット32シンガポール
Mott 32 Singapore

香港発のモダンチャイニーズレストラン。最先端の調理技術と選び抜いた食材で表現する独創的な中国料理と斬新なカクテルで特別な時間を。

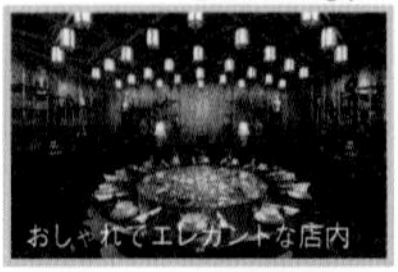

おしゃれでエレガントな店内

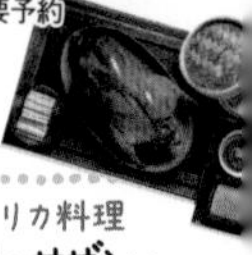

看板メニューの北京ダック（$128）は要予約

B1-42-44 The Shoppes at Marina Bay Sands

☎6688-9922 🕘11:30～14:15、17:00～21:30（バーは～24:00） [休]無休 [Card]A.J.M.V. [予]望ましい 👠スマートカジュアル

🍴 気軽に南アメリカ料理
ヤードバード・サザン・テーブル&バー
Yardbird Southern Table & Bar

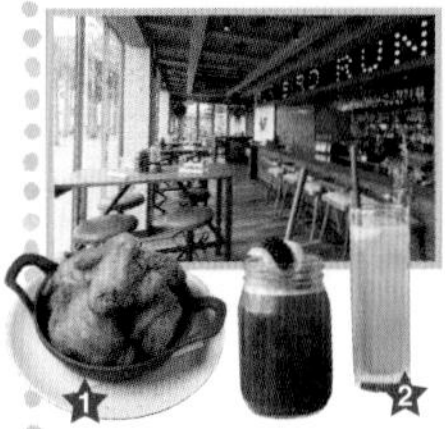

1. フライドチキン$38
2. カクテルは$22～

ミシュランスターシェフのジョン・クンケル氏がオープンさせたこの店の名物は、フライドチキンとワッフル、スイカが一緒にのったユニークな一皿（$46）。

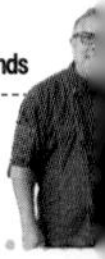

B1-07&L1-82 The Shoppes at Marina Bay Sands

☎6688-9959 🕘11:30～24:00（土・日曜10:00～。最終着席22:30） [休]無休 [Card]A.D.J.M.V. [予]望ましい

🍴 イギリス発の有名店
ブレッド・ストリート・キッチン
Bread Street Kitchen

ゴードン・ラムゼイ氏がプロデュースしたイギリス料理のレストラン。フィッシュ&チップスやシェパードパイなどの伝統料理をモダンにアレンジ。

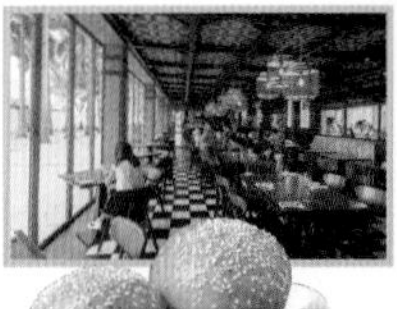

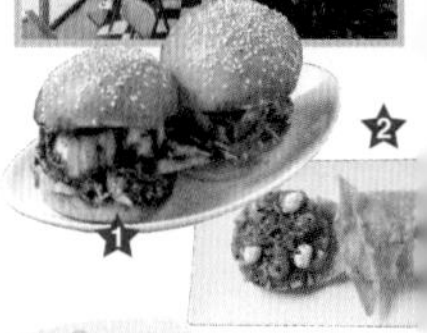

B1-01C&L1-81 The Shoppes at Marina Bay Sands

☎6688-5665 🕘12:00～21:30（木～土曜～22:30） [休]無休 [Card]A.J.M.V. [予]望ましい 👠スマートカジュアル

1. ポークBBQを挟んだミニバーガー
2. サーモン・タルタル$19

🍴 絶景と絶品料理に舌鼓
ジャスティン・フレーバー・オブ・アジア
JustIN Flavours of Asia

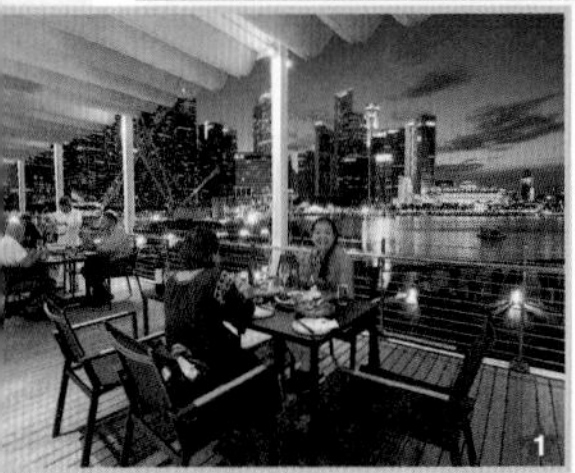

シンガポーリアンの著名シェフ、ジャスティン・クエック氏による、厳選素材を使ったローカルフードは絶品。平日のランチはチキンライスセットが$28。

L1-83 The Shoppes at Marina Bay Sands

☎6688-7722 🕘12:00～15:00、18:00～22:00(L.O.14:00、21:00) [休]無休 [Card]A.D.J.M.V. [予]望ましい

1. 屋外席では「スペクトラ」が観賞できる 2. アイスクリームサンド$10 3. ラムレッグの炭火焼きサテー$24 4. フォアグラ・ショーロンポー$25

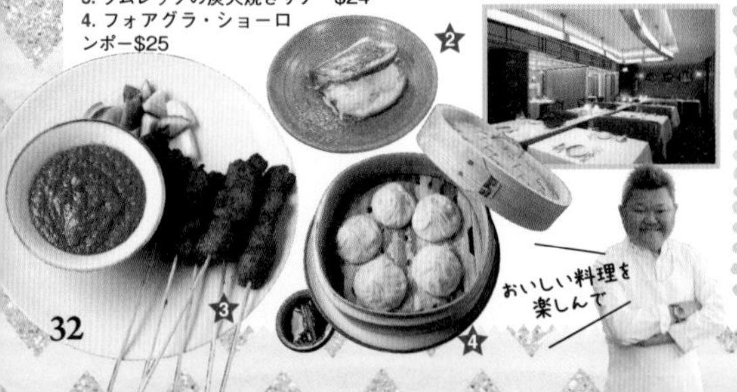
おいしい料理を楽しんで

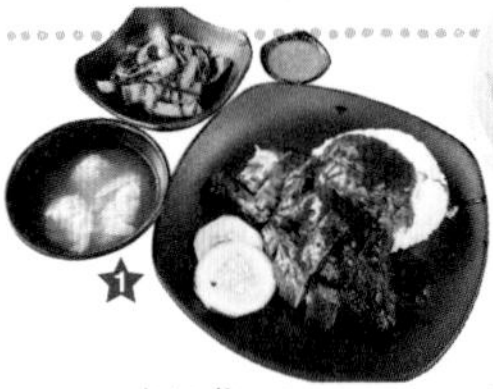

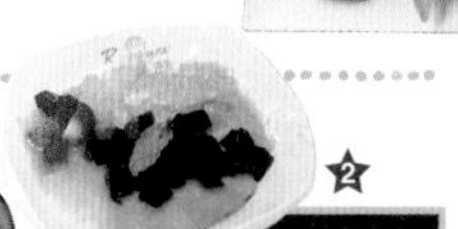

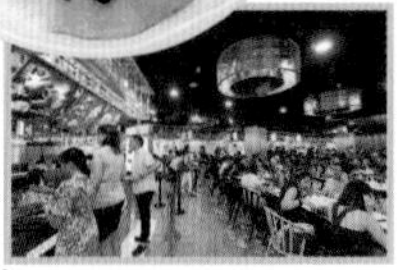

🍴 高級感のあるフードコート
ラサプラ・マスターズ
Rasapura Masters

S.C.内の大規模なフードコートは、24時間営業している店も。ローカルから各国料理までえりすぐりの本格派約30店が集合している。

B2-50 The Shoppes at Marina Bay Sands

☎6506-0161 🕘10:00～23:00、一部の店は24時間営業 [休]無休 [Card]不可

1. ローストダックと野菜、ワンタンスープとご飯のセット 2. マンゴー仙草ゼリー

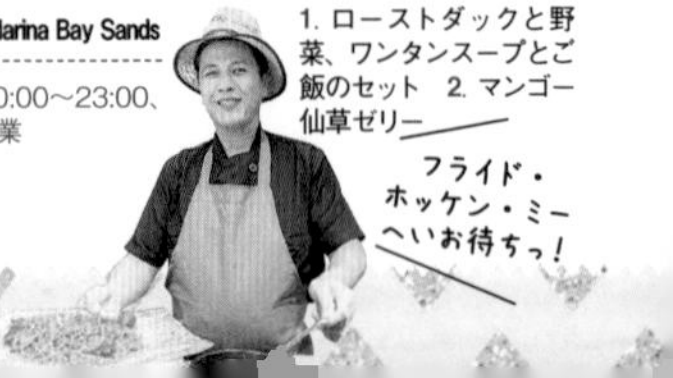
フライド・ホッケン・ミーへいお待ちっ！

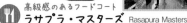

14:00

メガ施設内の注目ショップ＆エンタメスポットにフォーカス

ショップはハイエンドなブランドから、ローカルの人気店まで多彩なラインアップ。サンパンに乗ったり、アートを体験したりと遊べる施設も揃っている。

3種類のティーセット $90

人気のティーブランド
TWGティーガーデン・アット・マリーナベイ・サンズ
TWG Tea Garden at Marina Bay Sands

「TWGティーガーデン・アット・マリーナベイ・サンズ」（→P.132）と「TWGティー・オン・ザ・ブリッジ」の2店あり、ともにティーサロンを併設。まずはティーサロンでお気に入りを探してみて。

プチぼうけん 3

マリーナベイ・サンズをMAX楽しもっ！

便利な巨大スーパーマーケット
ジェイソンズ・デリ
Jasons Deli

ご当地クッキーやチョコ、インスタント麺などの食品みやげをはじめ、マーライオングッズなどの雑貨も扱う。

L1-29 The Shoppes at Marina Bay Sands

☎6509-6425　🕐10:00〜22:00（金〜日曜〜23:00）🈺無休　Card A.J.M.V.

アジア初出店のアメリカブランド
バス＆ボディワークス
Bath & Body Works

ボディケア用品店。多種類のフレグランスとかわいいパッケージ、手軽に買える価格で人気上昇中。日本未上陸の商品を先取りしちゃお！

B2-60 The Shoppes at Marina Bay Sands

☎6723-8080　🕐10:00〜22:00（金・土曜、祝日前日〜23:30）🈺無休　Card A.J.M.V.

サンダルをまとめ買い
チャールズ＆キース
Charles & Keith

シンガポール女子御用達のシューズ＆バッグブランド。サンダルは1足$45〜とそのリーズナブルさがアジアを中心に人気を呼び、日本にも進出を果たした。

DATA →P.128

最新デジタルアートを体感
⭐ デジタルライト・キャンバス
Digital Light Canvas

チームラボによるインタラクティブ・アート施設。LEDフロアと、頭上につり下げられたクリスタルにアートが出現（B2）。

☎6688-8826　🕐11:00〜21:00（最終チケット販売20:30）🈺無休　🈺$10（2歳未満は無料。フューチャー・ワールド（→P.76）の入場券があれば$5）

1万匹の魚の群れと遊べる

10:00〜23:00に1〜3時間ごとに噴射される

水のアート
⭐ レイン・オクルス
Rain Oculus

定時に巨大な漏斗状のアクリルボウルの中に水が噴射されると、渦を巻いて2階下のB2まで流れ落ちるという水のパフォーマンス。上から見ると渦潮、下から見ると滝。

水路を案内します

小舟で遊覧
⭐ サンパンライド
Sampan Rides

S.C.のB2にある水路を、昔のスタイルの船「サンパン」で、愉快な船頭さんと一緒に巡る。

🕐11:00〜21:00（最終チケット販売20:30）🈺無休　🈺1人$13

33

噂のガーデンズ・バイ・ザ・ベイ 昼も夜も120%楽しむ！

シンガポール観光で絶対に外せない未来系ガーデン。その想像を絶するビジュアルはまるでSFの世界に迷い込んだよう。スーパーツリーやアート作品は絶好の撮影オブジェ。ここでしか撮れない、ちょっと笑える写真を撮ってみよう！

スーパーツリーが
ニョキニョキ

テーマガーデンでパチリ♪ 笑える写真はココで撮る！

時間や都合に合わせて紹介のスポットから撮りたい場所を選んでみて。ショートカットもOK。撮影写真をその場でチェックし、ワイワイ盛り上がろう。2本のスーパーツリーを結ぶ高さ22mのつり橋「OCBCスカイウエイ」はスリル満点。

ガーデンズ・バイ・ザ・ベイを120%楽しむ

TOTAL 5時間

オススメ時間 14:00〜19:00 ／ 予算 $90〜

☀ 暑さ対策を万全に！
日陰はあるものの、日中はかなり暑い。帽子や日傘持参で。途中に売店はないので飲み物も忘れずに。ガーデンへの行き帰りはシャトルサービス（→P.37）かタクシー利用がよい。

Let's take the

ウォーミングアップ

チケット売り場から

14:00 スタート！

チケット売り場そばのアリの木の洞穴に入って1枚

ガブリ!!

📷 Scene ❶
フラワードーム西側
マリーナベイ・サンズの「空飛ぶ船」をまるかじり！

📷 Scene ❷
インディアンガーデン
ゾウを手にのせたり、つまんでみたり。

わーい！

こんな像もある！

📷 Scene ❸
マレーガーデン近くの
展望スペース
スーパーツリーを両腕の中に。さらにツリーの枝にぶら下がってみる!?

Scene 8

OCBCスカイウエイ

つり橋の上で360度の眺めとともにパチリ。

OCBCスカイウエイ → 下記データ

バーイ！オランウータン

これはサイチョウ

サンズも！！

フチほうけんヤ

Scene 7

ウェブ・オブ・ライフ

熱帯雨林の森に暮らす動物や鳥たちのトピアリーにご挨拶。

Scene 6

ドラゴンフライ・レイク

マリーナベイ・サンズだって持ち上げられる！

池の中にあるトンボ（金属アート）につかまって飛んじゃえ

噂のガーデンズ・バイ・ザ・ベイ昼も夜も120％楽しむ！

こんなの見たことない！

えりゃっ！

Pictures!

Scene 5

イベントスペース「メドウ」北側

イギリスの彫刻家の作品「眠っている男の子」が宙に浮かぶように作られている。約10mの巨大像が、撮り方次第で手の平サイズにも巨人にも。

Scene 4

フォトジェニックな屋内庭園

フローラル・ファンタジー
Floral Fantasy

花とアート、テクノロジーが融合した斬新な展示が話題。トンボの視点でガーデンズ・バイ・ザ・ベイ上空を飛び回る4Dライドも体験できる。

Map 別冊P.12-B3

⏰ 10:00〜19:00（土・日曜、祝日前日〜20:00）　㊡メンテナンス日　㊎大人$20、子供（3〜12歳）$12

Scene 1
フラワードーム西側

ホータス

フラワードーム

シルバーガーデン

クラウドフォレスト

シャトルサービス乗り場

ドラゴンフライ・レイク

アリの木

チケット売り場

Scene 3
展望スペース

Scene 2
インディアンガーデン

ドラゴンフライ・ブリッジ

スーパーツリー・グローブ

ゴールデンガーデン

インフォメーションカウンター

Scene 4
フローラル・ファンタジー

Scene 8
OCBCスカイウエイ

タクシー乗り場

Scene 6
ドラゴンフライ・レイク

Scene 5
メドウ北側

メドウ

Scene 7
ウェブ・オブ・ライフ

植物のテーマパーク

ガーデンズ・バイ・ザ・ベイ
Gardens
by the Bay

熱帯雨林をイメージしたスーパーツリー群、温度管理されたふたつのドーム型植物園、屋外のテーマ別ガーデンがある。

Map 別冊P.13-C2〜C3

マリーナ・ベイ周辺

🏠 18 Marina Gardens Drv.
☎ 6420-6848　⏰ 5:00〜翌2:00
㊡無休　㊎テーマガーデンは無料
🚇→P.37　🔗www.gardensbythebay.com.sg

OCBCスカイウエイ OCBC Skyway
⏰9:00〜21:00（最終入場は20:30）
㊎大人$12、子供（3〜12歳）$8

爆笑後は癒やしのダイニング、ドーム型植物園でクールダウン

ガーデンズ・バイ・ザ・ベイの施設ならではのレストランやバーも外せない。フラワードームの中のテラス席でブレイクタイム。ゴールは雲上のロストワールドへ。

フラワードームへ移動

15:00
ユニークな植物観察

スーパーツリー雑学memo
●スーパーツリー:巨木を模した人工ツリー。高さ:25〜50m 本数:18本。うち12本が中央部のスーパーツリー・グローブを形成。
●OCBCスカイウエイ:2本のスーパーツリーをつなぐ高さ22mのつり橋。全長128m。
●ツリーの植物:200種以上、約16万2900本の植物が植えられている。パイナップル科の植物をはじめランやシダなど色とりどり。
●スゴ技エコシステム:7本のスーパーツリーに設置された太陽電池で発電し、ライトアップに活用。

風格のあるオリーブの古木

何が見えるの?

1. 可憐な花からサボテン、巨木まで見られる 2. ホータス(→下記)の入口にある樹齢500〜1000年のオリーブの木 3. 幹が樽のようなボトルツリー 4. 記念写真スポットがあちこちに

世界最大級の温室
フラワードーム Flower Dome
23〜25℃に設定されたドーム内に、地中海沿岸と亜熱帯の半砂漠地帯の気候帯を再現。季節ごとに変わる美しい花々も見事。

Map 別冊P.13-C2

●9:00〜21:00(最終入場は20:30) ⑭メンテナンス日 **Card**A.D.J.M.V. ⑭クラウドフォレストとの共通チケット大人$53、子供(3〜12歳)$40 ⑭→P.37

緑のテラスでリフレッシュ

16:00
ドームの中でティータイム

地中海料理を供する
ホータス Hortus
フラワードーム内のガーデンカフェで、週末限定のアフタヌーンティーセット($58)を。モロッコ風ラム肉のパイ包み、マンゴーパッションフルーツシューなど多彩なメニューに舌鼓。

Map 別冊P.13-C2

🏠18 Marina Gardens Drv.,#01-09 Flower Dome ☎6702-0158
●11:00〜15:30、18:00〜22:00(土・日曜10:00〜13:30、15:00〜17:00、18:00〜22:00) ⑭月曜 **Card**A.J.M.V. ⑭要予約(予約するとゴールデンガーデン前からバギーでの送迎サービスあり)

早めに予約しておこう!

ひと休みしよー

1. アフタヌーンティーセットには、セイボリーとスイーツが5種類ずつ付く 2. プラス$40でおかわり自由のスパークリングワインを付けることも可能 3. ビンテージのお皿がかわいい 4. 植物に包まれた癒やしの空間

空中歩道の
クラウドウオーク
は爽快

17:30
ロストワールド
を探検

夜はライトアップ
されて神秘的

緑に覆われた神秘の空間
クラウドフォレスト
Cloud Forest

背の高いドームは、低温多湿な山岳地帯。35mの人工の山から滝が流れ落ち、ミストの雲が立ちこめる。エレベーターで頂上の「ロストワールド」に上り、高山植物や食虫植物などを観察。

➡データはフラワー **→P.36**
ドームと同様

高山へ
いらっしゃ~い

ウツボカズラ

1. 空中に張り巡らされたクラウドウオークで空中散歩を楽しもう　2. 原始的なアートが山中に　3. ボルネオのキナバル山を模した人工の山。植物体系もユニーク　4. 滝の裏側の展望スペースから滝を望む　5. ライオンの口が出口になっている

サラセニア

食虫植物を
探してみて

ウツボカズラ　　ハエトリグサ

プチ
ぼうけん！

噂のガーデンズ・バイ・ザ・ベイ昼も夜も120％楽しむ！

ガーデンズ・バイ・ザ・ベイへの
楽々アクセス！

MRTベイフロント駅下車、B出口から出てドラゴンフライ・ブリッジのほうに向かうとすぐにシャトルサービスの乗り場がある。ここからシャトルサービス（トラムカー）に乗車してドーム植物園（フラワードーム、クラウドフォレスト）のチケット売り場まで行くとよい。タクシー利用で中心部から約15分。

シャトルサービス：
⏰9:00～21:00（最終乗車20:45）、10分間隔で運行　🎫往復$3

移動の際の起点はインフォメーションカウンター

ゴールデンガーデンの前、タクシー乗り場のすぐそばにある。ギフトショップ、レストラン、トイレなどもこの近くにまとまっており、何かと便利。わからないことがあればスタッフに聞こう。

すっかり
夕暮れ時

19:00
夜景を見な
がら帰ろう

スーパー
ツリーの夜景は
ド迫力！

時期にもよるが、19:00頃からスーパーツリーがライトアップされる。ライティングの色もさまざまに変化し、昼間とは違ったSF的世界が目の前に。

スーパーツリー **→P.25**
のショー

37

パステルと花柄に胸キュン！
優美なプラナカン文化を五感で満喫☆

中国系の移民の子孫であるババ＆ニョニャと呼ばれる人々が生み出した華麗なプラナカン文化。
セレブで優雅な暮らしに思いをはせ、キュートなプラナカングッズをお部屋に飾っちゃお♥

キーワードは"エレガンス"
まずはプラナカンの美学を堪能☆

プラナカン文化を満喫

TOTAL 7時間

| オススメ時間 | 9:00〜16:00 | 予算 | $80〜 |

▶ プラナカンワールドの楽しみ方
時間に余裕がない場合は街並み見学、グルメ、グッズショッピングを。クーン・セン・ロードなどの家を撮影する際は、住人の迷惑にならないように。

知れば知るほど興味深いプラナカンの世界。プラナカンの街並みや邸宅を巡って、プラナカン通に！

詳しくは→P.98

プラナカン料理を **食べる**

手軽にプラナカン菓子にトライ
ハリアンズ・ニョニャ・テーブル
HarriAnns Nonya Table

プラナカンの餅菓子「ニョニャ・クエ」の老舗が営むカフェスタイルの店。3世代にわたって受け継がれたレシピで作るクエはファン多数。フードメニューもある。

ちょこっとスタディ

プラナカンQ&A

Q プラナカンとは？

A シンガポールが英国植民地となる前からマレー半島一帯に定住していた中国系移民の子孫のこと。最初の移民たちは現地女性と結婚し、衣食をはじめ生活様式には現地の影響が色濃い。名家の男性は「ババ」、女性は「ニョニャ」と呼ばれた。

Q シンガポールでの歴史は？

A 15世紀頃より、当時繁栄していたマラッカ（マレーシア）に住み着いた中国商人らがルーツ。財を成した彼らはシンガポールが英国植民地の首都になると同時にビジネスの拠点を移し、政治家や銀行家としてシンガポールの建国や経済成長に関わった名士も多い。

Q どんな文化なの？

A マレー文化などの現地文化に中国文化がミックス。豊かな財力のおかげで欧米スタイルも加わり、衣装や陶器、建築様式で豪華を極めた独自のスタイルを生み出した。華やかな女性の文化が特徴的でニョニャ料理（プラナカン料理→P.98）が有名。

Map 別冊P.9-C1 シティ・ホール＆マリーナ・エリア

🏠 3 Temasek Blvd., #01-416A Suntec City, Tower 5 ☎6264-1900 ⏰8:30〜19:30（金・土曜〜21:00） 休無休 Card A.M.V. 予$10〜 予不要 🚇MRTエスプラネード駅から徒歩約5分 URL harrianns.com

1.毎日店内で手作りされるクエは$1.75〜
2.プラナカンペイントが施された店内
3.ニョニャ・チキンリーチキン（$10.8）。バタフライピーで色付けしたライスが華やか

プラナカンの街並みを 歩く

タイルがステキ
ブレア・ロード
Blair Rd.

MRTアウトラム・パーク駅近くにあるショップハウスが並ぶ通り。特にタイル装飾が美しいことで知られている。

Map 別冊P.4-B3
シンガポール中心部

メルヘンチックだわ❤

家並みが美しい
クーン・セン・ロード
Koon Seng Rd.

1900〜1940年頃に建てられた、装飾の美しいショップハウスが並ぶ。間口が狭く奥行きが深いのが特徴で、中国モチーフの装飾と西洋のタイル装飾がミックス（→P.162）。

Map 別冊P.24-B2 カトン

洗練度はナンバーワン
エメラルド・ヒル・ロード
Emerald Hill Rd.

オーチャード・ロードから1本入った通りにあり、100年以上前のプラナカンハウスが建ち並ぶ。

Map 別冊P.16-B1〜B2
オーチャード・ロード（東部）

新感覚のプラナカン料理
キャンドルナッツ
Candlenut

プラナカン料理で初めてミシュランの星を獲得したレストラン。シェフの家庭に伝わる伝統のレシピにアレンジを加えた料理はどれも絶品。

Map 別冊P.23-C3
タングリン・ビレッジ

🏠17A Dempsey Rd.
☎6841-1051
🕐12:00〜15:00、18:00〜22:00（最終着席は閉店1時間前）
🈺旧正月 **Card** A.D.J.M.V.
💰$50〜 ㊊望ましい ✈中心部からタクシーで約10分
🔗comodempsey.sg/restaurant/candlenut

1. プラナカン風のインテリア 2. 上からビーフ・レンダン（$48）、ブアクルアのアイスクリーム（$20）、カニカレー（$48）

ポップなプラナカンカフェ
ティンカット・ペラマカン
Tingkat PeraMakan

いろいろな料理を一度に味わえるセットメニュー（$13.2〜）が豊富な店。プラナカンの店内はカジュアルなカフェ風。プラナカンのお菓子やジャムなども販売している。

1. カヤジャムも販売 2. セットはスイーツ付き 3. レインボーケーキ

Map 別冊P.18-B1
リトル・インディア

🏠119 Owen Rd.
☎6291-3474
🕐11:30〜21:00
🈺12/31、1/1
Card不可 💰$15〜
㊊不要 🚇MRTファーラー・パーク駅から徒歩約5分

プラナカンを**体験**する

伝統的なプラナカンハウスを見学
NUSババ・ハウス
NUS Baba House

1895年頃建築の伝統的なプラナカン邸宅を忠実に復元。精緻で優美な調度品や装飾品、祭壇など2000点を超える品々から、当時の暮らしがよみがえってくる。見学、ガイドツアーとも予約が必要。

Map 別冊P.10-A3 チャイナタウン＆シェントン・ウェイ

🏠157 Neil Rd. ☎6227-5731 🕐英語のガイドツアー：火〜金曜10:00、ガイドなしの見学のみ：土曜13:00〜16:30（入場時間指定制で所要約1時間、各回10人まで）㊡日・月曜、祝日 🅟$10 ㊊1週間前までに要予約 🚇MRTアウトラム・パーク駅から徒歩約8分 ⓊRLbabahouse.nus.edu.sg

1. 奥に細長い造りで、中庭があるのが特徴　2. 壁は装飾タイルで彩られている　3. パステルブルーの中洋折衷建築。もとは19世紀にこの地で成功を収めた海運王、ウィー一族の家だった　4. 2階の寝室。絨毯の下にのぞき穴があり、訪ねてきた男性客を女性がこっそり見ていたそう　5. ティフィンと呼ばれるランチボックスなどのキッチン用品　6. 年代物の月餅の型

鳳凰の屋根装飾

チクチク

ワークショップに参加
ルマー・ビビ
Rumah Bebe

プラナカン雑貨店の「ルマー・ビビ」（→P.123）では、オーナーのビビさんによるビーズ刺繍のクラスやプラナカン文化について学ぶインハウス・ツアー（木・金曜、所要約40分、$20）などさまざまなコースを開催。2日前までに要予約。

1. ビーズ刺繍のブックマーク作成クラスは2時間×2回。材料込みで$160　2. ブックマークの完成例　3. ハンドバッグやサンダル作成のクラスもある　4. インハウス・ツアーでは最後にケバヤを試着できる

完成！

優美なプラナカン文化を五感で満喫☆

プラナカン タイルコレクション

at Blair Rd. ▶P.39
ブレア・ロード

イギリスのヴィクトリアン様式に倣ったバラの紋様のタイル。ショップハウスでよく見られる。

クジャクがデザインされたタイルは4枚1組の大作。20世紀初頭の日本のデザイン。

アールヌーヴォー様式のカラフルなタイル。中央のバルーンは紋章を表している。

青のバラ紋様のヴィクトリアンタイル。バラはプラナカンタイルによく見られるモチーフ。

19世紀末〜20世紀初頭にかけてヨーロッパで生まれたアールヌーヴォー様式のバラ紋様のタイル。

アールヌーヴォー様式のバラ紋タイル。シンメトリーが基本とされた。

at Koon Seng Rd. クーン・セン・ロード ▶P.39

パステル調の色合いが美しい花柄のタイル。左右が対称でない珍しいデザイン。

四角と丸を組み合わせたデザイン性の高い、ヴィクトリアン様式の花柄タイル。

アールヌーヴォー様式の花柄タイル。19〜20世紀初頭のショップハウスによく見られる。

レトロなバラのモチーフがかわいい。ショップハウスの玄関などに見られる。

at Ann Siang Rd. アン・シアン・ロード Map 別冊P.10-B2

ジュエリーのようなモチーフのアールヌーヴォー様式。対称性が際立み美しい。

たっぷりと余白を残す左右非対称のデザインは、19世紀末に登場したデザイン。

アールヌーヴォー様式のタイル。鮮やかなブルーがひときわ目を引く桜のようなデザイン。

草花紋様のタイル。このように稜線を立てて色が混ざらないようにする技法をチューブライニングという。

プラナカンを買う

Map 別冊P.23-D2 チャイナタウン中心部

アスター・バイ・キーラ
Aster By Kyra

タイルマニアを自称するオーナーが営むタイル専門店。アンティークのプラナカンタイル（$100〜360）はシンガポールでも屈指の品揃え。

30年以上かけて収集した、2000枚以上のアンティークプラナカンタイルが並ぶ

大きさもいろいろ！

🏠 37 Pagoda St. ☎6684-8600 🕐12:00〜18:00 📅旧正月1週間
Card J.M.V. 🚇MRTチャイナタウン駅から徒歩約3分 URL www.asterbykyra.sg

プチぼうけん 6

まるで近未来都市!

ジュエル・チャンギ・エアポートの魅力&遊び方を徹底解説✈

写真スポット多数!

2019年、チャンギ国際空港に誕生したジュエル・チャンギ・エアポートは、庭園やアトラクション、ショッピングにグルメが詰まった魅力たっぷりの複合施設。帰国前にジュエルで遊び納めるための、aruco的おすすめコース教えます。

JEWEL CHANGI AIRPORT

動物のトピアリー

余裕をもってチェックインして出発間際まで楽しめる♪

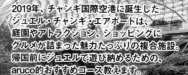

エアポートで遊び尽くす

TOTAL 4時間

オススメ時間 16:30～20:30　予算 $50～

帰国や到着のタイミングを活用! ここでは帰国が深夜便の場合を想定して、施設を満喫するプランを提案。シャワーでリフレッシュしたい場合はラウンジの利用。深夜便でない場合は、シンガポール到着時にライトアップ&ショーとディナーを楽しむとよい。

ジュエルってどんな施設なの?

世界一の室内滝を取り囲むように、B2～L5の7フロアに約280のショップやレストランが入店。アトラクションや熱帯雨林の森など観光要素も満載! ターミナル1と直結、ターミナル2、3へはリンクブリッジ（連絡通路）で徒歩約5分とアクセスも簡単。帰国前に訪れて食事や買い物を楽しもう。

空港隣接の驚異の複合施設

ジュエル・チャンギ・エアポート
Jewel Changi Airport

Map 別冊P.3-D2　シンガポール全図

🏠78 Airport Blvd.　☎6956-9898　⏰店によって異なるが、だいたい10:00～22:00　⊘無休　🚇MRTチャンギ・エアポート駅から徒歩約5分（ターミナル2のリンクブリッジ経由）。または市内からタクシーで20～30分　🌐www.jewelchangiairport.com

1. 特殊ガラスのドーム型の建物　2. 滝の周囲に広がる森「フォレストバレー」　3. L2の入口に輝くアート「クリスタル・クラウド」4. 19:00頃からライトアップされる

スケジュール例 （22:50シンガポール発の便に乗る場合）

16:30	荷物を預ける → P.43
17:00	早めの夕食 → P.43
18:00	施設で遊ぶ → P.44
20:00	ショーを見る → P.44
20:15	おみやげを買う → P.45
20:50	荷物をピックアップしてチェックインカウンターへ
22:20	搭乗
22:50	シンガポール出発

16:30 荷物を預ける

おみやげを買うならL1のBaggage Storage（荷物預かり所）に荷物を預けて、ピックアップの際に購入品もパッキングしよう。おみやげを買わないなら同フロアでアーリーチェックインを（航空会社によって受付時間が異なるので注意）。

とろとろ柔らか

1. 平日は15:00、金・土曜、祝日前日、祝日は16:00まで点心を提供 2. カジュアルなスペース「Market」 3. 手前は豚バラ肉の角煮、江南灶紅焼肉$38 4. 8種の調味具材が付く豆腐料理、八面玲瓏豆腐花$30

17:00 早めの夕食

シンガポールの名店はもちろん、世界中の人気レストランが揃っている。

伝統とモダンを合わせた中国料理
シャン・ソーシャル
Shang Social（香聚）

広東・淮揚・四川の特色ある料理で中国の食の旅が楽しめる。メインダイニングと、点心や麺料理のカジュアルな飲食スペースがある。

🏠#01‐219~222, L1　☎6346-0260　⏰11:30~15:00（金・土曜、祝日前日、祝日)~16:00)、17:00~22:00　🈺無休　Card A.M.V.　URL shangsocial.com

値段もリーズナブル

1. プラナカン装飾の店内 2. パンダン・グラメラカケーキ 3. 前菜におすすめのクエ・パイティ$19 4. 手前はポークのサテー$18~、後方左はローストチキン

洗練を極めたプラナカン料理
バイオレット・ウン・シンガポール
Violet Oon Singapore

料理研究家のバイオレット・ウンさんが手がける店。プラナカンにアジアの要素を取り入れた料理は味わい深い。クッキーなどを販売するショップ（→P.45）を併設。

🏠#01-205/206, L1　☎9834-9935　⏰12:00~15:00、18:00~22:00（土・日曜12:00~22:00)）　🈺無休　Card A.M.V.　URL violetoon.com

ファミレス感覚で楽しめる
ハイナン・ストーリー
The Hainan Story（海南寶）

中国海南島の料理をベースに、麺料理からパン、デザートまで多彩なメニューを展開。朝食からおやつ、しっかり食事まであらゆるシーンに対応。

🏠B2-201/202, B2F　☎6908-2516　⏰8:00~22:00　🈺無休　Card A.D.J.M.V.　URL thehainanstory.com

1. スイスロール
2. クリームホーンはおすすめスイーツ
3. 鶏モモ肉の海南チキンライス$7.6（手前） 4. グラメラカ・カヤ＆バター・ライチ・トースト（$3.3）は朝食やおやつに

プチぼうけん⑥　ジュエル・チャンギ・エアポートの魅力＆遊び方

43

18:00

施設で遊ぶ

熱帯雨林の植物園やスケルトンのブリッジに、チャンギ国際空港についてインタラクティブに学べる施設、最新のVRアトラクションまで、大人も子供も楽しめる施設が満載。

空港の仮想世界を体験

チャンギ・エクスペリエンス・スタジオ

Changi Experience Studio

航空や空港への理解が深まる没入型のゲームやショーを20ほど設置。新たな発見の旅を楽しもう。

🏠L4 🕘11:00～20:00（土・日曜10:00～）
[休]無休 [料]大人$25、子供$17

好きな音色でオーケストラに参加

フィットネスバイクで競う滑走路レース「トラベルガイド」 のシートを動かすと楽器の音色が響く「ガーデン・オブ・ハーモニー」

1. 4通りの滑り方ができる滑り台 2. 空中散歩ができるキャノピーブリッジ 3. 地上25mのウオーキングネット 4. ミストが噴き出すフォギーボウル

最上階にある遊び場

キャノピーパーク Canopy Park

9つのアトラクションと庭園で構成された有料のレクリエーションパーク。迷路や巨大滑り台、ネット遊具などで体を動かして遊べる。

🏠L5 🕘10:00～22:00（金～日曜、祝日前日、祝日は～23:00）
[休]無休 [料]$8

1. 巨大なティラノサウルスが目の前に！ 2. アバターリーダーとともに恐竜と戦う

恐竜をテーマにしたARゲーム

ジュエルラシック・クエスト

Jewel-rassic Quest

特別なタブレットを使用してAR（拡張現実）の恐竜世界に没入。先史時代にタイムスリップした気分でフォレストバレーを歩き回り、地球を温暖化から救うミッションに挑戦！

🏠L1 🕘10:30～17:30
[休]無休 [料]$20

▽

20:00

ショーを見る

ジュエルの中央に流れ落ちる高さ40mの滝が19:00頃からライトアップされ、20:00から1時間ごとに光と音楽のショーを開催。ショーは約5分間で無料。

室内の滝では世界一の規模

HSBCレイン・ボルテックス

HSBC Rain Vortex

屋根の中央部から流れ落ちる滝がレイン・ボルテックス（雨の渦）。その高さは40mあり、夜はライトアップされ、光と水と音楽がシンクロするショーも開催。

🕘ショー：20:00、21:00（土・日曜、祝日は22:00の回もある）

1. 19:00頃から滝のライトアップが始まる 2. 7色に変化し、水のスクリーンに映像も映し出される 3. 光の滝と化した姿にうっとり

昼間と違う迫力！
幻想の世界に引き込まれそう！

20:15

おみやげを買う

ブティックに老舗菓子店、スーパーマーケットまで、世界に発信するシンガポールの人気店が集合。食べ歩きしつつ最後のショッピングを楽しんで。

鮮やかなバティック柄

1. ドリアン、タピオカミルクティーのイラストソックス各$13.8　2. 空港施設やアートのキーホルダー各$9.9　3. クラッチバッグ$85　4. トラベルポーチ$55　5. 胸ポケットに搭乗券がプリントされたTシャツ$19.9

空港オリジナルグッズに注目

ギフト・バイ・チャンギ・エアポート

Gift by Changi Airport

デザイン雑貨もあるが、ここでしか手に入らない空港をモチーフにした商品は要チェック。買いそびれたおみやげもこの店でまとめ買い！

🏠#04 – 233, L4　☎なし　🕘10:00～22:00
[休]無休　[Card]J.M.V.

1. シングルは$5、ダブルは$8。手作りされたコーンもおすすめ　2. 常時約20種類がラインアップ

手作りのナチュラルジェラート

バーズ・オブ・パラダイス

Birds of Paradise

大人気のジェラート店。果物や植物、ハーブ、スパイスを用いた南国ならではのフレーバーが種類豊富。濃厚なのに軽やかな味わい。

🏠#01 - 254, L1　☎9757-9892
🕘11:00～22:00　[休]無休
[Card]A.J.M.V.
[URL]birdsofparadise.sg

カヤロールもある

1. フレーバーは10種類。緑色のカヤロールケーキがいちおし　2. ジュエル店はミニサイズ($6.5) も販売

老舗のロールケーキ専門店

リッチ&グッド・ケーキショップ

Rich & Good Cake Shop

地元で大人気のケーキ店のジュエル支店。新鮮素材で毎日手作りされていて、連日15:00くらいで完売する人気ぶり。

🏠#01-232, L1　☎6241-0902
🕘12:00～21:00（売り切れた時点で終了）[休]無休　[Card]A.　[URL]richngood.com

1. バター風味の薄皮にパイナップルジャムたっぷりのパイナップルタルト　2. プラナカンタイル柄のパケ買いもあり！　クッキー各$18　3. パイナップルタルトは8個入り$30　4. トロピカルフルーツのジャム各$12

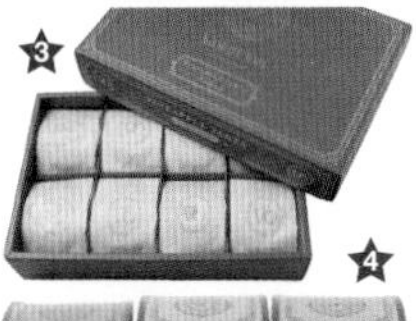

インテリアもすてき

グルメなおみやげをゲット！

バイオレット・ウン・シンガポール

Violet Oon Singapore

プラナカン料理のレストラン（→P.43）併設のショップ。手の込んだ製法で上品な味わいのクッキーやパイナップルタルトをおみやげに。

🏠#01-205/206, L1　☎9834-9935
🕘11:00～22:00　[休]無休　[Card]A.M.V.

ラウンジorマッサージへ

フライト前に体を休めたいなら

休憩にもリフレッシュにも便利

チャンギ・ラウンジ

Changi Lounge

仮眠ポッドやシャワー室を備えたラウンジ。軽食も取れる。

🏠#01 – 304, L1　🕘8:00～22:00
[休]無休　[Card]A.D.J.M.V.
[料]3時間$25（子供$17）

30分で足や肩がすっきり！

ニン・フット&バック・マッサージ・スパ

NING Foot & Back Massage Spa

フットから全身マッサージまで気軽にリフレッシュできるスパ。

🏠#04-215/216, L4　🕘11:00～21:00　[休]無休　[Card]A.J.M.V.
[料]フットマッサージ30分$55～

緑と海と青い空が舞台 セントーサ島で アクティブにとことん遊ぼ！

最新のアクティビティが充実のセントーサ島。
初心者でも大丈夫なものばかりで、日本よりも気軽に
トライできるのが魅力。島に点在する
アクティビティのなかから、おすすめをピックアップ。

アクセスの
詳細は →P.47

リゾート・ワールド・
セントーサ（RWS）
P.70

セントーサ島

キャッホ〜

スタート場所の真下は
ジャングル

アトラクションが割安になる "セントーサ・ファン・パス"

アトラクションや飲
食物と引き換えられ
るトークン（1トーク
ン $1）をパス形
式で販売。通常$89
のアイ・フライが85
トークンと、うまく
使えばかなりお得。

No.1 メガジップで 海の上を 駆け抜ける

TOTAL
4時間

セントーサ島を遊び尽くす

オススメ
時間 16:00〜
20:00

予算 $80〜

🌙 涼しくなる夕方からスタート
暑さの和らぐ16:00頃にスタートして、
最後はウイングス・オブ・タイムで締め
よう。ウオータースポーツを楽しむなら
水着と着替えを持参しよう。

僕たちスタッフが
アドバイスします

標高72mの丘からシロソ・ビー
チの小島までの450mの距離
を、滑車付きのワイヤーにぶら
下がって降下する「メガジップ」。
最高時速50km以上というスリル
のなか眺めは最高！

メガ・アドベンチャー Mega Adventure

Map 別冊P.26-A2 セントーサ島

🏠10A Siloso Beach Walk ☎3163-6352
🕐11:00〜18:00 ⏰無休 💳A.J.M.V.
💰メガジップ$60、メガクライム$60 🚃セン
トーサ・エクスプレスのビーチ・ステーションから
徒歩約15分 🔗sg.megaadventure.com

No.2 空飛ぶ円盤から セントーサを 見下ろす

スカイヘリックス・セントーサ
SkyHelix Sentosa

Map 別冊P.26-B2
セントーサ島

高さ40mのらせん状の塔の中を、
円盤のようなゴンドラが海抜79
mまで360度回転しながらゆっく
りと上昇。冷たいドリンクを片手
に360度の絶景を堪能して。

🏠41 Imbiah Rd.
☎6361-0088 🕐10:00〜
21:30（最終乗車21:15）
⏰無休 💳A.J.M.V. 💰大
人$18、子供（4〜12歳）
$15※チケットはドリンク付き。
🚃セントーサ・エクスプレスの
インビア・ステーションから徒
歩約1分

いえ〜い！
I can fly!
心の準備はできてるよ！

セントーサ島でアクティブにとことん遊ぼ！

ここから飛ぶよ
BUNGY

ドイツビールを出すバーとプールを併設

No.3 地上50mからバンジージャンプに挑戦

スカイパーク・セントーサ・バイ・AJハケット
Skypark Sentosa by AJ Hackett

[Map] 別冊P.26-A2 セントーサ島

⌂30 Siloso Beach Walk ☎6911-3070 🕘12:30〜19:00（土・日曜11:30〜）[休]無休 [Card]M.V. [料]バンジージャンプ$129、ジャイアント・スイング$69、スカイブリッジ$15 [交]セントーサ・エクスプレスのビーチ・ステーションから徒歩約5分 [URL]www.skyparkglobal.com/sg-en/sentosa

ビーチサイドに建つ50mのバンジージャンプ台から海に向かって飛ぶ究極のスリルを体感してみて。空中ブランコのようにスイングするジャイアント・スイングや、シースルーのスカイブリッジ歩行は子供も楽しめる。

島への交通手段

セントーサ島の中にリゾート・ワールド・セントーサというエリアがあることを頭に入れて、目的にあった交通手段を選ぼう。

セントーサ・エクスプレス（モノレール）

ビボシティ3階のビボシティ・ステーション [Map] 別冊P.26-B1 と、ビーチ・ステーションを結ぶ。5〜8分間隔で運行。🕘7:00〜24:00
[料]入島料込みで$4

ケーブルカー（マウント・フェーバー・ライン）

マウント・フェーバー・ステーション [Map] 別冊P.4-A3 からハーバーフロント・ステーション [Map] 別冊P.26-B1 を経由しセントーサ・ステーションを結ぶ。🕘8:45〜20:30（最終20:00）
[料]入島料込み往復$33

タクシー

中心部から所要約15分。
[料]入島料込みで$15〜20

どれがいいかな？

バス

ビボシティ前のバス停とリゾート・ワールド・セントーサを結ぶRWS8の巡回バスがある。
🕘5:45〜23:45
[料]入島料込みで$1
[Map] 別冊P.26-B1

セントーサ・ボードウオーク

SENTOSA BOARDWALK

ビボシティ東側とセントーサ島を結ぶ動く歩道&遊歩道。全長約550m、所要約10分。🕘24時間（動く歩道は7:00〜24:00）
[料]入島料込みで$1
[Map] 別冊P.26-B1

島内の移動手段

おもに下記の4つの手段があり、バスとトラムは無料。交通の中心はビーチ・ステーションとなる。

セントーサ・エクスプレス（モノレール）

リゾート・ワールド・ステーションと、ビーチ・ステーションを結ぶ。
🕘7:00〜24:00
[料]入島料込みで$4

ケーブルカー（セントーサ・ライン）

島内のセントーサ・ステーション、インビア・ルックアウト・ステーション、シロソ・ポイント・ステーションの3駅を結ぶ。🕘8:45〜20:30（最終20:00）[料]往復$15（プラス$10で乗り放題）

セントーサ・バス

sentosa

A、B、Cの3路線あり、全島を網羅している。15分間隔で運行。
🕘7:00〜翌0:10（C路線8:00〜22:00）
[料]無料

無料だ！

ビーチ・トラム

島の南の海岸線を走り、シロソ、パラワン、タンジョンの3つのビーチを結ぶ巡回トラム。約10分間隔で運行。
🕘9:00〜22:00（土曜〜23:30）
[料]無料

No.4 室内でスカイダイビング体験

高さ約17mのガラスのトンネルの中で、最大風速約150kmで噴射される突風に乗って浮かんだり宙返りしたりと、スカイダイビングが疑似体験できるインドア施設。

アイ・フライ i Fly

[Map] 別冊P.26-B2 **セントーサ島**

⌂43 Siloso Beach Walk, #01-01 ☎6571-0000
🕘9:00～22:00（水曜11:00～） [休]無休 [Card]M.V. [料]1ダイブ$119～ [予]1時間30分前までに要予約 [交]セントーサ・エクスプレスのビーチ・ステーションから徒歩約3分
[URL]www.iflysingapore.com

1時間の講習を受けたあとダイブに挑戦。インストラクターが指導してくれるので安心

One Point

チケットは先に買っておく

チケットは会場近くのブースで購入できるが、人気があるので、ウェブで事前に購入しておきたい。席は先着順なので早めにショー会場に足を運ぼう。

No.5 ウイングス・オブ・タイムに感動

レーザーと噴水とキャストたちがかけ合うミュージカル仕立てのショー。クライマックスの演出は大迫力。約20分間。

ウイングス・オブ・タイム Wings of Time

[Map] 別冊P.26-A2 **セントーサ島**

🕘19:40、20:40 [Card]A.J.M.V. [料]$18（プレミアムシート$23）※現金不可 [交]セントーサ・エクスプレスのビーチ・ステーションから徒歩約3分

プロジェクションマッピングも投影。少年少女と巨大な鳥の時空を超えた冒険ストーリー

立てた〜！

カヤックもあるよ！

ライフジャケットは貸し出し可。ロッカー＆シャワー施設も完備

No. 6

ジェットブレードで空を飛ぶ！

バナナボートやスタンドアップパドルボートなどさまざまなウォータースポーツにトライできる。なかでも水圧を利用して空中を舞うジェットブレードはイチオシ。初心者でも練習すれば空中に立てる。

オラ・ビーチクラブ
Ola Beach Club

Map 別冊P.26-A2 セントーサ島

🏠 46 Siloso Beach Walk　☎8189-6601
🕙10:00〜21:00（金曜〜22:00、土曜9:00〜22:00、日曜9:00〜。ウオータースポーツは9:00〜19:00）🈺無休　Card A.J.M.V.
🈷ジェットブレード45分$198、カヤック、バナナボートともに$25〜　🚃セントーサ・エクスプレスのビーチ・ステーションから徒歩約5分　URL www.olabeachclub.com

プールやイベントスペースを備える。ハワイアンのバーレストランもあり、ハワイの料理やクラフトビールが楽しめる

スカイライドのみの乗車も可能

ハイドロダッシュ HydroDash

パラワン・ビーチの海上に設置された、シンガポール初の水上アスレチック。ブリッジやハシゴ、トランポリン、スライダー、ブランコなど15以上のアトラクションで思いっきり遊べる。

Map 別冊P.26-B2 セントーサ島

🏠 72 Palawan Beach　☎9783-7549　🕙11:00〜18:00（土・日曜、祝日10:00〜19:00）🈺無休　Card J.M.V.　🈷5〜6歳$13（大人ひとりの入場料を含む）、7歳以上$18※1時間の料金　🚃セントーサ・エクスプレスのビーチ・ステーションから徒歩約5分　URL www.hydrodash.com.sg

No. 7

パラワン・ビーチで水上アクティビティを体験

ハンドル操作とブレーキシステムを駆使して、650mのダウンヒルを滑り降りる。終着点からはスカイライド（リフト）で出発地点に戻れる。

きゃあ〜

コースは高台からビーチまで

スカイライン・リュージュ・セントーサ
Skyline Luge Sentosa

Map 別冊P.26-A2 セントーサ島

No. 8

スカイライン・リュージュ・セントーサで滑り降りる

☎6274-0472　🕙11:00〜19:30（金・土曜〜21:00、最終入場は閉場1時間前）🈺無休　Card A.D.J.M.V.　🈷リュージュ2回＆スカイライド$31、スカイライドのみ片道$12　🚃セントーサ・エクスプレスのインビア・ステーションから徒歩約10分　URL www.skylineluge.com/en

プチぼうけん

セントーサ島でアクティブにとことん遊ぼ！

49

シンガポール動物園、リバーワンダーズ、ナイトサファリへ!
3大動物王国でお気に入りの 動物を見つけちゃお♥

まずはシンガポール観光の目玉であるシンガポール動物園へ。おなじみの人気者や、秘境に棲む動物が目の前に! アマゾンやアフリカに行った気分に浸れる動物ワールドを200%満喫!

3大動物王国巡り

TOTAL 13.5時間

| オススメ時間 | 9:00〜22:30 | 予算 | $120〜 |

スケジュールを立てよう

3園は隣接しているので、動物園のあと16:00頃からリバーワンダーズ、18:00頃にナイトサファリへ行く3園ハシゴも可能。3園の組み合わせチケットもあり、ハシゴするならこちらのほうがお得。3園ともウェブから事前に入園予約・チケット購入が必要。

- **❶** シンガポール動物園
- **❷** リバーワンダーズ P.52
- **❸** ナイトサファリ P.54
- 入口
- N

樹上を
スイスイ
空中散歩

ナマケモノ
食べてる

こんな動物園 見たことない!
シンガポール動物園
Singapore Zoo ❶

熱帯雨林の中にある動物園、のびのび暮らす動物の世界におじゃましま〜す。こんな間近で動物を見られるなんて思わず興奮、気づけばもう夢中に。動物たちが活発に行動する朝早い時間帯に訪れるのがおすすめ。

※隣接地にバード・パラダイスが2023年5月8日ソフトオープン。新たな施設のレインフォレスト・ワイルドも建設中。

Map 別冊P.2-B1 シンガポール全図

🏠80 Mandai Lake Rd. ☎6269-3411 ⏰8:30〜18:00（最終入場17:00）無休 Card A.D.J.M.V. 大人$48、子供（3〜12歳）$33（トラム乗車料を含む）事前にウェブから要チケット予約・購入 🚇MRTアン・モ・キオ駅前のバスターミナルからNo.138のバスで終点下車。所要約40分。市部からタクシー利用で約30分（$25〜30）。
URL www.mandai.com/en/singapore-zoo.html

凡例
- 🛈 ゲスト・サービス・ブース
- R レストラン
- 飲み物・軽食
- 🎁 ギフトショップ
- 🚻 トイレ
- 🚕 タクシー乗り場
- ━ トラム
- ○ トラム・ストップ

シンガポール動物園 (地図)

- レインフォレスト・キッズワールド
- 水遊びスペース
- アニマル・フレンズ・ショー（子供向けの動物ショー）
- チンパンジー
- クロザル
- ゾウ
- エレファント・オブ・アジア
- インドガビアル
- レプトピア（爬虫類・両生類館）
- フラジャイル・フォレスト
- コロブスモンキー
- ジャワマングール
- 円形劇場『スプラッシュ・サファリ・ショー』が行われる P.51
- 熱帯植物のプランテーション
- ゾウガメ
- コモドオオトカゲ
- ハタカテバネズミ
- プライメイト・キングダム（霊長類の王国）
- マントヒヒ
- アカアシドゥクラングール
- ケープペンギン
- マレーグマ
- オランウータン
- チーター
- ライオン
- アフリカの動物
- キリン
- アフリカ猫
- エチオピア村
- キノポリカンガルー
- フォレスト・ロッジ
- リカオン
- シロサイ
- コビトカバ
- シマウマ
- ワラビー
- アーメン・レストラン『ブレックファスト・イン・ザ・ワイルド』が行われる P.51
- カンガルー
- ホワイトタイガー
- テナガザル
- オーストラリアン・アウトバック
- マレーバク
- マレーバク
- カワウソ
- リバーワンダーズ
- フクロテナガザル
- ツリートップ・トレイル
- テングザル
- 入口
- リバーワンダーズ入口、バス、タクシー乗り場へ→ ナイトサファリへ

2023年2月現在工事中

0 250 500m

動物たちと急接近！触れ合いスポットを狙う

めいっぱい動物園を楽しむにはエサやりとショー観賞を組み合わせてスケジューリングしよう。エサやりはエサ（$8）を買って自分で与えることができ、人気があるのはキリンとシロサイ。見どころの展示施設も見逃さないで。

エサやり＆ショーを巡る満喫コース

3大動物王国でお気に入りの動物を見つけちゃお♡

① 9:00 ブレックファスト・イン・ザ・ワイルド
Breakfast in the Wild

金〜日曜、祝日 / 朝食＆写真

アーメン・レストランで9:30〜10:00の間、オランウータンやコンゴウインコなどが登場。一緒に記念撮影ができる。
料金$45、6〜12歳$35 要予約

1. 朝食はビュッフェ式
2. コンゴウインコ
3. イグアナにタッチ

©マンダイ・ワイルドライフ・グループ

② 10:30 スプラッシュ・サファリ
Splash Safari

ショー

芸達者なアシカが登場し、巧みな泳ぎやハイジャンプなど、さまざまなパフォーマンスを披露。
10:30、17:00

ひれで逆立ちしちゃうよ

③ 11:45 ゾウ
Elephant

エサやり

柵越しに果物や野菜をゾウの鼻へ手渡し。とても器用に鼻から口へ運ぶ様子が間近で見られる。9:30、11:45、16:30

ゾウのエサやりのあとは、「アーメン・レストラン」に戻ってローカルフードランチ

4. ゾウの鼻息を感じながらエサを手渡し 5. ビルマ様式の建物が特色の広々とした展示エリア 6. エサはニンジンやバナナ

ゾウは賢くてパワフル

④ 13:15 シロサイ
White Rhinoceros

エサやり

シロサイに直接エサをやれる、貴重なセッション。巨体に似合わないつぶらな瞳がかわいい！
13:15

ちょっとこわいかも

⑤ 13:50 キリン
Giraffe

エサやり

長くて自由自在の舌でニンジンをベロリ。10:45、13:50、15:45

⑥ 14:10 フラジャイル・フォレスト
Fragile Forest

見どころ

7. 華奢なマメジカ 8. フルーツ大好きなオオコウモリ 9. 餌場に向かうナマケモノ 10. いたずら好きのワオキツネザル

熱帯雨林の森を再現した施設。ナマケモノ、ワオキツネザル、オオコウモリなどが放し飼いされている。

⑦ 15:00 プライメイト・キングダム（霊長類の王国）
Primate Kingdom

見どころ

オープンスペースにサルが棲む自然を再現。南米やアジアなどの絶滅が危ぶまれるサルが、森の中を駆け巡る。

ジャワラングールの親子で〜す

人気おみやげグッズ

保冷バッグ $24〜

ストラップ付きカードホルダー $19

ぬいぐるみ $22〜

世界の
7つの大河を探検

リバーワンダーズ
River Wonders
②

| リバーワンダーズ | | TOTAL 2.5時間 |

オススメ時間 16:00〜18:30　　予算 $50〜

🚩 見たい動物のみにしぼる
3園を1日で回る場合は、見る水生生物や動物を決めて効率よく回ろう。アトラクションの「アマゾンリバー・クエスト」や動物との触れ合いプログラム「ワンス・アポン・ア・リバー」に乗船・参加希望の場合は事前にウェブ予約を行い、予約時間に遅れないように開催場所へ。

ボクはカイカイだよ

リバーワンダーズは世界最大級の淡水生物パーク。そのユニークな造りは目を見張るばかり。水路を挟む両岸に大河に棲む260種類、1万1000を超える魚類や動物を展示。大河やその周辺に棲む特徴的な生物を観察しながら巡ったのち、「ジャイアントパンダ・フォレスト」でかわいいパンダに癒され、最後は「アマゾン浸水の森」のマナティとご対面。

Map 別冊P.2-B1 ｜シンガポール全図　詳細マップは➡別冊P.25

🏠 80 Mandai Lake Rd.　☎ 6269-3411　🕐 10:00〜19:00（最終入場18:00）　🈺無休　💰大人$42、子供（3〜12歳）$30　📅事前にウェブから要チケット予約・購入　🚃シンガポール動物園（➡P.50）と同じ　🔗 www.mandai.com/en/river-wonders.html

パンダとマナティの2大スターをじっくり見物

巨大魚のエリアを抜けて目指すはジャイアントパンダ・フォレスト。生息地を模した館内には愛らしいパンダの姿が。2021年にはシンガポール初の赤ちゃんパンダ（オス）が誕生し、ルルァと名づけられて、親子3頭で暮らしている。橋を渡った対岸ではマナティが見られるアマゾン探検を楽しもう。

パンダのごはん

愛らしいしぐさにキュン♡
パンダ&レッサーパンダ
見られる場所
ジャイアントパンダ・フォレスト

オスの"カイカイ"とメスの"ジアジア"、子パンダの"ルルァ"、そしてレッサーパンダがお出迎え。ガラスなどの遮蔽物がないので間近で見られる。カフェ&ショップもチェックして。

子供のルルァは遊びが大好き

パンダは指が6本

中国料理のカジュアルレストラン
ママパンダ・キッチン
Mama Panda Kitchen

おやつタイムや休憩に利用したい。
🕐 10:30〜18:30　Card A.D.J.M.V.

パンダの形のあんまん（右）とチョコレートカスタードまん（中央）各$3.5

パンダグッズを集めたショップ
ハウス・オブ・カイカイ&ジアジア
House of Kai Kai & Jia Jia

ママパンダ・キッチンの隣。ここにしかないキュートなパンダグッズがいっぱい。🕐 10:00〜18:30　Card A.D.J.M.V.

1. パンダのぬいぐるみバッグチャーム$12　2. レッサーパンダのぬいぐるみ$18　3. パンダイラストがかわいい魔法瓶の水筒各$29

優雅に泳ぐ姿に和む

マナティ＆オオカワウソ

見られる場所
アマゾン浸水の森

木々が水没した雨季のアマゾン川を再現したエリア。10頭のマナティやピラルクーといった巨大淡水生物がゆったりと泳ぐ姿に、時間を忘れて見入ってしまいそう。

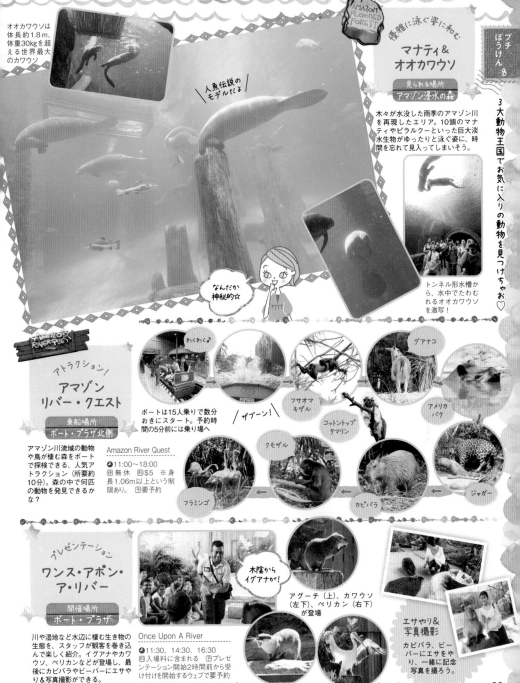

オオカワウソは体長約1.8m、体重30kgを超える世界最大のカワウソ

人魚伝説のモデルだよ
なんだか神秘的☆

トンネル形水槽から、水中でたわむれるオオカワウソを激写！

アトラクション！

アマゾンリバー・クエスト

乗船場所
ボート・プラザ北側

アマゾン川流域の動物や鳥が棲む森をボートで探検できる、人気アトラクション（所要約10分）。森の中で何匹の動物を発見できるかな？

Amazon River Quest

🕘11:00〜18:00
[休]無休　[料]$5　※身長1.06m以上という制限あり。　[予]要予約

わくわく♪

ボートは15人乗りで数分おきにスタート。予約時間の5分前には乗り場へ

ザブーン！

フサオマキザル

コットントップタマリン

グアナコ

アメリカバク

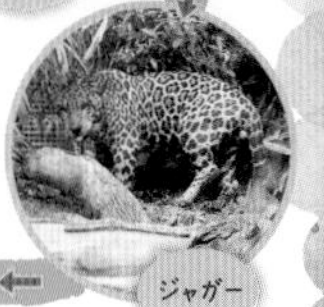
ジャガー

カピバラ

クモザル

フラミンゴ

プレゼンテーション

ワンス・アポン・ア・リバー

開催場所
ボート・プラザ

川や湿地など水辺に棲む生き物の生態を、スタッフが観客を巻き込んで楽しく紹介。イグアナやカワウソ、ペリカンなどが登場し、最後にカピバラやビーバーにエサやり＆写真撮影ができる。

Once Upon A River

🕘11:30、14:30、16:30
[料]入場料に含まれる　[予]プレゼンテーション開始2時間前から受け付けを開始するウェブで要予約

木陰からイグアナが！

アグーチ（上）、カワウソ（左下）、ペリカン（右下）が登場

エサやり＆写真撮影

カピバラ、ビーバーにエサをやり、一緒に記念写真を撮ろう。

夜の森は野性味満点

ナイトサファリ

Night Safari ③

リバーワンダーズの隣にあり、約120種、約1000頭の動物の夜の姿が観察できる。のびのびと活動する動物の姿に感動！

Map 別冊P.2-B1　シンガポール全図

🏠80 Mandai Lake Rd. ☎6269-3411 ◷19:15～24:00（ショップ・レストランは18:30～23:00）⊘無休 ⊛大人$55、子供（3～12歳）$38 ⊛事前にウェブから要チケット予約・購入 ⊛シンガポール動物園（→P.50）と同じ ⊛www.mandai.com/en/night-safari.html

ナイトサファリの楽しみ方をレクチャー

服装や持ち物

歩きやすい靴で。サンダルよりスニーカーのほうがいい。スコールが多いので、雨具は必携。徒歩トレイルへは飲み物を持参しよう。雨天の際はサファリ・ショップで雨合羽を販売。

ナイトサファリの見学の仕方はトラムで回るかトレイルコースを歩くかの2パターン。arucoがおすすめするのは徒歩トレイル！　小型でかわいい動物がいるし、何といってもじっくり間近で自分のペースで見られるのがメリット。夜の森の神秘も肌で感じられるはず。ショーや食事で気分を盛り上げて、トラムで1周し暗闇に慣れたら、トレイルへ。

ナイトサファリ

TOTAL 4時間

オススメ時間 18:30～22:30

予算 $70～

🎟チケットは事前予約制

2023年3月現在、事前にウェブサイトから入場予約・チケット購入が必要。19:15～21:45の30分刻みに提示された入場時間から希望時間を指定し予約（週末は早めに）。トラムは英語の音声案内付きのトラム（料金はチケットに含まれる）のみの運行となっており、開園直後から頻発、乗車時間は約40分。

注意事項

・写真撮影の際はフラッシュ禁止。
・立ち入り禁止区域には入らない。
・動物に食べ物を与えない。

Night Safari

スケジュールを立てよう

18:30 入園

チケットはすべて事前予約制。入口に掲示されているチケット購入やショー予約のQRコードをスマホで読み取り、チケットを購入することもできるが、希望の入場時間が定員に達していることもあるので、早めにウェブから予約・購入しよう。開園時間の19:15より早めに行ってレストランで腹ごしらえ、またはトラム待ちの列にいち早く並ぼう。

18:40

ウルウル・サファリ・レストランで夕食

ローカル料理やインド料理がおすすめ。チキンライスセットもある。レストランやショップは18:30からオープン。

Opening Hours

メインエントランス前には19:00前からトラム乗車の列ができ始める。

ナイトサファリの
エンタメetc.

ナイトショー
Creatures of the Night

東南アジアの夜行性の動物の生態を、約20分間のショー仕立てで紹介。混むので開始15分前には会場入口へ。🕐19:30、21:00（土曜は22:00の回もあり）

フクロウは
とっても
かわいいよ

プチ
ぼうけん
8

3大動物王国でお気に入りの動物を見つけちゃお♡

インドサイのエサやり
Indian Rhino Feeding

新しく登場したインドサイのエリアで、サイに対面しエサやりをするプログラム。暗がりのなか、巨大なサイに手からエサをやるのは、ドキドキする！🕐19:30　💲$10　📅事前にウェブで要予約

アニマルグッズをおみやげに
総合ショップのサファリ・ショップや蛍光グッズのグロウ・イン・ザ・ダークでショッピング。

かわいい
グッズ
揃ってます

マグネット各$4

ムササビの
ぬいぐるみ
$35

タンブラー
$8〜

カワウソとアジアゾウの
マスコットキーホルダー
$12〜

ポロシャツ
$35

右に左にと動物が
見えるたびにテン
ションが上がる

タミンジカの一団

立派な牙を
もつゾウの
チャワン君

22:00 おみやげを買う

うとうとする
ライオン

どの動物に
出合えるかは
運次第?!

ねむい‥‥

20:15

22:30

退園

帰りはタクシー
スタンドで、タ
クシーを拾おう

19:30

トラムでサファリに出発
トラムは次々出発となる。日没後、暗間になる前の薄明かりが残る時間帯に出発すれば、動物を発見しやすい。

カバは
食事中

トラムの近くま
でやってきた
マレーバク

徒歩トレイルへ出発！
ワラビー・トレイルから
ぐるりと1周しよう

詳しくは次のページを見てね！

楽しかった〜

55

どんな動物に出合えるかなぁ 徒歩トレイルへGo!

4つのトレイルがつながって園内をぐるりと1周する形になっている。所要時間は1時間30分から2時間くらい。森のマイナスイオンに癒やされつつ、夜の動物界をのんびり歩こう。

Nat Safari

*aruco*おすすめ 周遊コース

ワラビー・トレイル 所要約20分
↓ オーストラリアの自然を再現。ワラビーが放し飼い。

イーストロッジ・トレイル 所要約20分
↓ 比較的大型の動物が見られる。

レオパード・トレイル 所要約25分
↓ ヒョウやウンピョウなどネコ科の動物、オオコウモリの放し飼いエリアではドキドキが最高潮に。

フィッシングキャット・トレイル 所要約25分
水辺や湿地に棲む動物や鳥などがメイン。

※いったんコースに入ったら、引き返すか進むかしかない。

その他の舗装道路 赤ラインはトラムの道です。

広報のシャイフルさんのアドバイス

Q 動物が活発な時間帯はあるの?
A:特に限定できません。だいたい皆お腹いっぱいになったら、じっとしてます。ただ早い時間のほうが、薄明るくて動物がよく見えるので、観察にはいいですよ。

Q おすすめの徒歩トレイルはどれ?
A:時間の余裕がない場合は、ライオンやウンピョウが見られ、ジャコウネコの放し飼いケージがあるレオパード・トレイルを重点的に回ってみては。

歩道は舗装道か木道で、歩きやすい。歩道には照明があるが動物のいる場所は薄暗いので目を凝らそう

オオコウモリ Fruit Bat

動物トリビア
幻のコーヒーの生みの親?!
ジャコウネコの未消化のフンから採取したコーヒー豆が、独特の香りの「コピ・ルアク」。高価なコーヒーとして知られている。

木の上にいるので見つけてね

ジャコウネコ Civet

ワシミミズク Eagle Owl

ビントロング Binturong

動物トリビア
ビントロングは夜の忍者
長くて立派な尻尾は第五の足ともいわれ、枝に巻きつけて森を移動。ジャコウネコ科の動物でポップコーンのようなにおいがする。

3

ウンピョウはココ

ヤマアラシ Porcupine

動物トリビア
危険を感じるとトゲが総立ちに!
背中のトゲの長さは50cm以上もあり先端は鋭利。危険を察知しトゲを逆立て、シャラシャラと音を出して威嚇するさまは異様。

インドライオン Asiatic Lion

シマハイエナ Striped Hyena

四つのコースは合わせて1時間30分くらいで回れます

フサフサの尻尾が自慢

オマキヤマアラシ Brazilian Porcupine

木登りが得意

オオアリクイ Giant Anteater

口先がなが〜い

魚獲りたいな

スナドリネコ Fishing Cat

GOAL

メインエントランス

入口

エントランス・プラザ

イーストロッジの北側にはインドサイがいる。エサやり（→P.55）もできる

イースト
ロッジ

スンダコノハズク
はココ

4

プチハイエナ
Spotted Hyena

動物トリビア
ナマケグマは怠け者？

このクマはナマケモノのように木にぶら下がることができ、その姿を見た人がナマケグマと呼んだのが名前の由来。好物はアリで唇を丸めて吸い上げるのだそう。

ナマケ者
じゃないよ

ナマケグマ
Sloth Bear

いろんな
鳴き声が
出せるよ

動物トリビア
プチハイエナの鳴き声は…

甲高い狂ったような声は人間の笑う声に似ているとも。噛む力は何とサメより強い454kg。骨も噛み砕く。

アカカワイノシシ
Red River Hog

2

ボンゴはココ

マレートラはココ

1

マレートラはココ

ナラコート・ケーブ

トラム乗り場

START

R ウルウル・
サファリ・
レストラン →P.54

ナイトショーの
会場 →P.55

美形＆ラブリーな必見Animal 4

1 マレートラ
Malayan Tiger

近くで見たら顔がデカくて迫力満点。金・土曜の20:30と21:30に餌付けが公開。漢方薬の材料として乱獲され、数が激減している。

2 ボンゴ
Bongo

「森の
貴公子」とは
ボクのこと

中央アフリカに棲む世界4大珍獣のひとつ（あとはコビトカバ、オカピ、パンダ）。仮面のような顔が威厳あり。絶滅危惧種。

3 ウンピョウ
Clouded Leopard

太い前足と
ツメでスイスイ
木登り

背中に雲のような模様がある珍しい動物。トラとネコの中間の種。木登りがうまい。

4 スンダコノハズク
Sunda Scops Owl

ウトウト…

マレー半島やシンガポール、インドネシアに生息する体長20〜25cmのフクロウ。小さな体と眠そうな顔が愛らしい。

かわいい！

ワラビー
Wallaby

体の小さな
パルマワラビー
だよ

オーストラリアの洞窟を再現したナラコート・ケーブ

メンフクロウ
Barn Owl

顔の形が
ハート形

Wallaby Trail

案内板には日本語の説明が併記

CLOUDED LEOPARD

激ウマ！2大ローカル料理対決！チキンライス

シンガポールに行ったら絶対に食べたい2大名物料理がこちら。食べ応え抜群の名物料理2品の特徴を知って

海南鶏飯（ハイナニーズ・チキンライス）ってどんな料理？

ゆでた鶏肉にタレを付けながらライスとともにいただく、シンガポールの屋台料理代表がチキンライス。正式にはハイナニーズ・チキンライスという。中国最南端の島、海南島には丸鶏をゆでた文昌鶏という名物料理があり、これが原型という説もある。マレーシアでもポピュラーな屋台料理だが、シンガポールのものは洗練度といい完成度といい、ダントツのクオリティを誇る。

値段はどれくらい？

値段はピンからキリまで。ライス、チキン、スープの1人前がホーカーズでは$3〜、食堂では$5〜、レストランでは$20以上のことも！

スープ

鶏肉のゆで汁を塩、コショウなどで味付けしたスープ。鶏のダシがしっかり出ていておいしい。

チキンライスの食べ方

基本的にはお好みで、どう食べてもOK！ 下写真の3種類から好きなソースを選び、チキンにからめていただく。ソースを自分でブレンドしてもよし。辛いのが好きなら、チリソースをライスにかけて食べてみて。ライスの追加注文もOK。お店によってはサイドメニューも豊富なので、一緒にオーダーしてみよう。

ライス

チキンスープにニンニクやショウガ、パンダンリーフなどを加えて炊き上げたつやつやごはん。

黒醤油

キャラメライズした特別な黒醤油で甘味がある。子供たちもライスやチキンに付けるのが大好き。

チリソース

生のトウガラシにニンニク、エシャロットなどを加えて作る各店秘伝のタレ。

ジンジャーソース

おろしショウガのさっぱりしたタレはそのまま付けても、チリソースや黒醤油と混ぜてもよい。

決め手はゆで加減

弱火でじっくりゆでることで、ゼラチン質の脂身ができあがる。このゼラチン質が名店の証と言うシンガポーリアンも多い。

海南鶏飯 チキンライス

鶏肉

海南式はローストでも蒸したものでもなく、必ずゆでたチキンでなくてはならない。

ヘルシーでめっちゃウマレ

おすすめの部位

チキンは部位別に注文することもできるが、たいていの店では1/2羽（ハーフ）、1/4羽（ワンクォーター）に切り分ける。そのためムネ肉かモモ肉のどちらか、といった注文方法が一般的。

ムネ肉（ブレスト）Breast
さっぱりと淡白な味わい。ヘルシー志向の人におすすめ。

手羽（ウイング）Wing
天天海南鶏飯（→P.64）などでは手羽の注文もできる。皮と骨が多いけれどコラーゲンもたっぷり！

スペアパーツ Spare Parts
店にもよるが、砂肝（ギザード Gizzard）やレバー（リバー Liver）などを別注文することもできる。これらはまとめて「スペアパーツ」と呼ばれる。

モモ肉（タイまたはドラムスティック）Thigh/Drumstick
つるりとした食感を求めるならこの部位。

オーダーの会話集

* どこの部位がおすすめですか？
  Which part do you recommend?

* モモ肉とムネ肉をミックスでください。
  I want to eat both drumstick and breast.

* モモ肉／ムネ肉だけください。
  Only drumstick/breast, please.

* 手羽はありますか？
  Do you have chicken wing?

変わりダネも…

チキンライス・ボール

海南人たちは仕事先に持参するお弁当にするため、チキンライスをお団子に丸めることもある。日本米と違って粘らない米なので、熱いうちにしっかり握らないといけないそうだ。現在はマラッカ名物として有名だが、シンガポールにもチキンライス・ボールを食べられる店が2軒ほどある。

とチリクラブを食べ比べ

食べ比べツアーに出発しよう！

2大名物料理を探求

TOTAL 2時間

オススメ時間 12:00〜14:00以外　　予算 $100〜

💡 どこで食べる？
どちらも専門店で食べるのがおすすめ。有名店は比較的郊外に多いのでタクシーかMRTでアクセス。ホテルのレストランや一部のホーカーズなら両方食べられる。

チリクラブの食べ方

とにかくむしゃぶりつく。シンガポール女子も手づかみで食べる。濃厚なソースは残さず食べよう。店ではソースに合うパン（中国パン）を用意している。

おしぼりは有料

値段はどれくらい？

カニは1kg$90くらい（季節によって変動あり）で、1杯からの注文となる。小さいもので1杯1kg程度。ちなみに右上の写真のクラブは1kg。注文の際にカニの重量と値段を聞いておくと安心だ。調理代はカニの値段に含まれている。

パンにもトライ！

バカッ

フィンガーボール

おいしー！

注文は

1杯から。女子ふたりなら1kg程度のものを注文。カニを基本的に店員が選ぶので、大型、小型の希望をしっかり伝えること。また、大きなものを選んで、半分チリクラブ、半分ペッパークラブ、と注文に応じてくれる店もある。

✱ ふたり分ください。
For 2 person, please.

✱ 大きい（小さい）カニをください。
Large (Small) size, please.

✱ 半分チリクラブ、半分ペッパークラブにしてください。
Please divide the crab into two equal parts, chilli and black pepper.

カニ

カニは1杯まるまる入っている。甲羅にはカニ味噌たっぷり。

辣椒螃蟹
チリクラブ

S

1kgのスリランカクラブよ

チリクラブってどんな料理？

1950年代に郊外の町ポンゴルで名をはせた海鮮料理店「春成」が発案した料理。その後シンガポール中に、さらにマレーシアにまで広まった人気のカニ料理だ。チリをはじめ、当地ならではのハーブがブレンドされたリッチなソースとカニのうま味が見事にマッチ。スパイシーながらも溶き卵が全体をマイルドにまとめた絶妙な料理。

チリソース

チリソースには最後に溶き卵を流し入れる。このチリソースは店の真価を決める大事な要素。

カニの種類は

熱帯に生息するマッドクラブという殻の堅い種類。プリプリした身はまで新鮮なホタテのような食感だ。シンガポールのレストランでは大型のスリランカ産のものがポピュラー。

これがスリランカクラブ

珍しいスコティッシュブラウンクラブ

変わりダネも…

チリクラブの姉妹版にもトライ！

濃厚なカニのダシがおいしいビーフン・クラブ（→P.95）

アヒルの塩漬け卵をからめながら炒める、マレーシア発祥の調理法。塩気と甘味が絶妙なハーモニー

ソルテッドエッグクラブ

ブラックペッパークラブ

コショウのしびれるような辛さがたまらないペッパークラブ

ホワイトペッパークラブ

ノーサインボード・シーフード（→P.61）にはオリジナル料理のホワイトペッパークラブがある

59

取材班おすすめ！名店BEST3

シンガポール国内にチキンライスとチリクラブの専門店は多々あれど、実際に食べ比べて本当においしいお店をピックアップ。究極のひと皿目指して食べ歩き！

老舗の名店
文東記
Boon Tong Kee

シンガポールでも1、2を争う人気を誇る店。おいしさの秘密は、毎日契約農家から直送される最高級の鶏肉と、厳密に調整されたゆで加減。45分間ゆでるとゼラチン質がたっぷりのつやつやチキンのできあがり。

3〜4人前 $18

肉のプリプリ感	★★★★★
肉のジューシー感	★★★★★
ライスの食感	しっとり ←★→ ドライ
ボリューム	★★★
タレの味	うすい ★ こい

Map 別冊P.3-C2　シンガポール全図
399/401/403 Balestier Rd.　☎6254-3937
🕐11:00〜15:00、17:00〜23:30（土曜、祝日11:00〜23:00、日曜11:00〜22:30）旧正月1日
Card J.M.V.　望ましい　中心部からタクシーで約15分　URL www.boontongkee.com.sg

究極のチキンライス

5つ星ホテルでローカルグルメを
チャターボックス
Chatterbox

1人前 $25

1971年当時、屋台や食堂のメニューであったチキンライスを、初めてレストランで提供したことで有名。厳選素材を用いてしっとりジューシーに仕上げたチキンライスは格別。値は張るけれど食べる価値あり！

肉のプリプリ感	★★★★☆
肉のジューシー感	★★★★★
ライスの食感	しっとり ←★→ドライ
ボリューム	★★
タレの味	うすい ★ こい

Map 別冊P.16-A2　オーチャード・ロード（東部）

333 Orchard Rd., #05-03 Hilton Singapore Orchard
☎6831-6291　🕐11:30〜16:30、17:30〜22:30（L.O.21:45。金〜日曜、祝日前日〜23:00、L.O.22:30）無休　Card A.D.J.M.V.
要予約　MRTサマセット駅から徒歩約6分

1935年開業の老舗
津津餐室
Chin Chin Eating House

チキンライス発祥の地とされる海南島の名物をはじめ、広東やシンガポール料理がメニューに並ぶローカル食堂。ふっくら滑らかにゆられた白鶏とロースト（焼鶏）があり（各半羽$14）、ひとりなら小さいポーションで提供可能（$5〜）。

2〜3人前 $14

肉のプリプリ感	★★★★☆
肉のジューシー感	★★★★
ライスの食感	しっとり ★ ドライ
ボリューム	★★★★★
タレの味	うすい ★ こい

Map 別冊P.20-B3　ブギス＆アラブ・ストリート

19 Purvis St.　☎6337-4640　🕐11:00〜15:00、17:00〜21:00（土・日曜、祝日11:30〜15:30、16:30〜21:00）旧正月5日間　Card不可
不要　MRTシティ・ホール駅から徒歩約5分

地元っ子のイチオシ
ノーサインボード・シーフード
No Signboard Seafood

屋台から始まった店が看板のないまま超人気店に。「看板なし」の店名は当時の名残。ここのチリクラブはソースが絶品。辛さと甘味がうまく調和し、濃厚で奥深い味に仕上がっている。この店オリジナルのホワイトペッパークラブもおすすめ。

チリソースの味	うすい ★ ★ ★ ★ こい
値段	★ ★ ★ ★
ローカル度	低い ★ ★ ★ 高い
辛さ	★ ★ ★ ★ ★

Map 別冊P.3-C2　シンガポール全図

🏠414 Geylang Rd.　☎6842-3415
🕐11:00～23:00　休旧正月4日間
Card M.V.　🚭望ましい
🚕中心部からタクシーで約15分
URL www.nosignboardholdings.com

1kg
$90～

チリクラブの有名店
ジャンボ・シーフード
Jumbo Seafood

ファンの多いチリクラブは、マイルドで深い味わい。たっぷり身の詰まったスリランカクラブと濃厚こってりめのソースが絶妙にマッチ。

Map 別冊P.23-C3　タングリン・ビレッジ

🏠Blk 11, #01-16 Dempsey Rd.　☎6479-3435
🕐11:30～14:30、17:30～22:30（L.O.14:00、21:45）　休無休　Card A.D.J.M.V.　🚩ディナーは要予約　🚕中心部からタクシーで約10分　URL www.jumboseafood.com.sg　🏠リバーサイド・ポイント店
Map 別冊P.7-D2　☎6532-3435

チリソースの味	うすい ★ ★ ★ ★ こい
値段	★ ★ ★ ★ ★
ローカル度	低い ★ ★ 高い
辛さ	★ ★ ★ ★

1kg
$98～

1kg
$88～

いろんな味を試したいなら
レッドハウス・シーフード
Red House Seafood（小紅楼）

スイート&サワーなソースはトウガラシたっぷりだが、甘味が強くて食べやすい。トロトロのチリクラブ入りの真っ黒なバンも絶品！ブラック&ホワイトペッパー、ソルテッドエッグなど種類豊富。スリランカ産以外にスコットランド、アラスカ産のカニもあり。

チリソースの味	うすい ★ ★ こい
値段	★ ★ ★
ローカル度	低い ★ ★ 高い
辛さ	★ ★

Map 別冊P.6-A2　クラーク・キー周辺

🏠392 Havelock Rd., Level 2 Grand Copthorne Waterfront　☎6735-7666　🕐12:00～14:30、17:30～22:00（L.O.14:00、21:15）　休無休
Card A.J.M.V.　🚭望ましい　🚇MRTハブロック駅から徒歩約3分　URL www.redhouseseafood.com

安くておいしい♪ シンガポーリアンの台所「ホーカーズ」にデビュー！

軽食、ガッツリごはん、デザート、ジュース……
何でもある「ホーカーズ」はローカルフードのパラダイス。
利用法とおいしい店をチェックしたら
ローカルフード体験に飛び出そう☆

ホーカーズを使いこなす

TOTAL 1時間

オススメ時間	12:00〜14:00以外	予算 $5〜

◎ 朝食から夕食後の1杯まてOK
物価が高いシンガポールで、リーズナブルに食事ができる唯一の場所といっても過言ではない。フードはもちろんドリンクやビールもローカル価格！

地元の人と交流できるかも

ホーカーズのスペシャリストが徹底指南しちゃいます

シンガポールで有名なフードブロガーのレスリーさんに、おいしいローカルフードにありつく秘訣をたっぷり語ってもらいました。

DR. Leslie Tay　レスリー・テイさん

シンガポールで有名なフードブロガー。2006年頃からホーカーズを食べ歩き、自身が撮影した写真とともにブログ「ieat ishoot ipost」につづり始め、今では1日1万以上のアクセスを誇る人気ブログに。ローカルフードの本『The End of Char Kway Teow』、『Only The Best』を出版。ブログ：URL ieatishootipost.sg

ホーカーズとは？

英語で路上屋台のこと。衛生上の問題のため、昔は路上で販売していた屋台を一ヵ所に集めたものがホーカーズ・センター（以下ホーカーズ）。正式にはフードセンターというもので、政府が管理している。ショッピングセンター内にあるものは、これと区別してフードコートと呼ばれる。また、個人が経営する店舗の中に2〜3軒の屋台が集合しているものはコーヒーショップと呼ばれる。

知っ得！
ホーカーズ辞典

Q. 予算は？
ご飯類、麺類はだいたいどの店も$3〜6。ドリンク類、ロティ・プラタ（→P.91）などの軽食、アイス・カチャン（→P.106）などのデザート類は$2〜。リーズナブルでしょ？

Q. 営業時間は？
ロティ・プラタやお粥など朝食を出す店以外は、昼頃から開店。ただし人気店は14:00〜16:00頃閉店する店もあるので注意。夜は夜食を食べに行く人が集まるよ。

Q. トイレはあるの？
日本と比べると清潔とはいえないと思うけど、たいていのホーカーズにトイレはある。10¢程度の使用料が必要な場合もあるので小銭を用意しておくと安心だよ。

Q. どんな歴史があるの？
英国植民地時代に中国やインドから集まった出稼ぎ労働者が食事をとったのが屋台がホーカーズのはじり。シンガポールには今でも屋台料理で食事を済ませる習慣が根付いていて、都市部はもちろん各ニュータウンの住宅エリア、駅のそばなど人が集まる場所にホーカーズがあるんだ。

Q. ローカルフードの正しい楽しみ方とは？
シンガポールのローカルフードはおいしいものがいっぱい。できたてアツアツのおいしい状態で食べるというのが基本だね！いろいろ試してみたいなら、ハズレを選んで無駄にカロリーを摂取しないこと。事前に食べたい料理を決めておくと、おいしくて楽しいローカルフード体験ができると思うよ！

Q. 時間別おすすめメニューを教えて

朝
粥 Porridge
お粥と具が別盛りの潮州式がオススメ。

ごはん系
お昼はごはんものや麺料理が根強い人気！

昼

夜

つまみとビール
瓶ビールは$7〜。チャーシューは$5〜。

おやつやドリンクのみの利用もOK

ちまき
Dumpling
鶏肉や豚肉のほかにアズキ入りなんてのもあるよ！

ライムジュース
Lime Juice
いちばんポピュラーなジュースなのさ。$1.5〜。

スイーツ
豆腐花やお汁粉系が定番。最近はケーキやドーナツ屋も見かけるよ。

How to use hawkers
ホーカーズの利用法

1 お店の種類をチェック

中国料理、マレー料理、インド料理を中心にバラエティ豊富。ドリンクスタンドやスイーツ、フルーツの店もある。

中国料理の店はどこのホーカーズにもある。ホーカーズの定番メニューはP.92〜93でチェックしよう。

中国料理

おいしくて安いインド料理が食べたければ、リトル・インディアにあるホーカーズへ。テッカ・センター（→P.160）が有名。

インド料理

定番のナシ・レマやサテーの店はたいていのホーカーズにある。もっとディープに、という人はゲイラン・セライ・マーケット（→P.162）へ。

マレー料理

ドリンクのみを扱う店。料理とは別にドリンクはここで注文する。缶ジュースやフレッシュジュース、ビールなどがある。

ドリンクスタンド

2 まずは席を確保

ティッシュひとつでも机の上に置けば、その席を「キープします」ということ。貴重品は置かないように。

ここキープ！

149

テーブル番号はしっかり覚えておいてね

これがテーブル番号

（相席で）ここに座ってもいいですか？
Can I sit here?

5ドルのカリーチキンヌードルをひとつください。麺は黄色い麺とビーフンをミックスで。
5 doller's curry chicken noodle. Please mix yellow noodle and bee hoon.

3 店を選ぶ

ひとつのホーカーズには少なくとも10軒、多い所は100軒以上もの店が入っている。そのなかからおいしい店を見つける手がかりはコチラ！

📰 新聞

店頭に自分の店が掲載された新聞記事や推薦状を貼り出している店は要チェック。

$3.00

📰 行列

行列のできている店は試してみる価値あり（ハズれるときもある）。

📰 衛生検査

政府が実施する衛生検査の結果がアルファベットで表示されている。Aが一番よい。

4 オーダー＆支払いをする

メニュー名、数、何ドルの物が欲しいのか（大きさ）を伝え、お金を払う。支払いは現金のみ。基本はセルフサービスなので料理ができるまでその場で待つ。この間に調味料、箸やフォークなどを自分で用意しておく。

📰 いくらのものか決めておく

大きさや具の量によって値段が変わる。通常テイクアウトや野菜の増量は＋50¢で可能。

小銭を準備！

📰 麺の種類も

ガラスケースに麺を陳列していたり、写真のような看板がある店は麺が選べる。指さしでOK。

📰 調味料も

ポピュラーなのは醤油にチリを入れたソースやフライドオニオン。ソースや割り箸は自分で用意。

5 料理を席に運ぶ

店によってはテーブル番号を伝えておけば運んで来てくれる所もある。下のような看板がある店はセルフサービス。

まちどうさま！

自助服務
SELF-SERVICE

たいていの店がセルフサービス。お店の前で料理ができるのを待っていよう。

6 食べ終わったら

食器の片づけが義務化されたので、食器は返却場所へ。ハラルとノンハラルの返却口があるので注意。

忘れずに自分で片づけ

行列のできるホーカーズは次のページでチェック！

行列のできるホーカーズ・グルメをGETしよう

伝授するよ！

雰囲気を楽しみたいのか、おいしい料理が食べたいのか、目的によってホーカーズを選ぼう。なかにはもちろんハズレ店もあるので、名店を事前にチェック☆

名物チキンライスを食す

マックスウェル・フードセンター Maxwell Food Centre

チャイナタウンの中心部にある。比較的きれいで観光客も多く利用しやすい。広東、潮州、福建といった中国各地の料理がズラリ。おやつ系が充実しているのもポイント。

[Map] 別冊P.10-B2 チャイナタウン&シェントン・ウェイ

⌂Maxwell Rd. & South Bridge Rd. 🕘早い店は7:00頃～、遅い店は10:00頃～。閉店は昼過ぎに閉まる店と18:00～22:00の間に閉まる店がある [交]MRTマックスウェル駅から徒歩約1分

天天海南雞飯のチキンライス Chicken Rice(No.10/11)

ツルリとしたなめらかな食感のチキン、そして何よりごはんが香りよくふっくらと炊き上がっている。昼食時には行列ができ、昼過ぎには売り切れてしまうこともあるので、時間を見て訪れたい。

イチオシ！グルメ $3.5～

金華魚片米粉のスライス・フィッシュ・ビーフン Sliced Fish Bee Hoon(No.77)

魚の切り身がたっぷり入ったスライス・フィッシュ・ビーフンは必食。切り身入りのお粥もある。

イチオシ！グルメ $4.5～

ミスター・アッパムのエッグ・アッパム Egg Appam(No.99)

$2.8

アッパムとは発酵させた米粉を特製鍋で焼く南インドの朝食。外側カリッ、中央部はしっとり。

イチオシ！スナック

ローカルに交じって行列メニューをゲット！

アモイ・ストリート・フードセンター Amoy Street Food Centre

中国系の老舗や名店、昔ながらのローカル食はもちろん、洋食やパスタ、タイ料理などもある。2022年のミシュランガイドでビブグルマンに選ばれた店も多数。

[Map] 別冊P.11-C2 チャイナタウン&シェントン・ウェイ

⌂7 Maxwell Rd. 🕘店によって異なるが、早い店は8:00頃～、多くは11:00頃～17:00頃 [休]店によって異なるが、土・日曜、祝日は休む店もある [交]MRTテロック・アヤ駅、マックスウェル駅から徒歩約5分

イチオシ！グルメ

12:00～13:30はビジネスマンが列をつくる

炒粿條のチャー・クェイ・ティアオ Char Kway Teaw(#01-01)

$4

約50年の歴史があるチャー・クェイ・ティアオの店。甘さ控えめの黒醤油が味の決め手！

コレコレ！

J2クリスピー・カリーパフのカリーパフ Curry Puff(#01-21)

$1.8～

店内で生地から作り、店頭の鉄板で焼き上げるカリーパフはホクホクで絶品。具はサーディンなどもある。

イチオシ！スナック

コーヒーは$1.6～

咖啡快座のトースト Toast(#02-78)

1935年創業のコーヒーショップだが、ラテやモカ、フレーバーティーなどカフェ顔負けの品揃え。日替わりのトーストは絶品。

イチオシ！グルメ

$3.5

家族みんなで
ホーカーズ

オールド・エアポート・ロード・フードセンター
Old Airport Road Food Centre

ラオ・パ・サ・フェスティバル・マーケット
Lau Pa Sat Festival Market

プチ
ぼうけん
10

シンガポーリアンの台所「ホーカーズ」にデビュー！

中国系の名店が多いことで有名な歴史のあるホーカーズ。飲茶から海鮮まで幅広いメニューが揃っている。平均レベルが非常に高く、ハズレの店が少ないのも特徴。下記の3軒は食事時には大行列で、30分以上待つことも。ピークを外して名物グルメにありつこう。

Map 別冊P.3-C2 シンガポール全図

🏠 Blk. 51 Old Airport Rd. ⏰11:00頃〜22:00頃 🚇MRTマウントバッテン駅から徒歩約5分

1838年に建設された市場が前身という歴史あるホーカーズ。八角形のヴィクトリア調の建物内にはローカル料理はもちろん、日本、ベトナム、韓国、トルコなどの各国料理の店が約60店。オフィス街の一角にあり、ビジネスマンや観光客に大人気。

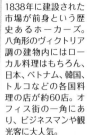

Map 別冊P.11-C2 チャイナタウン＆シェントン・ウェイ

🏠18 Raffles Quay ⏰11:00頃〜22:00頃。サテーの屋台は19:00〜翌3:00頃（日曜、祝日15:00〜）🚇MRTラッフルズ・プレイス駅、ダウンタウン駅から徒歩約5分

南星福建炒蝦麺のフライド・ホッケン・ミー
Fried Hokkien Mee(#01-32)

イチオシ！グルメ

1963年創業の名店。グレービーは少なめだが、エビの濃厚なダシが染み出している。炒め具合も絶妙。

福建麺とビーフンの混合麺だよ

$5

イチオシ！グルメ

シェアがおすすめ

トアパヨ・ロジャのロジャ
Rojak(#01-108)

キュウリ、パイナップル、モヤシ、揚げパンなどを黒糖醤油やエビの発酵ペーストであえた不思議なサラダ。

$5

サテー
Satay

ホーカーズの南側のブーン・タット・ストリートは「サテー・ストリート」と呼ばれ、毎晩19:00頃からサテーの屋台が10軒ほど並ぶ。サテーの注文は10本から。

イチオシ！グルメ

炭火で焼くのがウマさの秘訣じゃよ

1本 $0.8〜

チョンバル・ローミーのローミー
Loh Mee(#01-124)

イチオシ！グルメ

醤油ベースのトロっとしたスープと幅広麺がからみ合い絶品。黒酢とおろしニンニクを入れて食べる。

意外にあっさり味で重くない

$3〜

その他のおもなホーカーズ

ホン・リム・フードセンター Hong Lim Food Centre

中国系の老舗が集結した地元で人気のホーカー。行列店は15:00頃に閉店するので、お昼前を狙おう。

Map 別冊P.10-B1 チャイナタウン＆シェントン・ウェイ

🏠Blk. 531A Upper Cross St. ⏰早い店は7:00頃〜、遅い店は10:00頃〜。昼過ぎに閉まる店や18:00〜22:00の間に閉まる店がある 🚇MRTチャイナタウン駅から徒歩約3分

チャイナタウン・コンプレックス Chinatown Complex

中国料理がメインでローカル色が濃い。約150店が入店する大型ホーカーズ。

Map 別冊P.10-B2 チャイナタウン＆シェントン・ウェイ

🏠Blk335 Smith St. ⏰店によって異なるが、8:00頃〜22:00頃 🚇MRTチャイナタウン駅から徒歩約4分

チョンバル・マーケット ＆ フードセンター
Tiong Bahru Market & Food Centre

マーケットの2階にある地元密着型ホーカーズ。水粿（米粉を蒸したスナック）がおいしい。

Map 別冊P.22-B3 チョンバル

🏠83 Seng Poh Rd. ⏰店によって異なるが、6:00頃〜22:00頃 🚇MRTチョンバル駅から徒歩約10分

欲しいものがすべて揃う!?
ムスタファ・センターで激安ショッピング☆

広大な売り場に気の遠くなるような大量商品。
世界各地の珍しい物に目が釘付けに。あやしいモノもすぐれモノも混じり合う
カオスのショッピングセンターに、深〜く潜入してみて。

こんなときは遠攻ムスタファへ
- 帰国前夜、バラマキみやげをたくさん買わなくちゃ…。
- 日用必需品を日本から持ってくるのを忘れた。
- スーツケースや大きめのバッグが必要になった。
- スパイスやインドファッションが欲しい。

マニアックな商品、おもしろグッズを発見!

ムスタファ・センターはインド製品が充実。旅行者に人気なのは調味料、スパイスなどの食品やシンガポールみやげ。取材スタッフがディープな商品を狙い撃ちしました。

お宝グッズ探し

TOTAL 2時間

おみやげまとめ買い

オススメ時間	平日10:00〜12:00
予算	$50

ムスタファ・センター潜入のオキテ
1. 深夜2時まで営業。夕方から夜は混み合うので、午前中がよい。2. 本館と新館があり、調味料やスパイスは新館2階へ。

ロックします

ムスタファ・センターを回るPOINT

荷物を預ける
大きなバッグや荷物は入口で預ける。持ち込む場合はバッグ開閉口をビニールひもでロックされる。
↓
両替所もある
1階と地下2階にあるが、レートはあまりよくない。クレジットカードも使用可。
↓
休憩はムスタファ・カフェで
1階南側通路沿いにカフェがあり、飲み物や軽食を提供。新館の屋上にはカレーとケバブのレストランもある。

本館フロアガイド

4F	ラッピング用品など		吹き抜け		本		工具、部品			雑貨
					文房具					

3F	パジャマ・ドレス	レディスウエア			寝具、リビング用品		鍋、食器		台所用品 日用雑貨

新館

2F	スーツケース	リュック バッグ		おみやげ	チョコ、スナック菓子		穀類、粉類		香水、石鹸	ドリンク、パン 調味料、生鮮食品
			コーヒー、紅茶			乾麺、ナッツ類			

1F	時計	メガネ アクセサリー 携帯電話、ゲーム	CD、DVD	化粧品 スキンケア用品		薬
		ムスタファ・カフェ				

B1F	サリー、スカーフ、サロン		レディス・メンズ・キッズ衣料品		靴、サンダル

B2F	楽器 おもちゃ	階段	スポーツ用品	階段	カメラ、パソコン	オーディオ、電化製品
			エスカレーター			

- E エレベーター
- T トイレ
- 〒 郵便局
- S 両替所
- R レストラン

買物袋はこんな格好

深夜まで営業のメガストア
ムスタファ・センター
Mustafa Centre

旅行者向けのおみやげやお菓子を置く本館をまず見て回り、食料品やスパイスが揃う新館の2階もチェック。支払いは各階にあるレジで行う。

Map 別冊P.19-C2
リトル・インディア

📍145 Syed Alwi Rd.
☎6295-5855
🕐9:30〜翌2:00
無休　Card A.D.J.M.V.
MRTファーラー・パーク駅から徒歩約3分
URL www.mustafa.com.sg

万引き防止のため買物袋はしっかり口を閉じて渡される

ムスタファの オススメ アイテム

おみやげ

生活雑貨

プラスチック食器
3階の台所用品エリアで発見！ キッチュでかわいい
$1.5~

お香
インド製のお香は$0.9~と格安
$0.9~

バッグ＆財布
バティック生地のアイテムも豊富
$8.9

ハーブティー
インドのTulsi Brahmiのオーガニックティー。リラックス効果がある
$3.9

$16.5

$2.3

ヌードルスナック
マレーシア産のインスタント麺のスナック
$5.5

栓抜き
瓶形の栓抜きの中にはマーライオンがぷかぷか浮いている
$5.8

マーライオンチョコレート
左はクランチチョコ、右はレーズンチョコ
各$2.5

バンドン
ピンク色のローズミルクドリンクの粉末。20袋入り

食品

スノードーム
マーライオン入りの卵形スノーボールは2サイズあり
$5

こんなのあるんだ～

インスタントマサラチャイ
手軽にチャイが味わえるプレミックスパウダー。10包入り
$4.2

マーライオンの商品が売れ筋です

ヘアトリートメント
インドネシア製のヘアトリートメントはかなり優秀
各$1.5

衣類＆靴

マレーのヘッドスカーフ
ムスリム用のスカーフ。髪の毛が隠れるようになっている

無敵の品揃えよ！

$12.9

ヒマラヤのリップバーム
100%天然成分で安心して使える
$1.3

ヘナパウダー
ヘナという植物を使った植物性のヘアカラー
$3

$15.9

サンダル
種類豊富でリーズナブル

$2~

TOMATO SOAP

ヒマラヤのシートマスク
保湿、アンチエイジングに効果的なフェイスマスク

美容品

インディアンブラウス
パンジャビ・ドレスは$30くらいから

ハーバルソープ
マレーシア製のトマト石鹸

アーユルヴェーダ石鹸
ココナッツオイルやサンダルウッドオイル配合の植物性石鹸
$0.9

各$2.9

コレ、いいわね

ハーバルオイル
頭皮をマッサージすればスーッとクールで気持ちいい
$2.9

67

土俵入りする力士の前にもひっそりとタイガーバームの商品があるのでチェック。

『山海経』を参考にしたといわれる妖怪もぞろぞろ。カニ人間はひときわシュール。

中国世界のなか、脈絡もなく自由の女神像のミニチュアも登場する。

血の池地獄。

中国の地理書『山海経』に登場する人魚(?)。人魚に交じって記念撮影しよう。

入口にある胡兄弟の名前が刻まれた石碑を守るように鎮座する勇ましいトラ。

極寒の地獄。

ヘルズ・ミュージアム

2021年にリニューアルオープンした死と死後の世界をテーマにした展示館。メインは10の地獄を表現した「十殿閻羅（十大地獄）」。

シンガポールの裏名所

心がざわつく ハウ・パー・ヴィラのシュールな世界

極彩色の神様像に十大地獄まで。タイガーバーム創始者が建設した想像を絶するナニコレテーマパーク、ハウ・パー・ヴィラへようこそ！

不思議な世界に迷い込む

ハウ・パー・ヴィラ

Haw Par Villa（虎豹別墅）

万能塗り薬、タイガーバームの創始者である胡兄弟が1937年に築いた庭園。中国の道教の教えや神話、伝説などをモチーフにした1000体以上の極彩色の像に圧倒される。

[Map] 別冊P.2-B3 シンガポール全図

⌂262 Pasir Panjang Rd. ☎6773-0103 ⌚9:00～20:00（最終入場19:30） [休]無休 [料]無料 ※ヘルズ・ミュージアム⌚10:00～18:00（最終入場17:00） [休]祝日を除く月・火曜 [料]$18 [交]MRTハウ・パー・ヴィラ駅から徒歩約2分 [URL]www.hawparvilla.sg

タイガーバームの商品を手にした像は、タイガーバームの広告効果を狙ったもの。

ハウ・パー・ヴィラの楽しみ方ポイント

★英語の説明書をチェック
中国の道教の教えや民間説話をもとにした像には英語の解説もある。

★一緒に写真を撮ろう
観光客が少なく、おもしろ写真が撮り放題！

★拡張され有料となったヘルズ・ミュージアム
ヘルズ・ミュージアムは「十殿閻羅（十大地獄）」のほか、死者のための儀式なども展示。興味や時間があれば見物してみよう。

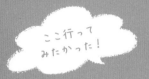
ここ行って
みたかった！

シンガポールの「今」を感じる 最旬エンタメスポット 徹底ガイド

**体験型の次世代アート施設や
ユニバーサル・スタジオで遊んだら
世界遺産の広大な植物園で癒やしの時間を。
ぎゅっと凝縮された「お楽しみ」、ぜ〜んぶ味わっちゃおう！**

SIGHSEEING

島まるごとエンタメ☆
リゾート・ワールド・セントーサにGO！

広いな！

R マレーシアン・フードストリート →P.71

1 ユニバーサル・スタジオ・シンガポール →P.72

H ホテル・マイケル →P.71

H ホテル・オラ

4 シー・アクアリウム →P.75

5 ロイヤル・アルバトロス →P.75

3 ドルフィン・アイランド →P.74

2 アドベンチャー・コーブ・ウオーターパーク →P.74

H ハードロックホテル・シンガポール →P.71

RWSで1日遊び尽くすモデルプラン

開園と同時に人の少ないUSSを回ったあと、プールやイルカとの触れ合いを楽しもう。アクアリウムを満喫し、ディナークルーズで特別なひとときを。

リゾート・ワールド・セントーサ™
Resorts World™ Sentosa

Map 別冊P.26-B1〜B2, P.28　セントーサ島　詳細マップは→別冊P.28

🏠8 Sentosa Gateway　☎6577-8888　URL www.rwsentosa.com

リトル・インディア
オーチャード・ロード
シティ・ホール＆マリーナ・エリア
セントーサ島

1 USSを満喫！ P.72

トロピカルなプールで泳ぐ P.74

3

世界最大級のアクアリウムで癒やされる P.75

5 ディナークルーズで優雅な夜を P.75

2 イルカと遊ぶ P.74

4

朝から夜まで盛りだくさん！

シンガポール本土の南側約600mのところに浮かぶ緑あふれるセントーサ島。
島北部に約49万㎡の敷地をもつ「リゾート・ワールド・セントーサ（RWS）」は、
アジア最大級の統合型リゾート施設。最新の人気スポットを中心に、
夢中になれるプランをご紹介。

エクアリアス・ホテル →P.71

Resorts World Sentosa

リゾート・ワールド・セントーサにGo!

おすすめ/
グルメスポット
& 大型ホテル

マレー名物
あります

マレーシアの屋台料理が集合
マレーシアン・フードストリート
Malaysian Food Street

ペナンやマラッカなどの人気屋台23店が、
1970年代の街並みを模した館内で食の競演。

Map 別冊P.26-B1 セントーサ島

- Level 1, Waterfront ☎8798-9530
- 8:30〜20:30（L.O.20:00）無休
- Card A.D.J.M.V. ※現金不可
- リゾート・ワールド・ステーションから徒歩約5分

1. ペナンのチェンドル
2. ローミー $8　3. チャー・クェイ・ティオ $8.5
4. クレイポット・チキンライス $11

音楽ファンにはたまらない
ハードロックホテル・シンガポール
Hard Rock Hotel Singapore

ロビーをはじめ随所にスターの愛用品が飾られ、客室も凝ったインテリア。砂浜のあるリゾートプールが人気。

- なし　Card A.J.M.V.
- $900〜（+18%）
- URL www.rwsentosa.com

客室そのものがアート
ホテル・マイケル
Hotel Michael

アメリカのデザイナーで建築家のマイケル・グレイブスがプロデュースしたデザインホテル。インテリアや備品の細部までおしゃれ。

- なし　Card A.J.M.V.
- $700〜（+18%）
- URL www.rwsentosa.com

自然に囲まれた静かな環境
エクアリアス・ホテル
Equarius Hotel

ハイクラスのリゾートホテル。客室は最低でも51㎡あり、ゆったりと過ごせる。ガーデン席のあるフォレストレストランも自慢。

- なし　Card A.J.M.V.
- $1000〜（+18%）
- URL www.rwsentosa.com

71

1 ユニバーサル・スタジオ・シンガポールで 世界初&オリジナルアトラクションを体験

ユニバーサル・スタジオ・シンガポール（以下USS）は、コンパクトにレイアウトされているので、効率よく回って短時間で満喫しちゃお♪ 事前に各エリアの見逃せないアトラクションをチェック！

UNIVERS
まずは ココで 記念撮影☆

ユニバーサル・スタジオ・シンガポール™
Universal Studios Singapore™

[Map] 別冊P.26-B2 セントーサ島

詳細マップは→別冊P.28

🏠8 Sentosa Gateway, Resorts World Sentosa ☎6577-8888 🕘11:00～18:00 [休]無休 [Card]A.D.J.M.V. ※現金不可 [料]1日パス：大人$82、子供（4～12歳）$61。ユニバーサル・エクスプレス・パス$50～ [予]不要 [交]セントーサ・エクスプレスに乗車しリゾート・ワールド・ステーション下車 [URL]www.rwsentosa.com/en/attractions/universal-studios-singapore

USS攻略！4つのポイント

①パーク内の構成と所要時間

中央のラグーンを取り囲む6つのテーマゾーンで構成。徒歩で1周約20分。アトラクションやショーを楽しみ、食事や買い物もするなら5時間くらいはみておこう。

②ユニバーサル・エクスプレス・パスを活用

アトラクションやショーに優先的に入場でき、待ち時間を短縮できるパス。$50～。無制限パスは$80～。

③ライド乗車時、荷物はロッカーへ

水濡れ必至や激しいライドに乗車する前に荷物をロッカーに入れるとよい。30分までは無料（待ち時間によって異なる）。

④ドライング・ポッドDrying Podsで瞬間乾燥

ジュラシック・パーク・ラピッド・アドベンチャーのそばには濡れてしまった洋服を乾かすための大型乾燥機のブースがある。使用料は$5。

ロスト・ワールド
古代エジプト
遠い遠い国
サイ・ファイ・シティ
ラグーン
ニューヨーク
ハリウッド
USS 6つのゾーン

エリア別 人気アトラクション&ショー

Hollywood ハリウッド

エントランスの先にある、ショップが連なるアーケードエリア。

ミニオンズも登場！

ユニバーサル・スタジオ・ストアでお買い物

必見
☆人気キャラクターと記念撮影
『ミニオンズ』『カンフー・パンダ』『マダガスカル』の人気キャラクターが登場する。
☆ユニバーサル・スタジオ・ストア
人気キャラクターのグッズがバリエーション豊富。ここでおみやげをまとめてゲット！

1. ミート・アンド・グリートでミニオンズに急接近 2. ミニオングッズを揃えた「ミニオン・マート」は外せない 3,4. ぬいぐるみをはじめ、トラベル用品もある

New York ニューヨーク

多くの名画の舞台になったニューヨークの街並みを再現したエリア。

必見
☆セサミストリート・スパゲティ・スペース・チェイス
セサミストリートの世界初ライド。盗まれた世界中のスパゲティを追いかけ、エルモと一緒に宇宙を冒険。
☆ライト、カメラ、アクション！ byスティーブン・スピルバーグ
映画の特殊効果を体験できるショー。

BIG BIRD'S EMPORIUM

UNIVERSAL
SPAGHETTI SPACE CHASE

グッズもチェック

Sci-Fi City
サイ・ファイ・シティ

銀河系の戦いが繰り広げられる
未来都市。『トランスフォーマー』
好きは必見！

☆トランスフォーマー・ザ・ライド
究極の映像と特殊効果で映画『トランスフォーマー』をバーチャル体験。ロボットの車両に乗り込み、バトルの真っただ中に突入。

☆宇宙空母ギャラクティカ
着席タイプの「ヒューマン」と、つり下げタイプの「サイロン」の2種類のコースターが同時走行！

必見

大迫力の
4D映像！

オプティマス・プライムとともにメガトロンと戦う

© 2012 Hasbro. © 2012 DW Studios L.L.C. and Paramount
Pictures Corporation. All Rights Reserved. Licensed by Hasbro.

食べちゃうぞ〜

The Lost World
ロスト・ワールド

『ジュラシック・パーク』気分で、
恐竜が潜む熱帯雨林を
冒険しよう。

激流下り、ジュラシック・パーク・ラピッド・アドベンチャーに登場する恐竜は迫力満点。水で濡れた服を乾かす施設もある

逆走行するキャノピー・フライヤー

キャ〜！

必見

☆ジュラシック・パーク・ラピッド・アドベンチャー
恐竜たちが徘徊するジュラシック・パークの世界の中、円形ボートで激流を下る。

☆キャノピー・フライヤー
鳥の視線を体感できる、つり下げタイプのコースター。

リゾート・ワールド・セントーサに GO！

Far Far Away
遠い遠い国

『シュレック』の世界を
体感できるエリア。
『長靴をはいたネコ』をテーマにした
世界初のアトラクションもある。

ドキドキ！

ハロー！

必見

☆シュレック4-Dアドベンチャー
可動式座席に座って映像とともに水しぶきや風を体感。シュレックと一緒にフィオナ姫を救出！

☆プス・イン・ブーツ・ジャイアントジャーニー
『長靴をはいたネコ』の主人公プスの冒険をテーマにしたつり下げ型コースター。

Ancient Egypt
古代エジプト

エキゾチックな雰囲気漂う、1930
年代のエジプト探査の黄金時代に
タイムトリップ。

エジプトの
黄金時代に
ようこそ

冥界の神、アヌビスが迎える。『ハムナプトラ』のアトラクション

迫力
あるなぁ！

必見

☆リベンジ・オブ・ザ・マミー
ミイラ兵士や火の玉などの攻撃をかいくぐり、暗闇の中を疾走するローラーコースター。

Revenge of the Mummy® & © Universal Studios. All rights reserved. Universal Studios
Singapore® & © Universal Studios. Universal Studios, the Universal globe logo and
all Universal elements and related indicia™ & © Universal Studios. All rights reserved.

ダイニング＆スナック店

各エリアの世界観を細部まで再現したダイニング施設では、ローカルから各国料理、キャラクターフードまで多彩なメニューを提供。

1. デザートカート「ファラオ」ではアイスクラッシュを販売（古代エジプト）2. サイ・ファイ・シティにあるスターボット・カフェ

シュレック・ワッフル $10〜

詳細マップは→別冊P.25

トロピカルなプールで泳ぐ

アドベンチャー・コーブ・ウォーターパークの

2

古代都市をイメージした巨大プール。6つのウォータースライダー、全長620mの流れるプール、波のプール、熱帯魚のプールでシュノーケルなど、未知なる体験にワクワク!

アドベンチャー・コーブ・ウォーターパーク™
Adventure Cove Waterpark™

Map 別冊P.26-B1 セントーサ島

🏠 8 Sentosa Gateway ⏰10:00〜17:00 🈺無休 Card A.D.J.M.V. ※現金不可
💰ワンデーパスポート：大人$39、子供（4〜12歳）$31。人気の3アトラクションを優先利用できるエクスプレス・パス$30
📝事前にオンラインで要予約 URL www.rwsentosa.com/en/attractions/adventure-cove-waterpark

お役立ち info

ロッカー
タッチパネル式で日本語案内あり。$10〜

エクスプレス・パス
レインボー・リーフ、デュリング・レーサー、リプタイド・ロケットに各1回使える優先パスは$30

EXPRESS

ライフジャケット
サイズで色分けされている

ストレージラック
貴重品以外の収納に使える

レインボー・リーフ
Rainbow Reef

約2万匹のカラフルな熱帯魚が泳ぐ人工サンゴ礁の中をシュノーケリング。

どんどん流されるう

アドベンチャー・コーブ・ウォーターパークの
2大人気アトラクション

リプタイド・ロケット
Riptide Rocket

東南アジア初のハイドロ・マグネティック・コースターで坂を上ると、全長225mのアップダウンが楽しいコースをボートで滑る。

3

ドルフィン・アイランドでイルカと遊ぶ

イルカと触れ合い体験ができる施設。一緒にプールに入って生態を学びつつ、イルカと泳いだり、エサやりをしたり。プログラムが終わる頃にはもうイルカのとりこ♥

ホッペに Kiss♥

ドルフィン・アイランド™ Dolphin Island™

Map 別冊P.26-B1 セントーサ島

おみやげグッズも

⏰10:00〜17:00 🈺無休 Card A.D.J.M.V. ※現金不可 💰ドルフィン・アドベンチャー（13歳以上参加可）：$182、ドルフィン・ディスカバリー（4歳以上参加可）：$138 ※アドベンチャー・コーブ・ウォーターパークの入場料込み 📝事前にオンラインで要予約 URL www.rwsentosa.com/en/attractions/dolphin-island

イルカがいろいろな特技を披露してくれる

高さ8m、直径7mの円筒形の水槽は美しい「コーラル・ガーデン」

マンタは迫力あり！

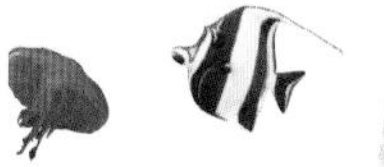

4 シー・アクアリウムで10万匹以上の海洋生物に癒やされる

世界最大級の水族館。約1000種、10万匹以上の海洋生物を7つのテーマゾーンで展示。
しばし時を忘れて海の世界へ。水槽を眺めながら食事ができる「オーシャン・レストラン」や、巨大水槽に面した宿泊施設「エクアリアス・オーシャン・スイート」もある。

タッチプールではヒトデやナマコに触れられる

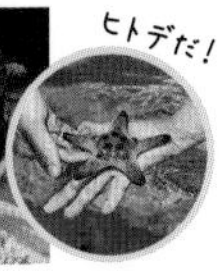

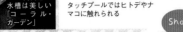

ヒトデだ！

シー・アクアリウム™

S.E.A. Aquarium™

Map 別冊P.26-B1 セントーサ島

🕘10:00～17:00（日によって異なるのでウェブサイトで確認） [休]無休 [Card]A.D.J.M.V. [料]大人$41、子供（4～12歳）$30 ※2023年6月以降、大人$43、子供$32 [予]不要 [URL]www.rwsentosa.com/en/attractions/sea-aquarium

巨大水槽には4万を超える海洋生物が生息している。見ものはマンタなどエイの仲間やトラフザメ、大型のハタなど

Shop

SEAA ワンダーズ

SEAA Wonders

出口近くにあるオリジナルグッズのショップ。海洋生物のぬいぐるみやTシャツ、カラフルなアクセサリーやおもちゃなど楽しい品揃え。

シーサイドスナック

S.E.A.side Snacks

ホットドッグやサンドイッチ、ペストリー、ドリンクなどを販売。イルカの水中ビューの近くにあり、休憩にも最適。

5 ディナークルーズを楽しむ

気品漂う美しい帆船「ロイヤル・アルバトロス」で、サンセットや夜景を眺めながら優雅なクルーズを。

帆船はロマンいっぱい

セントーサ島周辺を巡る約2時間半のクルーズ

心地よい海風を感じながらのディナーはサラダ、メイン料理、デザートの3コース

ロイヤル・アルバトロス

Royal Albatross

Map 別冊P.26-B1 セントーサ島

🏠 8 Sentosa Gateway ☎9350-7475、6863-9585 🕘サンセット・ディナークルーズは金～日曜、シティライツ・ディナークルーズは土曜に催行。出航時間は日によって異なるのでウェブサイトで確認 [Card]A.J.M.V. [料]大人$225、子供（4～12歳）$125 [予]要予約 [URL]www.tallship.com.sg

カクテルをどうぞ

甲板に設置されたテーブル席で食前酒を楽しんだあとディナーを

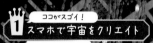

ココがスゴイ！
スマホで宇宙をクリエイト

クリスタル・
ユニバース
Crystal Universe
約17万個のLEDライトが光る
仮想宇宙空間へ飛び込もう。
刻々と姿を変える光の渦が幻
想的なアートを作り出す。
（フューチャー・ワールド）

五感を刺激するアートの世界へ
シンガポールの体験型アート巡り

アートを体感できるインスタレーションアート展
から、東南アジア最大のアートミュージアムまで、
シンガポールでおさえておきたい新定番スポット
で極上の「アートな時間」を過ごそう。

ハス形の
建物

光の中に彗星が
またたいて
ロマンティック

未来のアートに心が躍る！

ArtScience
Museum

アートサイエンス・ミュージアム

アートと科学の魅力を発信するアートサ
イエンス・ミュージアム。チームラボが
手がける常設展「フューチャー・ワール
ド」や、バーチャルリアリティの世界を
楽しめる「VRギャラリー」など、インタ
ラクティブなアート体験が待っている。

Map 別冊P.12-B2　マリーナ・ベイ周辺

⌂6 Bayfront Ave, Marina Bay Sands　☎66
88-8826　⏰10:00～19:00(最終入場18:00)
休無休　A.J.M.V　￥3D　2～12歳、学生、65歳以上$25、
VRギャラリー　$19（2～12歳、学生、65歳以
上$14）　MRTベイフロント駅から徒歩約8分
URL jp.marinabaysands.com/museum.html

うっとり
しちゃう

巡り方のポイント
「フューチャー・ワールド」の入場時間は
10:00～18:00の間に30分ごと。
「VRギャラリー」は10:30～18:
00の間に45分ごと。事前予約制。
ざっくり鑑賞して所要1時間程度。館内
での撮影はOK。

楽しみ方の裏技
SNS映えする写真を撮る
なら10:00の回を狙う！
特にクリスタル・ユニ
バースは混み合い、入場
待ちになることもある。

クリスタル・ユニバースは
スマホ片手に楽しむ
QRコードをスマホで読
み込みスワイプすると、
宇宙空間に彗星が出現。

オリジナルグッズも
見逃せない！
宇宙に関する展示にちな
んだユニークなアイテム
を扱うショップは要チェック。

2 ココがスゴイ！ デジタル映像と一体化！

FUTURE WORLD

水流がリアルで実際に水の中にいるみたい！

作品の境界を破壊する
Transcending Boundaries
「作品の境界を破壊する」というコンセプトのもと「憑依する滝」など6つのアートが共鳴しあう。
（フューチャー・ワールド）

お絵かきフライト
Sketch Fright
自分で描いた絵をデジタルスキャナーで取り込み、3Dアニメーションとして巨大スクリーンに出現させることができる。
（フューチャー・ワールド）

3 ココがスゴイ！ 自分で描いた絵がアートの一部に！

ヘッドセットとコントローラーで仮想世界へ没入！

VR GALLERY

4 ココがスゴイ！ 最先端の技術でバーチャルリアリティの世界へ！

五感を使ってバーチャルの世界を探検。VRのプログラムはおよそ半年ごとに入れ替わる。重量5kgのバックパックを最大20分間着用する必要があり、身長120cm以下は利用不可。
（VRギャラリー）

2022年公開のVRプログラム『We Live in an Ocean of Air』

写真：Marina Bay Sands

77

2 National Gallery Singapore

シンガポールのアートの殿堂

ナショナル・ギャラリー・シンガポール

総面積は6万4000㎡、展示作品8000点というアジア最大規模を誇るギャラリー。歴史的建築物の旧最高裁判所（スプリームコート・ウイング）と旧シティ・ホール（シティ・ホール・ウイング）をつないだ重厚な空間で、シンガポールと東南アジアの現代アートにどっぷり浸ろう。

Map 別冊P.8-B2　シティ・ホール＆マリーナ・エリア

🏠 1 St.Andrew's Rd.　☎6271-7000
🕙 10:00〜19:00（最終入場は閉館30分前）　⊛無休
Card A.D.J.M.V.　⊕大人$20、7〜12歳の子供・学生・60歳以上$15、6歳以下無料　🚇MRTシティ・ホール駅から徒歩約5分　🌐www.nationalgallery.sg
※建築や展示物を案内する各種の無料ガイドツアー（英語、中国語）がある。

巡り方のポイント
とにかく広いので目的をしぼって見学したい。事前にウェブで気になる作品をチェックしておくと効率アップ。

楽しみ方の裏技

自分だけのデジタル画集を作ろう
シティ・ホール・ウイングの2階には、所蔵作品の全データが記憶されたデジタルテーブルがあり、お気に入りの作品を自分のメールアドレスに送信できる。

無料アプリが便利
オーディオガイド付きのスマートフォンアプリをダウンロードしておこう。

NATIONAL GALLERY SINGAPORE

建築

3階

アート

2

アート

3

1階

建築

建築

5

4

かつての裁判所がギャラリーに

UOB東南アジアギャラリー
UOB Southeast Asia Gallery

東南アジアの植民地下で発展したアートがテーマのギャラリー。

1. かつての法廷を改修。被告席は1階の拘置部屋とつながっていたのだろう　2. スペイン統治下のフィリピンで描かれた「España y Filipinas」。スペイン人女性がフィリピン人女性を導く姿に当時の情勢が重なる　3. 19世紀オランダ王室から「王の画家」の称号を得たジャワ人画家Raden Salehの作品　4. 被告人が判決を待つ間収容された簡素な拘置部屋　5. スプリームコート・ウイングのロビーの礎石の下には西暦3000年に開封されるタイムカプセルが埋められている

天井のアルミ板が竹細工のようで涼しげ

2階 アートな空間で味わうひと皿
ナショナル・キッチン・バイ・バイオレット・ウン
National Kitchen by Violet Oon

料理研究家バイオレット・ウン氏のファイン・ダイニング。プラナカン料理やローカル料理にアレンジを加えた創作料理を提供。おすすめはドライラクサ($22)。

Map 別冊P.8-B2　シティ・ホール&マリーナ・エリア

🏠#02-01 City Hall Wing　☎9834-9935
⏰12:00~15:00、15:00~17:00(金~日曜アフタヌーンティー)、18:00~22:30(L.O.21:30)　無休
CardA.D.J.M.V.

1. プラナカンスイーツを楽しめるティーセット(2人用$59)　2. プラナカンタイルやアンティークで彩られた店内　3. バイオレット・ウン氏

多様な味を楽しんで

シンガポールの体験型アート巡り

5階
かつての法律図書館
ロタンダドーム
Rotunda Dome

スプリームコート・ウイングの象徴ともいえる円形ドーム。造りはそのままに、現在はアート関連の資料を展示している。

6階
6階には展望スペースのほか、イタリアンレストランとバーがある。

スモーク&ミラーズ →P.119

Gallery Map

旧最高裁判所
Supreme court wing

ふたつの棟を行き来できるのは3階と4階にかかる通路のみ

旧シティ・ホール
City hall wing

レベル5		レベル6
レベル4M		レベル5
レベル4		レベル4
レベル3M	レベル3	レベル3
	レベル2	レベル2
	レベル1	レベル1
		レベルBM
		レベルB1
		レベルB2
		レベルB3

2階
シンガポールの歴史をかいま見る
DBSシンガポールギャラリー
DBS Singapore Gallery

ローカルアーティストの作品や、シンガポールに関係の深い作品を約400点展示。

アート

1. 1959年にイギリスから独立し、国語となったマレー語を学ぶシンガポールの華人が描かれた「National Language Class」
2. トラの密猟に抗議した現代アート「Tiger's Whip」

1階

子供が遊べる無料エリアの「Keppel Centre for Art Education」

アート

1階
買い物はココで
ギャラリーストア・バイ・ABRY
The Gallery Store by ABRY

展示作品にまつわるアートグッズや、地元のデザイナーによる雑貨やウエアを扱うハイセンスなミュージアムショップ。

Map 別冊P.8-B2　シティ・ホール&マリーナ・エリア

☎8869-6970　⏰10:00~19:00
無休　CardA.J.M.V.

1. 「イエ二ドローズ&フレンズ」(→P.165)のイラスト入り鍋敷き各$12.9　2. 「PhotoPhactory」のトレイ。鮮やかなプラナカンハウスの写真が印象的　3. 竹の繊維で作られたタンブラー$18

3 National Museum of Singapore

歴史と文化にスポットを当てた

シンガポール国立博物館

ドーム天井の
ステンドグラスも
必見！

ヴィクトリア女王在位50周年を記念して建てられた壮麗な歴史建築を利用した博物館。歴史と文化にまつわる5つのギャラリーを巡ってシンガポール通になっちゃおう。

Map 別冊P.8-A1　シティ・ホール&マリーナ・エリア

🏛93 Stamford Rd.　☎6332-3659　⏰10:00～19:00（最終入場は18:30）　無休　A.M.V.　大人$15、学生・60歳以上$10、6歳以下無料　MRTプラス・バサー駅、ベンクーレン駅から徒歩約4分　URL nationalmuseum.sg

必見ポイント
ウイングス・オブ・ア・リッチ・マヌーヴァ
スワロフスキーとLEDライトで装飾された8つのシャンデリアが振り子時計のように動く姿はドラマティック。

1 14:00
エントランスでチケットを購入。ドーム天井にはめられた50枚のステンドグラスもチェック。

巡り方のポイント
まずはL2のストーリー・オブ・ザ・フォレストを見学し、そのままシンガポール歴史ギャラリーを見学しよう。荷物が重ければロッカーへ。

楽しみ方の裏技
無料の日本語ガイドツアーに参加せよ
月～金曜と第1土曜10:00から日本語ガイドツアーあり。所要30分～1時間。

必見ポイント
自分の木が生える
全面スクリーンのドーム型の部屋で、スクリーンに近づくと種が降ってきてやがて木になる。

Museum Map

L2
①
②
Life in Singapore

L1
③ Singapore History Gallery
④
⑤
レストラン
Stamford Gallery
入口

BF
Exhibition Gallery

2 14:10 Art
チームラボによるデジタル展示
ストーリー・オブ・ザ・フォレスト
Story of the Forest
1819～1823年にシンガポールとマラッカに棲息していた動植物のうち、69種がデジタルアートになって登場する一大デジタル絵巻。らせん回廊を歩いて、お気に入りの動物を探そう。

14:40 History

シンガポールの発展の歴史がわかる
3 シンガポール歴史ギャラリー
Singapore History Gallery

シンガポールに人が住み始めた頃から現在にいたるまでを人形や映像で再現。国の歴史や移民の暮らしなど充実の内容。

こんな暮らしをしてたんだ！
14世紀頃のシンガポールの生活再現映像

移民の暮らしを展示したエリア。中国人移民の多くは人力車引きの職についた

気になった動物の詳細はアプリで確認

寝転がって見られる

1. 登場する動植物のモデルは、国立博物館が所蔵する「ウィリアム・ファーカー・コレクション」という、477点の動植物を描いたイラスト集　2. 登場する動物を専用のアプリで撮影し、自分だけの図鑑を作れる

集会歌
ASSEMBLY SONGS

15:10

アート雑貨の宝庫
4 スーパーママ・ミュージアム・ストア
Supermama, The Museum Store

From me, to you.

シンガポールのアイコンをちりばめた有田焼とのコラボ絵皿をはじめ、シンガポールをモチーフにした雑貨や書籍がズラリ。博物館のパブリックスペースにあるので、ショップだけチェックするのもあり！

Map 別冊P.8-A1 シティ・ホール&マリーナ・エリア

☎9615-7473　🕘10:00～19:00　[休]無休　[Card]A.D.J.M.V.

1. チキンライスの名店「チャターボックス」の創業50年を記念して製作されたボーンチャイナは3枚セットで$28　2. ポップな色合いのミニ巾着各$8。左はHDB（公団住宅）モチーフ　3. レトロなポストカード$3.5　4. 博物館の展示品をモチーフにしたアイテムもある　5. 有田焼の絵皿はおみやげの新定番

15:30

おしゃれなミュージアムカフェ
5 フード・フォー・ソート
Food For Thought

アジアンテイストのビストロ料理を中心に、ローカルメニューも提供。博物館の1階にあり、重厚な建築とクラシカルな雰囲気を堪能できるのがポイント。

Map 別冊P.8-A1 シティ・ホール&マリーナ・エリア

☎6338-9887　🕘10:00～18:00（土・日曜、祝日～19:00）　[休]無休　[Card]A.M.V.

ヘルシーな潮州粥です

1. 博物館のオープンスペースにもテーブルが並ぶ　2. ローズバンドン・アイスクリーム・リプル（$5）　3. サテビーフ・ライスボウル（左、$18）と、さまざまな付け合わせが楽しめる潮州粥プラター（右、$15）

都会のど真ん中にある癒やしの森
シンガポール・ボタニック・ガーデン

世界遺産

ショッピングのメッカ、オーチャードの近くなのに、ここは緑のオアシス。
歴史的価値もあり、シンガポール初の世界遺産に登録された。
2021年にはナショナル・オーキッド・ガーデン内に新たな見どころが登場し、
注目度も上昇！ 鉄板おさんぽルートと、プラスαの楽しみ方教えます。

なぜ植物園が世界遺産に？

ここでゴムの木から樹液を効率よく採取する方法が研究開発され、シンガポールの経済発展の礎を築いたこと、そして市民の娯楽の場として長年愛されてきたことが「普遍的価値」と認められた。ちなみに植物園の世界遺産は世界で3番目。

八角形の屋根のコロニアルなガゼボは「バンドスタンド」と呼ばれ、世界遺産登録の決め手にもなった。園内随一の景勝スポット。ガーデン開設当初の1860年代初めには、そこでバンド演奏が行われていた

160年以上の歴史のある植物園
シンガポール・ボタニック・ガーデン
Singapore Botanic Gardens

52ヘクタール、東京ドーム11個半分の敷地をもつ植物園。約6万株のランが咲き誇るナショナル・オーキッド・ガーデンや国が保護するヘリテージツリー、英国式の庭園など、歴史的価値の高い見どころ多数。

Map 別冊P.4-A1
シンガポール中心部

📍 Cluny Rd.
☎ 6471-7138、6471-7361
🕐 5:00〜24:00
🎫 無休 🎫 無料
🚇 MRTボタニック・ガーデン駅から徒歩約1分、ネイピア駅から徒歩約3分
🌐 www.nparks.gov.sg/sbg

> **おすすめコース** 所要約3時間
>
> タングリン・ゲートから入園
> ↓徒歩5分
> 1.5ドル紙幣の木
> ↓徒歩3分
> 2. サガの実探し
> ↓徒歩3分
> 3. 世界最大のラン
> ↓徒歩3分
> バンドスタンド（※上写真）
> ↓徒歩2分
> 4. シンガポールの国花のラン
> ↓徒歩5分
> ナショナル・オーキッド・ガーデン
> ↓徒歩3分
> 5. 熱帯雨林の森
> ↓徒歩10分
> ナッシム・ゲートから退園
> ※ナッシム・ゲートにはタクシー乗り場がある。

美しいタングリン・ゲート

✉ ボタニック・ガーデンは朝の散歩が気持ちいいけど、日傘やサングラスは忘れずに！（兵庫県・S.Y）

ボタニック・ガーデンでスペシャルな体験

頭も心も空っぽにしましょう！

世界遺産で朝ヨガ

サンアップ・ヨガ
SunUp Yoga

もともと瞑想の修行を積んでいたエレインさんが、瞑想とヨガを融合させたヨガテラピーのレッスンを開催。鳥のさえずりを聞きながら、体だけでなくメンタルにも働きかけるヨガテラピーで心を解放！

Map 本誌P.82 ボタニック・ガーデン

☎9387-9606 🕘日曜の8:15～9:45。日程はウェブで確認を。[円]$45 [予]メールで要予約 [交]ブキ・ティマ・ゲートから徒歩約3分のパビリオン6に集合 [URL]www.sunupyoga.com

1.「自然に囲まれた静かな空間は、シンガポールでいちばんヨガに適した場所」とエレインさん 2.ヨガマットの貸し出しは行っていないのでバスタオルを持参しよう。水、タオル、虫除けスプレーも持参すること

1.参加希望者はナッシム・ゲートへ 2.熱帯雨林の森には、珍しい植物や歴史的なエピソードが盛りだくさん 3.ナツメグの種を発見！

無料の日本語ガイドツアー

毎月第1土曜の10:00から所要約2時間。当日9:45からナッシム・ゲートのビジターセンター脇のカウンターで参加受付が行われる。

ガーデンカフェでゆるり癒やしタイム

緑に包まれたオアシスカフェ

ハリア Halia

新鮮なショウガやハーブを取り入れたドリンクやスイーツ、ローカル料理にアレンジを加えたフードメニューはどれも絶品！　ジンジャーガーデンに面した緑のパワーあふれるテラス席で味わいたい。

1.チリクラブ・エッグ（上、$18）とチアシード・ポリッジ（下、$9） 2.熱帯植物に包まれた屋外席がおすすめ 3.週末はブランチメニューも

Map 本誌P.82 ボタニック・ガーデン

⌂1 Cluny Rd., Ginger Garden ☎8444-1148 🕘11:00～21:00（土・日曜、祝日10:00～。L.O.20:30） [休]無休 [Card]A.J.M.V. [交]タイヤソール・ゲートから徒歩約3分 [URL]thehalia.com

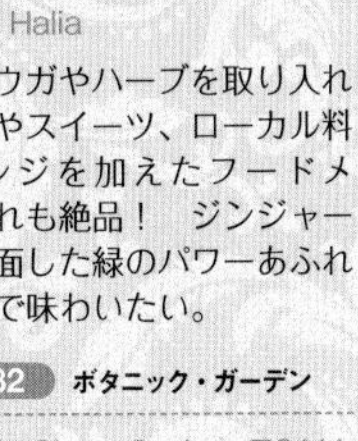

1.ベリーとヨーグルトのパンケーキ$17（手前）と朝食限定のキノコとエッグのベーグルトースト 2.シンプルな造りの歴史建造物 3.テラス席が人気

朝食やブランチがおすすめ

ビーズ・ニーズ・アット・ザ・ガレージ
Bee's Knees at The Garage

1920年代建造の歴史建築物の1階にあるビストロ＆カフェ。愛犬同伴可で散歩途中の人々が集う。朝食メニュー、ピザやパスタなどを提供。

Map 本誌P.82 ボタニック・ガーデン

⌂50 Cluny Park Rd., Level 1 ☎9815-3213 🕘8:00～22:00 [休]無休 [Card]A.J.M.V. [交]ブキ・ティマ・ゲートから徒歩約10分 [URL]www.beesknees.sg/bees-knees-at-the-garage

「ビーズ・ニーズ・アット・ザ・ガレージ」の2階はモダンヨーロッパ料理のレストラン「ボタニコ」。

ボタニック・ガーデンの見どころ

① 5ドル紙幣に描かれた木

一本の枝が地を這うように横に伸びるテンブスの大木。シンガポールで最も有名な木がこれ。

地を這う枝に座って記念撮影をするのが人気だったそうだが、現在は囲いが設置されているため木に触れることはできない

② サガの実探し ♥

相思相愛の実との言い伝えがあり、100個集めると恋愛成就とも。1〜2月、7〜8月に実がなる。

日本にはもって帰れないよ

サガの実はアクセサリーや雑貨にも使われているのでオーチャード・ロードあたりで探してみよう

⑤ 熱帯雨林の森

Rain Forest

約6ヘクタールの熱帯雨林の森に遊歩道が設けられている。高木からシダやハーブまで約300種類の植物が生息しており、マイナスイオンたっぷり。

高さ50mまで成長する木もある

気根が重なり合う神秘的な木

リス

バナナ

④ 国花のラン

1893年に発見された初の交配種のラン。発見者の名をとって「バンダ・ミス・ジョアキム」と命名された。

小さなランなので見逃さないように

ガーデン内2ヵ所にしかないタイガーオーキッド

③ 世界最大のラン

ひと株の大きさは世界一。花の模様がトラの毛皮にそっくりで、野性味いっぱい。

MRTボタニック・ガーデン駅からナショナル・オーキッド・ガーデンまでは徒歩約30分。意外と遠い！（高知県・Y）

ランの宝庫「ナショナル・オーキッド・ガーデン」がパワーアップ！

NATIONAL ORCHID GARDEN

入口近くのツルの噴水

1000を超える原種と約2000の交雑種のラン、約6万株が展示されている巨大規模のラン園。2021年に改修を終え、広さも見どころもグレードアップ。可憐で華やかな美形から珍しい貴重なランまで大集合。

世界最大規模を誇る
ナショナル・オーキッド・ガーデン
National Orchid Garden

Map 本誌P.82 ボタニック・ガーデン

・8:30～19:00（最終チケット販売18:00）
・無休
・大人$15、学生、60歳以上$3、12歳未満無料
・タイヤソール・ゲートから徒歩約4分

1. 園内には写真スポット多数　2. 色とりどりのランが迎えてくれる　3. オンシジューム・ゴールデンシャワーで飾られたアーチ状トンネル　4. 広いので時間に余裕をもって訪れたい

注目の展示館

高地の熱帯雨林を再現
センブコープ・クールハウス
The Sembcorp Cool House

涼しくて気持ちいい～

熱帯・亜熱帯の山岳地帯に自生するランを展示。ひんやり涼しい館内で、スリッパに似た袋状の花弁をもつランや不思議な形の食虫植物を探してみて。

珍しいランが見られる
タン・フーン・シアン・ミストハウス
Tan Hoon Siang Mist House

ランの愛好家であった実業家の名を冠した館内は、ランの希少種や受賞歴のある交雑種など厳選された花々が展示されている。

1. 気品のあるランが目を楽しませてくれる　2. バンダ属のラン（左）とコチョウラン（右）　3. プリミティブな像の演出も

1. 冷涼で多雨な山岳地帯の環境が再現されている　2.「レディススリッパ」とも呼ばれるランの種類　3. 食虫植物のサラセニア　4. ウツボカズラの仲間

ショップも要チェック！

センスのいい植物園グッズが手に入る
ガーデンズ・ショップ
Gardens Shop

タングリン・ゲート、ナッシム・ゲート、ナショナル・オーキッド・ガーデン出口の3ヵ所にある。植物園の限定品やシンガポールみやげを扱う。

Map 本誌P.82 ボタニック・ガーデン

・6475-1155、6467-0380　・8:30～19:00
・無休　Card A.J.M.V.

1. キャンバス地のポーチ$18　2. 植物をモチーフにしたさまざまなグッズや書籍などを販売　3. ナッシム・ゲートの店は規模が大きい　4. 美しい植物が描かれたマグネット

できたてビールが飲み放題！

突撃！タイガービール工場見学

お酒好きはこちらもチェック！→P.118

シンガポールが世界に誇るタイガービール工場で、タイガービールのウマさの秘密に迫ります。

START

①タイガービールの歴史をお勉強

まずはビジターズ・ホールで、いかにしてタイガービールブランドが生まれたかについてのVTRを観賞。

英語ガイドがご案内します！

②ビールの原料を知る

原料展示室には麦芽、ホップ、イースト、水といったビールの原料が展示されている。生の麦芽に触れてみよう。

タイガービールってこんなビール

1932年から現在までおよそ90年間愛され続けるシンガポールビール。モンドセレクションなど国際的な賞を40回以上受賞し、世界60ヵ国以上で飲まれている。工場見学に参加して、できたてのタイガービールを飲もう！

③ビール工場に潜入

麦芽を挽いて作った麦汁にホップを加えてから、発酵、熟成、ろ過までの過程が行われる。工場内部は撮影禁止。

こんなふうに造るんだ〜！

④パッキングの流れを学ぶ

パッケージング・ギャラリーではパッキングの流れや、おいしい生ビールのサーブの仕方をレクチャーしてもらう。

これが世界一おいしいタイガービール！

⑤お待ちかねの試飲タイム

タイガー・タバーンに移り、フレッシュな生タイガービールで乾杯！　試飲の時間は45分間。飲み過ぎに注意してね。

45分間制限なしの飲み放題！

ライセンス生産される他ブランドのビールも飲み放題！

おいしそうなビール形栓抜き各$6.9

昔のポスターがプリントされたTシャツ各$32.9

⑥レアなおみやげをGet！

みやげ物ショップには、ここでしか買えないレアなタイガービールグッズがある。ジョッキやグラスが売れ筋。

タイガーマークのくり抜きタイプのビーチサンダル。$19.9

工場見学できるのはココ

アジア・パシフィック・ブルワリー
Asia Pacific Breweries

シンガポールのF&N社とハイネケン社が1931年に共同で創設したビール醸造所。9ヘクタールの敷地をもち、タイガー以外にも複数のビールを醸造している。

Map 別冊P.2-A2　シンガポール全図

🏠459 Jalan Ahmad Ibrahim ☎6861-6200 ⏰ガイドツアーは13:00、15:00、16:00、17:00・金～日曜は14:00、16:00もある ⏰祝日 💳M.V. 💰大人$23（土・日曜$25）、18歳以下$15 ⏰下記サイトから要予約。入場には身分証明書が必要 🚇MRTジョー・クーン駅からタクシーで約5分 🌐www.tigerbrewerytour.com.sg

86

世界のグルメが
味わえる

美食女子をうならせる
おいしいものだらけの
シンガポールごはん♥

中国料理はもちろん、インド、マレー料理も本場の味！
シンガポール生まれのローカルフードや
プラナカン料理も絶対食べなきゃだし
昼下がりはアフタヌーンティーに行かなきゃ♥
さてさて、何から食べよっか♪

G O U R M E T

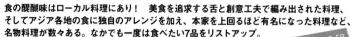

シンガポール生まれの名物料理、必食BEST 07

食の醍醐味はローカル料理にあり！ 美食を追求する舌と創意工夫で編み出された料理、そしてアジア各地の食に独自のアレンジを加え、本家を上回るほど有名になった料理など、名物料理が数々ある。なかでも一度は食べたい7品をリストアップ。

ぜんぶ食べたい！

チキンライスとチリクラブはこちら➡P.58

01
がっつり系スープ
バクテー
（肉骨茶）
Bak Kut Teh

あっさり

油玻璃生菜
（湯がいたレタス。野菜は春菊〈タンオー〉もポピュラー）

サイドメニューをチョイス
基本スタイルはバクテーとごはん。それに好みでおかずや漬け物をオーダーしよう。

チャイポエ
（菜屋。酸味のある漬け物）

潮州式の店では功夫茶。食前、食後に濃いめのお茶を小さなカップで飲む

豚のスペアリブなど骨付き肉をスープにしたもので、ごはんと一緒に食べる。植民地時代に港湾労働者だった潮州系移民たちが、体力をつけるために骨付き肉を料理するようになったのがルーツ。

何度も濾して澄んだスープにします

ごはん

ユーティヤオ
（炸油条。揚げパン）

1. 巨大寸胴鍋の中で約2時間半煮込まれる
2. スープを何度もザルで濾して澄んだスープができあがる

バクテー
（骨付き肉のスープ）
肉はスペアリブとポークリブの部位がある。写真の黄亞細肉骨茶餐室では、スペアリブ（排骨）がおすすめ。スープは漢方ハーブとコショウが効いている

地元で人気！

潮州伝統のバクテーが食べられる
黄亞細肉骨茶餐室
Ng Ah Sio Pork Ribs Soup Eating House
1977年創業。不便な場所にあるが、車やタクシーで次々にお客が来店。スープはピリリと効いたコショウに漢方ハーブが絶妙のバランス。

Map 別冊P.3-C2 シンガポール全図

🏠208 Rangoon Rd. ☎6291-4537 ⏰9:00～21:00 休旧正月3～4日間 CardJ.M.V.
💴バクテー$7.8～、ライス$0.8～
🚇MRTファーラー・パーク駅からタクシーで約5分
URLwww.ngahsio.com

絶対食べたい

1969年創業の人気店
松發肉骨茶
Song Fa Bak Kut Teh
あっさりとしたなかにもスパイシーなコショウが効いた、正統派潮州式バクテーが味わえる。国内に13店舗あり、どこも大盛況。

Map 別冊P.8-A3 クラーク・キー周辺

🏠11 New Bridge Rd. ☎6533-6128 ⏰10:30～21:30 休旧正月 CardJ.M.V.
💴バクテー$7.6～、ライス$0.8～ 🚇MRTクラーク・キー駅から徒歩約3分 URLsongfa.com.sg

🍴「ビーチロード・ブラウン・ヌードル・ハウス」には大きなエビが贅沢にのったジャンボ・ブラウン・ミー（$11.8）もある。（香川県・ふみ）

チリペースト
スープに溶かしながら食べる。辛いのが苦手な人は少量にしておく

ラクサリーフ
プラナカン料理以外ではラクサにしか用いられないハーブ。独特の香りをもつが嫌味がなく、クセになる日本人も多い

03
エビのダシがウマイ
プロウン・ミー
（蝦麺）
Prawn Mee

ドライはピリ辛

エビと豚でダシを取った風味豊かなスープと黄色い麺をからませて食べるちょっと贅沢な麺。スープ麺とドライタイプの2種類があり、スープに雑味が生まれないドライタイプが人気。注文の際にスープかドライかをチョイス。

お好みでちょい足し

02
日本人も大好き
ラクサ
（叻沙）
Laksa

こってり濃厚

シンガポールのラクサといえば、こってりとしたココナッツミルク系のカトンラクサが主流。カトンラクサはもともとニョニャ（プラナカンの女性）のレシピによるもの。干しエビからダシを取り、ハーブたっぷりのチリペーストと合わせた濃厚スープとココナッツミルクが見事にマッチ。チリペーストとラクサリーフを添えて食べる。

おもな具
エビ、かまぼこ、油揚げ、モヤシなど。赤貝のむき身が入っていることも

麺
米の粉でできた太麺。ニョニャのラクサは短く切れたビータイマッという麺を使っていたためレンゲで食べる習慣があった

うちのラクサはレンゲで食べてね

インスタント麺もイケる！
いろいろな種類の袋麺やカップ麺が出ているが、おすすめはこの「プリマ・テイスト」のラクサ。スープも麺も本格的で、香料、保存料無添加のグルメ麺。$2.9。

碗の中に入れた麺と具材に濃厚スープを何度もくぐらせ、なじませる

最後にスープを入れてできあがり

こちらがスープタイプ

こちらがドライタイプ。スープ付き

おもな具材
具材はスープ、ドライともにエビ、フライドオニオン。ドライは麺にチリソースがからめられており、あえ麺風

やみつき必至

コクのある濃厚スープが絶品！
マリン・パレード・ラクサ
Marine Parade Laksa

ラクサの激戦区、カトンにある老舗。ニョニャからレシピを受け継いだというラクサは、スープがクリーミーで奥深いダシも効いている。

Map 別冊P.24-A3 カトン

🏠 50 East Coast Rd., #01-64 Roxy Square 　☎9622-1045
🕘9:30〜16:00　休無休　Card不可　💰ラクサ$5.5〜
🚕中心部からタクシーで約25分

スープが絶品

わざわざタクシーで行きたい名店
ビーチロード・プロウン・ヌードル・ハウス
Beach Road Prawn Noodle House（美芝律大蝦麺）

エビのダシがしっかり出たスープ、モチモチの福建麺、そしてタイガーブラウンがハーモニーを奏でるプロウン・ミー（$6.5〜）は絶品。

Map 別冊P.3-C2 シンガポール全図

🏠 370/372 East Coast Rd.　☎6345-7196
🕘8:00〜16:00　休火曜、旧正月　Card不可
💰$6.5〜　🚕中心部からタクシーで約25分

福建麺にビーフンやラクサ麺を混ぜているのもシンガポール流。こちらはビーフンと福建麺の混合

ライムを搾り、サンバル・ブラチャン（チリ味増）を添えていただこう

04
海の香りの炒め麺
フライド・ホッケン・ミー
（炒福建麺）
Fried Hokkien Mee

海鮮ダシが濃厚

advice

福建麺（ホッケン・ミー）と呼ばれる太めの黄色い卵麺を炒めたもの。本来の炒め福建麺は黒醤油を使ったこってり味だが、シンガポールの屋台料理として広まったのは、コクのある白いグレービーで炒めたもの。豚肉や海鮮のうま味たっぷり！

つゆだくタイプもある
グレービーが多いタイプと、グレービーが少なめの2タイプがある。どちらがよいかはお好み次第。フード・リパブリック（→P.96）に出店している泰豊 Thye Hongのものはスープがたっぷり。

こちらは太いラクサ麺を混入

スープがたっぷり

パワフルな「炒め」の妙技が見られる

おいしいよっ！

この店は昔風に竹の皮を敷いてサーブ。竹の香りが移ったグレービーを麺が吸い取り、風味がよくなるという

行列覚悟で

炭火だからこそのうま味と香り
ゲイラン・ロロン29・フライド・ホッケン・ミー
Geylang Lorong 29 Fried Hokkien Mee（芽籠29巷福建麺）
炭火で炒める昔ながらの技法を50年以上守り続ける名店。魚介や肉の濃厚なうま味がしっかりと麺とスープに凝縮されていて美味。

Map 別冊P.3-C2 | シンガポール全図

🏠396 East Coast Rd.　📞9733-1388　🕐11:30〜20:30　⊘月曜、旧正月　Card不可　💲$6〜20　🚇中心部からタクシーで約25分

05
見た目も味もスーパー
フィッシュヘッド・カレー
Fish Head Curry

スパイシー

南インド系の移民が、廃棄処分になるはずの魚の頭を利用して作ったのが始まりとされる。創始者として有名なお店がリトル・インディアにあるムトゥース・カリー。コラーゲンたっぷりの絶品カレーだ。

プラナカン式の フィッシュヘッド・カレー
本来は南インド料理だが、シンガポールではプラナカン料理や中国料理としても人気で、土鍋でぐつぐつやるのが定番。

advice

注文の仕方
普通は、魚の頭一匹分なので大勢で注文したほうがいいが、半分から注文できる店もある。魚の頭がちょっと苦手という人は、同じグレービーを使って魚の切り身（フィレ）で注文してもいい。

スパイスの秘密
インド料理ではカレー粉でも魚用、チキン用、マトン用などとブレンド方法が違う。フィッシュヘッド・カレーに使うものは魚用で、魚の臭みを消すフェヌグリークというスパイスが独特の風味を生んでいる。

トマトの酸味がいいアクセント

写真は2〜3人前で$33.6〜。目の下の頬あたりがおいしい

グルーパーなどの白身魚を使用。頭なのに身がぎっしり

盛り付けの基本スタイルはこんな感じ

おいしいよっ！

人気の大型店

フィッシュヘッド・カレーといえばこの店
バナナリーフ・アポロ
The Banana Leaf Apolo
DATA→P.102

✉「ゲイラン・ロロン29」のフライド・ホッケン・ミーはボリューミーでおいしい。カトン観光のついでに立ち寄るのがおすすめ。(東京都・A)

Present aruco シンガポール

「aruco シンガポール」の
スタッフが取材で
見つけたすてきなグッズと、
編集部からの
とっておきのアイテムを
17名様にプレゼント
します！

たくさんのご応募
お待ちしてまーす!!

02 プラナカン箸置き

03 バティック地の
トートバッグ
P.67 掲載

04 バティック
ペンケース
P.151 掲載

01 ファイルと
レターセット

BUS STOPS IN SINGAPORE
(ALONG TANJONG PAGAR ROAD)
MAGNET

05 プラナカン
ハウス柄
コースター P.151 掲載

07 バブルティー・
ソックス
P.45 掲載

08 ノート2冊
P.125 掲載

09 バス停マグネット

HELLO CHANGI!

06 空港マグネット

12 刺繍入り巾着

10 ブローチ
P.125 掲載

11 九谷焼
マーライオン
小皿
P.150 掲載

13 aruco特製
QUOカード 500円分
5名様

旅を楽しもう！

※13を除く各1名様へのプレゼントです。※返品、交換等はご容赦ください。

応募方法

アンケートウェブサイトにアクセスして
ご希望のプレゼントとあわせて
ご応募ください！

URL https://arukikata.jp/dtfaih

締め切り：2024年7月31日

当選者の発表は賞品の発送をもって代えさせて
いただきます。（2024年8月予定）

Gakken

スパイシーながら甘味のあるスープ

油揚げ

具がたっぷりのカレー麺

ジャガイモ

かまぼこ

これは大サイズ$7.5

ゆでた鶏肉

通常は太めの黄色い福建麺（ホッケン・ミー）を使う

06

濃厚カレースープにハマる
カリー・ミー
（咖喱麺）
Curry Mee

甘辛い

ココナッツミルクベースの中国系カレースープに福建麺（ホッケン・ミー）を合わせた麺料理。カレー粉のスパイスの配合がインド系とは異なり、マイルドでコク深いのが特徴。ゆでた鶏肉や油揚げなど具がたっぷりのる。

スープを注いでできあがり！

advice

麺は3種類から選べる

スープがしっかり麺にからむ福建麺がおすすめだが、地元ではビーフンが人気。福建麺とビーフンのミックスなどもオーダーできる。

福建麺（ホッケン・ミー）

ビーフン

ラクサ麺

イチオシ店

じんわり辛いリッチなスープが絶品
ヘンキー・カリーチキン・ビーフン・ミー
Heng Kee Curry Chicken Beehoon Mee（興記咖喱雞米粉麺）

家族で経営するカリー・ミーの有名店で、食事どきは行列必至。コク深いスープと盛りだくさんの具材で大満足の一杯だ。目印のニワトリの絵の看板を目指そう。

Map 別冊 P.10-B1　チャイナタウン＆シェントン・ウェイ

🏠531A Upper Cross St., #01-58 Hong Lim Food Centre　☎9278-0415　🕙10:30～14:30（売り切れた時点で閉店）　休日曜、祝日、旧正月　**Card**不可　💲$5.5～8　🚇MRTチャイナタウン駅から徒歩約3分

07

南インドの人気スナック
ロティ・プラタ
Roti Prata

食感が楽しい

インドから伝わった小麦粉ベースのパンケーキ。生地は油脂を混ぜ込んであるため、しっとりしたパイに近い。生地を広げては伸ばし、最後に丸くまとめて焼き上げる。カレーに付けたり、砂糖をかけて食べるのが人気。

ホーカーなら1枚$1くらいからと安い

バリエーションいろいろ

野菜ミックス

ミスター・プラタのイタリアンプラタ（$9）はマトン、マッシュルーム、オニオン、チーズなど具だくさん。

バナナのせ

デザートとして人気のプラタ。ミスター・プラタにはパイナップルやブルーベリーバージョンもある。

プレーンのプラタ。外はカリッと、中はサックりしっとり

伸ばしてま～す！

種類が豊富

森のふもとのプラタ屋さん
ミスター・プラタ
Mr. Prata

もっちりとした生地でボリューム満点のプラタは、全27種類。イタリアンプラタやグリークサラダプラタなどちょっと変わったプラタもある。

Map 別冊 P.4-A1　シンガポール中心部

🏠26 Evans Rd.　☎6235-6993　🕙7:00～翌1:00（金・土曜～翌2:00）　休ハリ・ラヤ・プアサの祝日2日間　**Card**M.V.　💲プラタ$1.6～　🚖中心部からタクシーで約15分

縦書き：シンガポール生まれの名物料理、必食BEST7

「ヘンキー・カリーチキン・ビーフン・ミー」の注文は、数量、サイズ（値段がいくらのものか）、麺の種類の順に伝えよう。

麺はビーフン、卵麺、ホーファンから選べる

必食

フィッシュボールミー
Fish Ball Mee

潮州名物の魚のすり身団子が入った麺料理。魚の団子はプリプリの食感がすばらしい。麺は好みでいろいろ選べる。スープのみのオーダーもOK。

フライド・キャロットケーキ
Fried Carrot Cake (Chai Tow Kway)

キャロットケーキとは大根餅のこと。大根餅を細かく刻み、卵や漬け物のみじん切りとともにまとめて焼き上げたもの。甘めの黒醤油を使った黒タイプ（右）と、塩味の白タイプ（左）の2種類がある。

必食

白タイプがオススメ

スライス・フィッシュ・ヌードル
Slice Fish Noodle

雷魚の骨で取った白濁スープはうま味が凝縮されコラーゲンやカルシウムたっぷり。具は魚の切り身。魚の頭入りのフィッシュヘッド・ヌードルもある。

オイスターオムレツ
Oyster Omlete (Oh Chien)

小ぶりのカキを卵と片栗粉などにからめながら、お好み焼き風にまとめて焼いたもの。チリソースを添えて。

ロジャ Rojak

マレーのフルーツサラダが中華風に進化。キュウリ、揚げパン、パイナップルといった具材を、醤油、砂糖、エビのペーストなどの発酵ソースであえたもの。

レア

ハッカ・レイチャ
Hakka Lei Cha (Thunder Tea Rice)

「客家擂茶」という料理で、インゲンなど数種類の野菜や豆腐をさいの目に切って炒めたものをごはんにのせた中国版ビビンバ。緑茶をかけながら食べる。

どの国の料理？
中国系
マレー系

知られざる
を食べ
ローカル

中国系、マレー系などシンガポールのローカルメニューここで紹介しているフードコート（→P.96）で

チャー・クェイ・ティアオ
Char Kway Teow

クェイ・ティアオはきしめんのような米粉の麺。これをモヤシ、エビ、赤貝などと一緒に黒醤油で炒めたもの。

胃腸を休めたいときに

潮州粥
Teochew Style Porridge

潮州の粥はいろんな種類があるが、特徴はお茶漬けのようにさらっとしていること。写真は海鮮の具とともに煮たものでさっぱりとして食べやすい。

ポピア Popiah

シンガポール流福建式春巻き。小麦粉ベースの皮にバンクアンという根菜の煮物と薄焼き卵、エビなどの具を詰めて巻いたもの。

チャー・ホーファン
Char Hor Fun

ホーファンという幅の広い米粉の麺を軽く炒め、餡をかけたもの。具は海鮮と豚肉。

バンミエン
Ban Mian

「板麺」と書く、小麦粉ベースの手延べ麺。煮干しでダシを取ったあっさりスープで、日本のうどん風。

オイリーなシンガポール料理に疲れたら、ヘルシーなフィッシュボールミーを食べてみて！ 優しい味です。（大阪府・ひろこ）

こんな形で
売っている

開くとこうなる

定番

人気の
朝食メニュー

ロティ・ジョン Roti John
卵液に付けて焼いたマレー版フレンチトーストで、チリソースを付けて食べる。

オタオタ Otak Otak
マレー料理がオリジナルで、魚のすり身にチリやハーブを練り込み、バナナリーフに包んで焼かないもの。中国風は焼かずに蒸す。

ナシ・レマ Nasi Lemak
ココナッツミルクとともに炊いたライスが主役で、チリペーストや炒ったピーナッツなどを添えながら食べる。具は好みで選ぶことができ、揚げ魚や目玉焼きがポピュラー。

ミーシャム Mee Siam
タイがルーツとされる変わったビーフン料理。エビでダシを取り、チリペーストなどを加えたスパイシーで甘くて酸っぱいスープは日本にはない味付け。

スパイシー

ローミー Lor Mee
片栗粉でとろみのついた醤油とほんのり八角風味のスープに入った麺料理。ニンニクと黒酢を効かせながら食べる。具には豚の角煮などが入る。

絶品メニュー
尽くす！
フード大図鑑

さまざまなルーツをもつは、驚くほど多彩で味わい深い。料理はホーカーズ（→P.62）や食べられる。

安くて
おいしいの！

レア

特徴☆
選べるのが

陳列された30種類ほどの具材から、自分の好きな具を選ぶ

ミールブス Mee Rebus
日本にはない味付けの麺料理。スープはサツマイモのマッシュをベースに、タオチオという味噌などを加え、やや甘くドロッとしている。

好みの
具材を取って
ゆでてもらう

ワンタンミー Wantan Mee
シンガポール式ワンタン麺は、スープなしのドライが主流。やや甘めの醤油ダレにチリペーストを加えて麺とあえている。具にはチャーシューとワンタンが添えられる。

ヨンタオフー Yong Tau Fu
ヨンタオフーとは本来、客家の名物でひき肉詰め豆腐の煮物。屋台では魚のすり身を詰めた豆腐、魚の団子、湯葉などさまざまな練り物を湯がき、麺と一緒に出す。

定番

エコノミーライス Economy Rice
さまざまな中国総菜が並ぶ屋台でごはんの上にお好みのおかずをのせてもらう。料金はおかずの種類と数で計算する。

サテー Satay
マレーの串焼きで、具はビーフ、チキン、マトンから選ぶ。味付けは甘めで、さらに甘いピーナッツソースに付けて食べる。屋台では少ないが、豚を用いるチャイニーズ・サテーもある。

カントニーズ・ローストミート Cantonese Roast Meat
広東式の鴨、豚バラ、チャーシュウ、チキンのローストの専門屋台では、これらを切り分けてライスにのせて提供。肉の種類も選べる。

この一品のために行く価値あり！絶対に外さない激ウマ中華5皿

ローカルフードだけでなく、
中華のレベルも高いシンガポール。
なかでも地元民に愛されてきた
究極のメニューがこちら。
シンガポールでしかありつけない
看板メニューをひと口食べれば
やみつきに！

肉を包んだ
ペーパーを
はがして食べる

1 ペーパーチキン（脱骨紙包鶏）

5個$12.5

醤油、ゴマ油、中国酒などを混ぜたソースに4時間マリネした鶏肉を、特殊な紙に包んで揚げたチキン。うま味と肉汁たっぷりで、ビールにもごはんにも合う。

こちらも オススメ

1. シンガポール名物のひとつ
2. そぼろの餡がかかった双喜豆腐$18～
3. ショップハウスを改装した店

ココで！ 1963年創業の老舗
ヒルマン・レストラン
Hillman Restaurant（喜臨門大飯店）

中国広東地方の料理を供する人気レストラン。八珍一品煲（$22）などの土鍋煮込みやフカヒレ入りスクランブルエッグも人気。

Map 別冊P.19-C2 リトル・インディア

🏠135 Kitchener Rd. ☎6221-5073 🕘11:45～14:30、17:45～22:30（L.O.は閉店15分前） [休]旧正月4日間 [Card]A.J.M.V. [予]望ましい [交]MRTファーラー・パーク駅から徒歩約3分 [URL]hillmanrestaurant.com

2 ジンジャーチキン（三水姜茸鶏）

$25.9～

つるんとした食感に蒸し上げた鶏に、特製ショウガソースを付けてレタスで巻いて食べる、広東省三水の正月料理。

1. チャイナシックなインテリア 2. サツマイモの葉と塩漬け魚の梅風味煮込みもおすすめ料理 3. 薬膳スープは効能書きを参考にオーダーしよう 4. ジンジャーチキンはおいしくて体にもいい（$25.9～）

ココで！ 薬膳料理が味わえる
スープ・レストラン
Soup Restaurant（三盅兩件）

看板メニューの三水姜茸鶏をはじめ、血行促進や美肌効果のある7種類の薬膳スープなどヘルシーな健康メニューが豊富。

Map 別冊P.15-D3 オーチャード・ロード（西部）

🏠290 Orchard Rd., #B1-07 Paragon
☎6333-6228 🕘11:30～22:00（L.O.21:30） [休]旧正月1日
[Card]A.J.M.V. [予]不要
[交]MRTオーチャード駅から徒歩約5分
[URL]www.souprestaurant.com.sg

こちらも オススメ

ジンジャーソース
は購入できる
（→P.134）

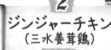

✉「京華小吃」は日本語併記のオーダーシートに記入して注文できるので、注文が楽でした。（千葉県・ゆか）

3

ビーフン・クラブ（金匙米粉蟹）

時価

カニ味噌&カニ肉入りのまろやかで深い味わい贅沢スープと、つるんとした食感のビーフンが驚くほどマッチし感動の味わい。

カニ味噌が効いた濃厚なスープがウマイ！
こちらも オススメ

ココで！ カニ味噌香る極上スープ

ゴールデン・スプーン

De Golden Spoon（金匙小厨）

天然の肉厚なマッドクラブを使ったカニ料理がリーズナブルに楽しめる。およそ10年前に始めた名物料理「ビーフン・クラブ」はマストトライ。

[Map] 別冊P.22-B3 チョンバル

⌂62 Seng Poh Lane, #01-11 ☎6536-2218 🕘11:00～14:30、17:00～22:30（L.O.は閉店15分前） [休]旧正月1日 [Card]A.J.M.V. [予]望ましい [交]MRTチョンバル駅から徒歩約12分 [URL]degoldenspoon.com

1.バンブー・クラム$12 2.ホウレンソウのガーリック炒め$10 3.店主がカニのディーラーを兼ねているため、上等なカニが手に入りやすい 4.開業約40年の歴史ある店 5.写真のカニは1kg（$75） 6.ほろ苦い風味と甘味がクセになるコーヒー・リブ$15

食感にやみつき！

こちらも オススメ

4

海鮮焼き餃子（三鮮鍋貼）

10個$10

海鮮のうま味たっぷりの餡を特製の厚い皮で包み、底面を揚げ焼きにしたモチモチ餃子。シンガポールいちの餃子との声もあがる逸品。

1. 肉汁たっぷりのショーロンポー（小籠湯包）は$9 2. 食堂タイプの店

ココで！ 餃子がピカイチ！

京華小吃

Jing Hua Xiao Chi

創業以来約20年守り続けたレシピで作られる北京風の餃子や点心、手打ち麺は絶品。

[Map] 別冊P.10-B2 チャイナタウン&シェントン・ウェイ

⌂21/23 Neil Rd. ☎6221-3060 🕘11:30～15:00、17:30～21:30 [休]旧正月 [Card]M.V. [予]不要 [交]MRTマックスウェル駅から徒歩約2分 [URL]www.jinghua.sg

すべて手作りの点心は約30種類。注文を受けてから蒸すのがこだわり。定番のショーロンポーやシュウマイ、腸粉はぜひトライして。

5

点心

$1.4～

プルンとした食感の腸粉も人気

ココで！ 大行列の人気店

瑞春

Swee Choon

1962年創業の庶民派点心食堂。定番の点心に加え、一品料理や手打ち麺を使った麺料理など種類豊富で、どのメニューも安くておいしい。

[Map] 別冊P.19-C2 リトル・インディア

⌂183,185,187,189,191,193, Jalan Besar ☎6225-7788 🕘9:00～15:00（土・日曜、祝日～16:00）、18:00～翌4:00（L.O.は閉店30分前） [休]火曜（祝日の場合は営業）、旧正月 [Card]不可 [予]不要 [交]MRTジャラン・ベサール駅から徒歩約5分 [URL]www.sweechoon.com

こちらも オススメ

1.手前はポルトガル風エッグタルト。香港をはじめ、上海の点心も提供 2. 終夜営業しているので使い勝手がよい 3.ビーフンを豚肉やネギとともに形成して揚げたミースア・クエ（招牌面線粿）

「ヒルマン・レストラン」は2015年に日本進出を果たし、現在大阪に店舗を構える。

ローカルフードが大集合！
安くておいしいフードコート

メニューも豊富で衛生面もGoodな
フードコートならいろんな料理が食べられる。
買い物の合間にサクッと利用できる
お役立ちフードコートはこの4軒。

FOOD COURT

フードコートの基本をおさえておこう！

簡単だね！

フードコートの使い方

メニューを見て注文して支払い。
そのあとお盆に箸・調味料をセットして
できあがりを待つだけ。

席はこんなかんじ

ショッピングセンター内にあり、
トイレも併設。注文する前に、傘やハンカ
チなどを机の上に置いて席を確保するのを忘れずに。

調味料

メニュー

ここで注文＆支払い！

ここで受け取り

写真もあるね！

食後は片付けを

まずは席を確保

空いている席をチェック！

テーマフードコートのパイオニア

フード・リパブリック

Food Republic（大食代）

アジア各国への進出も果たす、シンガポール発
のおしゃれフードコート。サンテック・シティ店
は噴水（→P.153）近くのふたつのエリアで構成
されているので、お店をしっかりチェックしよう。

Map 別冊P.9-C1　シティ・ホール＆マリーナ・エリア

⌂ 3 Temasek Blvd., #B1-115-120, #B1-
126/127 Suntec City　☎6338-2848
⏰10:00～21:00　無休　Card不可
MRTエスプラネード駅から徒歩約5分

フルーツはいかが？

「チャイズ・オリジナル・
スライス・フィッシュスープ」
の火鍋海鮮湯（$7.2）

おすすめ

特徴	
シンガポール国内に13店舗ある人気フードコート。ローカルから各国料理までとにかくメニューの種類が豊富。	
店舗数	約20店
席数	約1100席
価格帯	麺$6～

1. 写真左は「三巡」の海南
チキンライスセット$7.2 2
「泰豊」のフライド・ホッケ
ン・ミー（313・アット・サ
マセット店）3. 313・アッ
ト・サマセット店ではドリン
クのワゴン販売もある

オーチャード界隈のフードコートは12:00～14:00はビジネスマンで激混みです。11:00頃なら並ばなくて済みました。（埼玉県・K）

オーチャード駅に直結で便利

フード・オペラ
Food Opera（食代館）

アイオン・オーチャード（→P.130）の地下4階にあるフードコート。立地もよくバラエティも豊富で常に混雑している。チキンライス、ラクサ、インドネシア料理などバラエティ豊かな27店のラインアップ。

Map 別冊P.15-C2（西部） オーチャード・ロード

🏠 2 Orchard Turn, #B4-03/04 ION Orchard　☎6509-9198　🕙10:00～20:00　🈺無休　Card不可　🚇MRTオーチャード駅から徒歩約2分

特徴	店舗数
ネームバリューのある質の高い店が多く入店。香港発のロースト店「カムズ・ロースト・エクスプレス」は要注目。	27店
	席数
	約700席
	価格帯
	麺$6～

おすすめ 老舗「立興潮州魚圓面」のフィッシュボールヌードル（$5.5）

1. フィッシュボールヌードルはドライタイプがおすすめ。魚団子がふわふわ　2. 中央はアボカド・グラメラカ、左はマンゴーヤクルト（各$5）　3. 飲茶を販売するワゴン

おすすめ　マレーシアのクラン風土鍋バクテー（$6）

1. 黒いスープは漢方ハーブたっぷり、ポークも食べ応え十分　2. 老舗「高記Koo Kee」のヨンタオフーと卵麺のセット$7.5　3. ブラウンシュガーがかかったチェンドル$2.5　4. ペナン風フライド・オイスター$5

オーチャード・ロードの中心にある

タングス・マーケット
Tangs Market

人気を誇る老舗デパート「タングス」の地下1階にある。店舗は10店ほどと小規模だが、おもにマレーシアのローカルフードの店が入っており、味のレベルは高い。

Map 別冊P.15-C2（西部） オーチャード・ロード

🏠310 Orchard Rd., B1F Tangs　☎6737-5500　🕙10:30～21:30（日曜、祝日11:00～20:30）　🈺無休　Card不可　🚇MRTオーチャード駅から徒歩約3分

特徴	店舗数
選りすぐりのローカル料理やペナン料理の店、スイーツやスナック店がコンパクトに詰まったフードコート。狭いので席の確保が大変。	約10店
	席数
	約100席
	価格帯
	麺$5～

マレー料理を気軽に

マレーシア・ボレ!
Malaysia Boleh!

ブギス・ジャンクションをはじめ国内6ヵ所で展開する、マレーシアの屋台料理やストリートフードの名店を集めたフードコート。1960年代の屋台街をイメージしたインテリアが楽しい雰囲気に。

Map 別冊P.20-B2 ブギス&アラブ・ストリート

🏠200 Victoria St., #03-30 Bugis Junction　🕙10:00～22:00　🈺無休　Card不可　🚇MRTブギス駅から徒歩約3分

遊び心のあるインテリア

おすすめ　ペナンのチャー・クェイ・ティアオ（$5.5）

特徴	店舗数
シンガポールとはひと味違ったクレイポットのチキンライスやバクテーが試せる。チェンドルもおすすめ。	17店
	席数
	約400席
	価格帯
	麺$5～

1. 漢方ハーブが効いたクランのバクテー$6～　2. キャロットケーキはスナックやおやつにもなる人気料理

「フード・オペラ」には点心やお粥、麺料理などの食堂タイプの店「南香Nam Heong」もある。

スパイシーなのに心ほっこり♥ニョニャ

プラナカン（→P.38）の女性、ニョニャが作る料理は、当地が生んだごち

（→P.38）

プラナカン料理って？

● **まざしくフュージョン料理**
福建料理など中国南部の料理とマレー料理がミックス。そこにインド、タイ、さらにはイギリスやポルトガル、オランダなど西洋料理の影響も。

● **手の込んだスローフード**
エシャロットやペーストをすりこぎでつぶして作り、それをひたすら弱火で炒め続ける。そうしてできあがるリッチな味わいがニョニャ料理の身上。

● **マレー料理がびっくり変身**
イスラム教徒が多いマレーの人々の料理では豚肉とアルコールはタブー。しかしプラナカンはマレー料理にこれらの食材をどんどん使い、独自の料理を生み出してきた。

● **ハイカラなのがプラナカン**
プラナカンの食卓は西洋の影響もいっぱい。揚げ物に添えられるのがウスターソース。煮物の隠し味にブランデー。カレー料理はライスのみならずパンでもいただく。

プラナカンの代表メニュー

濃厚なコクがたまらない味

アヤム・ブアクルア
Ayam Buah Keluak
ジャワ島から伝わったブラックナッツを使った鶏肉の煮込み。このナッツは先住民が毒矢に使う木の実で、3日以上水に浸けて毒抜きをする。

チャプチャイ
Chap Chai
ニョニャ風五目野菜炒め。シンプルなお総菜。

イカン・アサム・ペダス
Ikan Asam Pedas
タマリンドを使った酸味のある、さらっとした魚のカレー。レモングラスやターメリックなどハーブの香りもいっぱい。

ブラチャンは固形で販売

万能付けダレ

サンバル・ブラチャン
Sambal Belacan
オキアミを発酵させたブラチャンという調味料と、赤い生のチリをすりつぶして作った、ニョニャ料理に欠かせないもの。

プラナカン菓子「ニョニャ・クエ」

もち米やタピオカ、豆類などをベースにココナッツや黒砂糖で味付けしたものが多く、西洋菓子にルーツをもつものや、中国伝来のものもある。

注意
焼き菓子は常温で2〜3ヵ月もつが、生菓子はいたみやすいので、その日のうちに食べること。

アポン・バークワ
Apom Berkuah
米粉を発酵させて作ったパンケーキ。黒砂糖とココナッツで煮たバナナソースをかけて。

ココナッツがたっぷり

クエ・ダダー
Kueh Dadar
黒砂糖で煮たココナッツフレークをココナッツ風味のクレープで包んだもの。

アンクー・クエ
Angku Kueh
赤ちゃん誕生1ヵ月のお祝いに配る餅。中味は緑豆餡やココナッツフレーク。

プラナカン料理で使う香味野菜＆スパイス

A. ターメリックリーフ。ウコンの葉。香り付けに使う B. レモングラス。さわやかな香り C. ブンガ・カンタン。ショウガ科の花のつぼみ。独特の芳香があり、刻んで使う D. エシャロット。小さな赤タマネギ。煮物やグリーンのペースト作りの必需品 E. ライム F. パンダンリーフ。甘い独特の芳香があり、香り付けに使う G. カフィールライムリーフ。香り付けに使うこぶみかんの葉 H. タマリンド・ピール。酸味の強い果物を輪切りにして干したもの J. カリーパウダー J. ブアクルア。黒い木の実

K. ベリンビン。酸味の強い果物。サラダなどに使用 L. ガランガル。通称ブルー・ジンジャー。ショウガ科の根で、独特のきつい香りがある M. ジンジャー。日本のひねショウガと同じ N. チリ・パディ。大きなチリよりも辛みが強く、香りも強い O. チリ。生トウガラシで、グリーンと赤がある P. クローブ。肉料理などに使用 Q. 八角。豚肉を煮込むときに使用 R. シナモン。カレーの香りフーフ。カレーの香りがする葉っぱ T. ブアクラス。キャンドルナッツと呼ばれる木の実。コク付けに

香味野菜

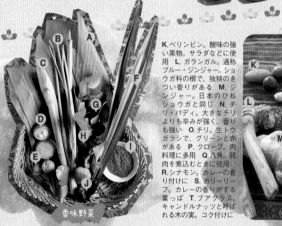

スパイス

プラナカンの家では海南人をシェフとして雇うことが多かった。そこで料理を覚えた海南人が開いたプラナカン料理店も多々ある。

の傑作「プラナカン料理」はいかが？

そうグルメ。ちょこっと予習したら、その奥深〜い味わいを堪能して！

ピリリと刺激的な辛さ

サンバル・プロウン Sambal Prawn

トウガラシにエシャロットやブラチャン（→P.98）などを合わせたものを長時間炒めたニョニャ風チリソースでエビを炒めた一品。

バクワン・ケピティン Bakwang Kepeting

カニやタケノコのダシが効いたさっぱり味のスープに、カニ肉とエビを加えた贅沢な豚肉団子が入っている。

ンゴー・ヒャン Ngoh Hiang

豚肉とエビをミンチ状にして湯葉で巻いて揚げたもの。具はさまざまなスパイスで味付けされている。

クエ・パイティー Kueh Pie Tee

パイティーとはイギリス紳士のトップハットのこと。そんな帽子型のカップに切り干し大根のような食感のバンクアンという野菜の煮物を詰める。

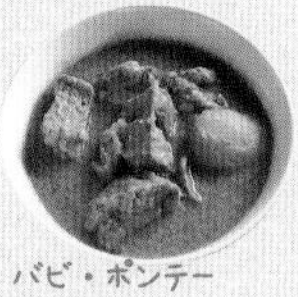

バビ・ポンテー Babi Pongteh

こっくりとした味のニョニャ風肉じゃが。

台所の道具たち

1.これでチリやハーブをつぶしてペーストにする 2.ティフィンという名のかつて使われていたランチボックス 3.焼き菓子の型

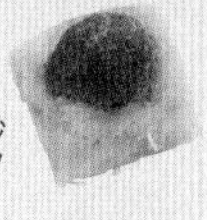

プルッ・インティ Pulut Inti

甘く蒸した餅米に黒砂糖で煮たココナッツフレークをのせたもの。

プラナカン菓子の店

キム・チュー・クエ・チャン→P.123
ブンガワン・ソロ→P.134

クエ・ラピス（サグ） Kueh Lapis (Sagu)

ういろうのような餅を何層も重ねた生菓子。ほんのり甘いココナッツ味。

もっちりと弾力のある食感

クエ・ラピス Kueh Lapis

ジャワ島から伝わった焼き菓子。スパイシーなバウムクーヘンといったところ。

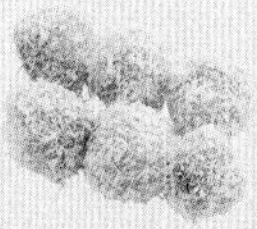

オンデ・オンデ Onde Onde

緑色の団子の中から黒蜜がとろ〜り。いちばん人気のニョニャ・クエ。

チェンドル Chendol

ブラウンシュガーとココナッツミルクのかき氷。パンダンリーフで色付けした緑のゼリーとアズキ入り。

プラナカン料理おすすめレストラン

プラナカンの雰囲気に浸る

トゥルーブルー・キュイジーヌ True Blue Cuisine

ショップハウスの扉を開くとプラナカンの世界観が広がる。オーナー一家のレシピをもとに作られる伝統的なプラナカン料理をサーブ。なかでもアヤム・ブアクルアは味わい深いソースが絶品。

Map 別冊P.8-B1 シティ・ホール&マリーナ・エリア

🏠47/49 Armenian St. ☎6440-0449 🕘11:30〜14:30、17:30〜21:30（L.O.閉店30分前） [休]日曜 [Card]A.D.J.M.V. [予]$30〜 [予]望ましい [交]MRTシティ・ホール駅、ブラス・バサー駅から徒歩約8分

プラナカン料理のビュッフェが好評

スパイシーズ・カフェ Spices Cafe

プラナカン、中国、インド、マレーなど30品ほどのローカル料理が並ぶホテルビュッフェ。プラナカン料理は10種類以上ラインアップ。

Map 別冊P.16-B2 オーチャード・ロード（東部）

🏠100 Orchard Rd., L3 Concorde Hotel Singapore ☎6734-0393 🕘6:00〜23:00（ランチビュッフェは12:00〜14:30） [休]無休 [Card]M.V. [予]ランチビュッフェ：大人$45、4〜10歳$25、55歳以上$33（土・日曜、祝日はプラス$3） [予]不要 [交]MRTサマセット駅から徒歩約7分

その場で作ります

1995年創業の人気店

ブルー・ジンジャー The Blue Ginger Restaurant

ショップハウスにある店はプラナカンの調度品やインテリアが施され、趣たっぷり。スパイスが効いた料理は、洗練された味わい。

Map 別冊P.10-B3 チャイナタウン&シェントン・ウェイ

🏠97 Tanjong Pagar Rd. ☎6222-3928 🕘12:00〜14:15（L.O.）、18:30〜21:45（L.O.） [休]旧正月3日間 [Card]A.J.M.V. [予]$30〜 [予]ディナーは要予約 [交]MRTタンジョン・パガー駅から徒歩約5分

プラナカン菓子とマレー菓子はほぼ同じもの。ただ、プラナカン菓子のほうが作りが繊細で、評価も高い。

マレー料理は暑さに負けないパワフルごはん

辛い！けどウマイ!!

ピリ辛から甘辛、激辛まで、パンチの
効いた料理がカウンターにズラリ。
高温多湿のシンガポールには、
この辛ウマ料理がぴったり。

Powerful Food

マレー食堂で食べよう♪

入口におかずが並ぶガラスケースがある

マレー料理の特徴は？
辛い料理が多く、ドライスパイスよりも生のハーブでペーストを作ったカレーなどが豊富。イスラム教徒なので豚肉を用いず、肉ならチキンやマトン、海の幸を使った料理が多い。

値段は？
食堂やホーカーならひとり$5〜10。レストランなら$15〜20。

How to オーダー

※一般的な流れで、店によっては若干異なる場合もある。

1
たいていのマレー食堂はおかずがカウンターにズラリと並ぶ形式。

2
食べたいものを指さして注文。ごはんの上におかずをのせてもらうのがいちばん安いが、複数人の場合は小皿に1種類ずつ取り分けてもらうことも可能。その場合は人数も告げる。

ぶっかけタイプの盛り付け

One point
店によってはナシ・ゴレン（焼きめし）やミー・ゴレン（焼きそば）などの単品メニューがある場合も。これらもカウンターで注文して席で待つ。

別々の皿盛りの場合

手際よく料理を盛り付けてくれる

3
キャッシャーへ進み、お会計。このとき、飲み物の注文もここでする。

One point
値段はおかずの種類と数で決まる。肉や魚料理は野菜料理より若干高い。

4
テーブルに料理が運ばれてくる。ごはんとおかずを別々に頼んだ場合はごはんの数が合っているかチェック。

おまたせしました〜☆

チキン？魚？どれにしますか？

オーダーの基本パターン

主菜
チキンやビーフ、マトン、魚のカレーや揚げ物など。肉と魚両方でもOK。

＋

副菜
野菜や豆腐の料理やオムレツなど。サンバル・カンクン（空心菜炒め）は定番。

↓

皿盛り、別盛り
人数が多ければ料理ごと別盛りのほうが、多種類味見できておすすめ。

or

＋

飲み物
ライムジュースやテ・タリ（ミルクティー）など飲み物と一緒に。

マレー料理は全部辛そうな色だけど、マイルドな料理も結構あった。お店の人に『これ辛い？ホット？』と聞きながら注文しました。（匿名希望）

チキン・レンダン チキンのココナッ
Chicken Rendang ツミルク煮込み

ビーフ・レンダン
Beef Rendang
牛肉のココナッツミルク煮込み

チキン・コルマ
Chicken Korma
さらっとしたチキンのスパイス煮
マイルド

メニューの数々

プラウン・サンバル
Prawn Sambal
エビをサンバルソースであえたもの
辛

ソートン・サンバル
Sotong Sambal
イカのサンバルあえ。aruco取材班イチオシ
辛

フィッシュカリー
Fish Curry
チリが効いた魚のカレー
辛

サユー・ロデー
Sayur Loden
野菜のココナッツミルク煮
マイルド

ナシ・レマ
Nasi Lemak
ココナッツミルクで炊いたごはんに揚げ魚や干し魚、甘めのサンバルが付いた定番セット。写真は豪華版
マレーのファストフード

1. さわやかなライムジュースは定番ドリンク 2. あま～いテ・タリ（ミルクティー）もよく合う 3. 冷たいデザートならチェンドル 4. 温かいデザートの代表はプボー・ヒタム。ココナッツ風味の黒米のお汁粉

味の決め手はサンバル

料理に欠かせないのが辛味調味料のサンバル。調理にも付けダレとしても使われる万能調味料だ。基本的にはチリとニンニク、タマネギなどをつぶして混ぜ、エビのペーストなどと炒めて作る。

食堂で使えるマレー語&英語

ここで（店内で）食べます
Makan sini. マカン・シニ Eat here.

持ち帰ります
Bungkus. ブンクス Take away.

皿盛りにして（ぶっかけにしないで）
Tolong asingkan. トロン・アシンカン
Seperate to smaller plates.

辛くないのはどれ？
Apa yang tak pedas? アパ・ヤン・タッ・プダス？
Which one is not hot?

お勘定してください
Kira! キラ Bill, please.

メニュー単語

ナシ Nasi. ごはん	アヤム Ayam チキン
ミー Mee 麺	レンブ Lembu ビーフ
ゴレン Goreng 炒める、揚げる	カンビン Kambing マトン
パンガン Panggan 焼く、バーベキュー	イカン Ikan 魚
サンバル Sambal チリなどで作ったペースト、タレ	イカンビリス Ikan Bilis 煮干し、あるいはそれ用の小魚
	ウダン Udan エビ
	ソートン Sotong イカ
	サユー Sayur 野菜

おいしくて安い人気店
ミナン Rumah Makan Minang

サルタン・モスクの近くにあり、常連客でにぎわっている。毎日おかずは20種類以上用意され、麺料理やデザートもある。

Map 別冊P.21-C1 　ブギス&アラブ・ストリート

🏠18/18A Kandahar St.
☎6294-4805 ⏰9:00～19:00
🈺ハリ・ラヤ・プアサ、ハリ・ラヤ・ハジの祝日 CardJ. 💰$6～ 予不要
🚇MRTブギス駅から徒歩約10分

モダンなインテリアの店
ワルン・ナシール
Warung M. Nasir

カウンターに並ぶ15種類くらいの料理のなかでも、チキンのココナッツミルクカレーや揚げナスのチリあえなどが人気料理。

Map 別冊P.16-B3 　オーチャード・ロード（東部）

🏠69 Killiney Rd. ☎6734-6228 ⏰10:00～21:30 🈺無休 Card不可 💰$7～
予不要 🚇MRTサマセット駅から徒歩約4分

歴史のある名店
ランデブー・レストラン
Rendezvous Restaurant

西スマトラ島のパダン料理を提供。おすすめはプラウン（エビ）・サンバルやソートン（イカ）・サンバル。チェンドルもおいしい。

Map 別冊P.7-D2 　クラーク・キー周辺

🏠6 Eu Tong Sen St., #02-72～75/77/92 Clarke Quay
Central ☎6339-7508 ⏰11:00～21:00 🈺旧正月4～5日間、ハリ・ラヤ・プアサの祝日2日間 CardA.M.V. 💰$20～
予不要 🚇MRTクラーク・キー駅から徒歩約3分
URL rendezvous-hlk.com.sg

スペシャル版「ナシ・レマ」に注目
ココナッツ・クラブ
The Coconut Club

シンプルな皿飯「ナシ・レマ」にこだわり、産地直送のココナッツミルクを使って炊いたごはんにジューシーなチキンフライをトッピング。

Map 別冊P.21-C2 　ブギス&アラブ・ストリート

🏠269 Beach Rd. ☎6635-2999 ⏰1階：11:00～22:30（金・土曜8:30～11:00に朝食営業）、2階：11:00～15:00、18:00～22:30（1、2階ともL.O.21:30）🈺月曜 CardA.M.V.
💰$25～ 予2階は要予約 🚇MRTブギス駅、ニコル・ハイウエイ駅から徒歩8～10分
URL www.thecoconutclub.sg

デザートはチェンドルにしよう

ムルタバをオーダーするとスパイシーなカレーも付いてくる。ムルタバに付けて味わおう

シンガポール・ザムザム
Singapore Zam Zam Restaurant

1908年創業の歴史あるイスラム料理店。名物のムルタバの具はチキン、マトン、ビーフ、サーディン（イワシ）、シカ肉からチョイス。カレーやビリヤーニもある。

Map 別冊P.21-C1

ブギス＆アラブ・ストリート

🏠697-699 North Bridge Rd.
☎6298-6320
🕐7:00～23:00
🗓ハリ・ラヤ・ハジ、ハリ・ラヤ・プアサの祝日
Card不可　🍴$6～
🚫不要
🚇MRTブギス駅から徒歩約6分

店頭で生地から作・焼きます

ムルタバ
Murtabak

ロティ・プラタ（→P.91）と同じく、小麦粉に牛脂を練り込んだベースの生地に、チキンやマトンなどの具と、タマネギ、卵を包んで焼き上げたボリューム満点のグルメ。インドが発祥とされており、東南アジアや中東でも広く食べられている。

チキン・ムルタバ
Chicken Murtabak
旅行者にいちばん人気。サイズによって$6～20

テ・タリ
Teh Tarik
泡が立つように勢いよく注いだ甘いミルクティー（$1.2）

1 ひと口大のお米を親指とその他の指で包み込む

2 お米を持ち上げ親指以外の4本の指先にのせるようにする

3 指先にのせたお米を親指で押し出すようにして口の中に入れる

シンガポールで味わう
ヘルシーな南インドの定食「ミールス」から
インドの本場の

バナナリーフ・アポロ
The Banana Leaf Apolo

マイルドな南インド料理が観光客にも好評。カレーをオーダーすれば左写真のような簡易形ミールスが出てきて、ライスや付け合わせが食べ放題。

Map 別冊P.18-B2

リトル・インディア

🏠54 Race Course Rd.　☎6293-8682　🕐10:30～22:30　🗓無休
Card A.D.J.M.V.　🍴$30　🚫不要
🚇MRTリトル・インディア駅から徒歩約4分

ミールス
Meals

バナナリーフの上にライス、2～3種類の野菜料理がセットで付く、南インドの定食メニュー。好みで海鮮料理や肉料理などを追加注文する。基本ライスや野菜料理はおかわり自由。

野菜料理
ナスとキャベツの煮込み。野菜料理は日によって変わる。おかわり自由

ライス
南インドは米が主流。細長くてパラッとしたインディカ米を使用。おかわり自由

パパダム
Papadam
付け合わせの定番、豆の粉の揚げせんべい

カレーや肉料理を別注文

チキン65
Chicken 65
マサラでマリネされたあと、カラッと揚げたチキン（$15.5～）

フィッシュカツレツ
Fish Cutlet
海鮮コロッケ（2個$8.9）

マトンマイソール
Mutton MySore
ブロック状のマトンがゴロッと入ったドライカレー（$17.5～）

子供もカレーが大好きなのさ！

おいちー！

✉「バナナリーフ・アポロ」のカレーは比較的マイルド。辛さの目安はメニューでチェックできる。（茨城県・ユミ）

ジャギーズ
Jaggi's

客層の90%がインド系

インド料理激戦区にありながら、食事どきはいつも満席になる人気店。ガラスケースに並ぶカレーやタンドリー類を指さし注文。タンドール窯で焼き上げるナンも絶品。

Map 別冊P.18-B2　リトル・インディア

🏠 36 Race Course Rd.　☎6296-6141
🕐 11:00～22:30　🈺無休
Card A.M.V.　💰 $15～
📷不可
🚇 MRTリトル・インディア駅から徒歩約3分

バラク・パニール
Palak Paneer
ホウレンソウとカッテージチーズのベジタリアンカレー ($5)

アル・ゴビ
Aloo Gobi
スパイスとカリフラワー、ジャガイモを炒めた汁なしカレー ($4.3)

ナン
Naan
生地を発酵させタンドール窯で焼き上げたナン ($1.8～)

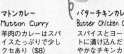

マトンカレー
Mutton Curry
羊肉のカレーはスパイスたっぷりで少しクセあり ($8)

バターチキンカレー
Butter Chicken Curry
スパイスとヨーグルトに漬け込んだまろやかなチキンカレー ($9.5)

チキンティッカ
Chicken Tikka
ヨーグルトとスパイスに漬け込みタンドールで焼いた骨なしの鶏肉 ($8)

チキンケバブ
Chicken Kebab
鶏肉のスパイシーなロースト ($8)

魅惑のインド料理

スパイスたっぷりの香り高いビリヤーニまで味、揃ってます！

インドを堪能☆

バターチキンカレー
Butter Chicken Curry
（北インド料理）

ベジタリアンが基本の南インド料理と違って、北インド料理は肉や魚、乳製品を使ったこってりとした料理が特徴。なかでもおすすめは、バターのコク深い味わいが口いっぱいに広がるバターチキンカレー。

高温のタンドール窯で焼くよ

ナシ・ビリヤーニ
Nasi Biryani

数種類のスパイスにヨーグルトを加えて味付けした具材を米の中に入れて炊き上げた、インド式炊き込みごはん。シンガポールでは炊き上げたごはんにカレーをかけて食べるマレースタイルが主流。

クルフィ
Kulfi
ナッツやスパイス入りのインド風ミルクアイスクリーム ($2.5)

マンゴーラッシー
Mango Lassi
マンゴーヨーグルトドリンク。この店は甘さ控えめ ($4)

インドスタイルのビリヤーニが味わえる

ビスミラー・ビリヤーニ
Bismillah Biryani

高価なバスマティ米を使い、じっくり炊き上げたインドスタイルのビリヤーニが評判。香り高くパラッとしたお米にヨーグルトベースのソースをかけて食べる。

Map 別冊P.19-C3　リトル・インディア

🏠 50 Dunlop St.　☎6935-1326　🕐 11:30～21:00
(L.O.20:45)　🈺無休
Card不可　💰 $9～　📷不要
🚇 MRTローチョー駅から徒歩約3分　📍シェントン・ウェイ店　**Map** 別冊P.4-B3

チキン・ビリヤーニ
Chicken Biriyani
チキンはライスの中に隠れている ($9)。ほかにマトン、魚のビリヤーニもある

A〜Fはココで

高島屋百貨店

清潔で安心!

小腹がすいたら

フード売り場にスナック店が20店ほど集合。購入したら同フロアのフードコート「フード・ビレッジ」で食べられる。

B2

DATA→P.130

昔ながらの定番スナックから、
シンガポーリアンが愛してやまない

イチオシ!
ジューシーで
具だくさん

皮はふわふわ

A タイチョン・ベーカリー

Tai Cheong Bakery／泰昌餅家（#B208-5）

1954年に香港で創業。2016年にシンガポール出店以後、いまだ行列の絶えない人気店。

B バター・スタジオ

Butter Studio（#B208-4A）

家庭的なケーキにちょっぴり遊び心を加えた手作りケーキが地元で人気。

C シティ・ドーナツ

City Donut（B2）

2020年に開業した地元発のドーナツ店。パンダンリーフやコピ、ヤムなどシンガポール色満点のドーナツがラインアップ。

D 振新園

Chin Sin Huan（B2）

1960年代創業の老舗。伝統の手作り製法にこだわり、新鮮素材で作られた包子（中華まん）は根強い人気商品。

E ミスター大判焼

Mr. Obanyaki（B2）

大判焼きとたい焼きを店頭で焼いて販売。アズキやカスタードの定番からカヤ＆ピーナッツや餅入りなどの変わり種もある。

F パス・ザ・ジュース

Pass the Juice（B2）

その場で搾るフレッシュジュースのスタンド。トロピカルフルーツを使ったジュースが種類豊富。カットフルーツも販売。

ナンヤン・コーヒー（ドーナツ）
Nanyang Coffee

ほろ苦いローカルコーヒーを練り込んだドーナツの中に、濃厚なコーヒークリームが入っている。甘さ控えめ（$2.8）
C

豬肉包
Pork Pau

具がぎっしり詰まった手作り肉まん（$1.8）。小ぶりであっさりしているのでペロリといける。鶏肉やチャーシュウ入りもある
D

パンダン・カヤ（ドーナツ）
Pandan Kaya

パンダンリーフで風味付けしたドーナツは、カヤ（ココナッツミルク、卵、砂糖から作ったペースト）を用いたクリームがたっぷり（$2.8）

ふんわり甘い食感

カップケーキ
Cup Cake

手作りカップケーキはかわいい箱に入れてくれるのがうれしい。ソルテッド・グラメラカが人気（$3.9〜）
B

エッグタルト
Egg Tart

香港の老舗菓子店の名物エッグタルト。サクサクのクッキー生地となめらかなカスタードにやみつき！（1個$2.2）
A

フルーツスティック
Fruits Stick

食べ歩きするのにぴったりの串刺しにしたフルーツ。のどの渇きを癒やしてくれる。左下からジャックフルーツ、キウィ、ストロベリー（各$1.8）
F

カヤ＆ピーナッツ（大判焼き）
Kaya & Peanut

甘いカヤと濃厚で香ばしいピーナッツのペーストが意外と合う。和菓子ながら日本にない餡との組み合わせが新鮮（$1.9）

イチオシ!
南国フルーツに
気軽にトライ
できる!

デパ地下探検！

旬のヘルシーデザートまで
スナック＆ドリンクをデパ地下で食べ歩き♪

G〜Lはココで
313・アット・サマセット

ファストフード店、スナック店が
30店ほど集合しており
若者人気が高い。
飲食スペースも設置。

DATA→P.131　B3

ココナッツシェイク
Coconut Shake

新鮮なココナッツを用いたシェイク
が人気沸騰中。マンゴーやドラゴン
フルーツなどの果物をミックスする
メニューが豊富（$4.8〜）。写真は
マンゴーポップ（果汁入りミニボー
ル）をトッピングしたもの　**K**

カリーパフ
Curry Puff

スパイシーなカレーが入
った揚げパンはスナック
の大御所。中の具はポテ
トが多めでチキンやゆで
卵も入っている（$1.8）　**G**

オリジナル・ソイミルクティー・
ウィズ・モチボール
Original Soymilk Tea with Mochi Balls

豆腐プリンをベースに豆乳をたっぷり
注ぎ、豆乳フォームときな粉をトッピン
グ。白玉団子をきな粉やフォームに浸
して食べ、豆乳を飲み、最後はかきま
ぜて味や食感の変化を楽しもう（$6.2）　**I**

豆腐づくしの
スイーツ

アサイーボウル
Açaí Bowl

左がホーコン・クラシック・アサイーボ
ウル。オーガニックのアサイースムージ
ーにチアシードがたっぷり（$7.9〜）　**L**

イチオシ！

おいしくて
ヘルシーな
スイーツ

フィッシュボール
Fish Ball

魚の団子を揚げ
たもの。チリソー
スを付けて食べ
る（$1.8）　**G**

ソートン
（イカの揚げ物）
Sotong

小さなイカをカ
ラッと揚げてあ
り、意外にいけ
る。ビールにも
合う（$2）　**G**

フレーバード・フライ
Flavoured Fries

トッピングフレーバーで楽し
むフライドポテト。写真のサ
ワークリーム＆オニオンのほ
かチリ・バーベキューやチーズ
などがある（$3〜）　**G**

レインボーバニラ
Rainbow Vanilla

バニラとクリームチーズ
のフレーバーのカップケ
ーキ。1個から箱詰めし
てくれる（$4.4）　**H**

レッドベルベットケーキ
Red Velvet Cake

トゥエルブ・カップケー
キの代表的フレーバー
「レッドベルベット」。
しっとりとしたスポンジ
ケーキとクリームチーズ
がベストマッチ（$4.8）　**H**

小腹がすいたらデパ地下探検！

G　オールド・チャンキー

Old Chang Kee
老曽記（#B3-24）

国内に約60店舗をもつカ
リーパフや揚げ物の店。
14:00〜17:00はどれでも4
個$5となってお得。

H　トゥエルブ・カップケーキ

Twelve Cupcakes
（#B3-11）

人気のカップケーキ専門店。
12種類のレギュラーのカップ
ケーキと月替わりのスペシャ
ルがガラスケースに並ぶ。

I　半仙豆夫

Chinese Tofu Magician
（#B3-42）

中国から海外進出した豆乳専
門店。餅やタピオカ、仙草ゼ
リーなどをトッピングするアレ
ンジ多彩な豆乳スイーツがズラ
リ。

J　ポテト・コーナー

Potato Corner（#B3-45）

アジアやアメリカに展開する
フィリピン発のフレンチフライ
のチェーン店。ポテトのほか、
フライドチキンも販売。

K　スーパーココナッツ

Super Coconut（#B3-41）

2021年にオープンしたココナッ
ツシェイク店。フレッシュな果
物とブレンドするメニューが種
類豊富。砂糖の量を調節可。

L　ホーコン

HAAKON（#B2-14）

ノルウェー人が開いたスー
パーフードとフレッシュジュー
スの店。朝食メニューもある。

路上やS.C.でスナックを買って、その場で食べている人も多い。ただし駅や電車内では飲食禁止！

we♥スイーツ宣言!
シンガポールスイーツ食べまくり

つめたい〜!

中国系に台湾系、シンガポールのご当地スイーツ……。
世界各国の甘くておいしいものが大集合で、
あれもこれも食べたくなっちゃう!

マンゴー・チーズケーキ・ピンス
Mango Cheesecake Binsu
マンゴーとチーズケーキを
トッピングしたピンス。
$19.8 **C**

ピーナッツ・アイス・カチャン
Peanuts Ice Kachang
アイス・カチャンの上
に砕いたピーナッツを
たっぷりかけて香ばし
さをプラス。ホーカー
ズで食べられる

アイスクリーム
サンドイッチ
マーブルカラーの食パンにアイ
スクリームをサンドした伝統的
なアイス。オーチャード・ロード
などの屋台で$1.2〜。

Wow!

アイス・カチャン
マレーシア発祥の東南
アジア版かき氷。シン
ガポールではシロップ
と練乳にアズキや仙
草ゼリー、コーンな
どを盛る。

約
15
cm

アズキ&コーン
たっぷりのっ
たコーンが意
外とイケる

シロップ
イチゴ、メロン、
ブラウンシュガー
など数種類のシ
ロップをかける

ピンス
削ったミルク氷の上に
フルーツやアイスをて
んこ盛りにした韓国式
かき氷。大きいので数
人でシェアして食べて。

ベリー・ベリー・ピンス
Very Berry Bingsu
ブルーベリー、イ
チゴ、ナッツとベ
リー系のアイスを
のせたピンス。
$17.9 **C**

ゼリー
食べ進めると底の
ほうから、ほろ苦い
けどヘルシーでお
いしい仙草ゼリー
や寒天が出てくる

アイスバー
食べ歩きにぴったりのアイ
スバーは、南国らしいフル
ーツからフォトジェニック
なものまで種類豊富。

Oh,

アイス・カチャン
Ice Kachang
$3

フード・リパブリック (→P.96)
のアイス・カチャンは、ザ・定
番という感じでチャレンジしや
すいです。シロップはイチゴ、
メロン、グラメラカ (ヤシ砂糖)
の3種類。(編集K)

マーライオン・ポプシクル
Merlion Popsicle
食べるのがもったいない、マーライ
オンをかたどったアイスキャンデ
ィ。ストロベリー味。$8.9 **E**

A スノーアイスの有名店はココ

味香園 Mei Heong Yuen

Map 別冊P.23-C1
チャイナタウン中心部

オーナーが香港で食べ
歩きをして味の研究を
したという中国系ス
イーツ (→ P.108〜
109) と、台湾発のス
ノーアイスが大人気。国
内に支店多数。

🏠63-67 Temple St.
☎6221-1156 ⏰12:00〜21:30
🚫月曜 (祝日の場合は翌日)、旧正月3日間
💳Card可 🚇MRTチャイナタウン駅から徒歩
約3分 🔗www.meiheongyuendessert.
com.sg

B ていねいに作る自然派アイス

バーズ・オブ・パラダイス
Birds of Paradise

Map 別冊P.24-A3 カトン

元エンジニアのシンガ
ポール男子が開いた、
おしゃれなジェラートブ
ティック。スパイスや
ハーブを使った約15種
類のボタニカルジェ
ラートが揃う。

🏠63 East Coast Rd., #01-05
☎9678-6092 ⏰12:00〜22:00
🚫月曜 💳Card可 🚇中心部から
タクシーで約20分 🔗birdsof
paradise.sg 🏠ビーチ・ロード店
Map 別冊P.22-B2

C 韓国発の
新感覚アイス

オンマ・スプーン
O'ma Spoon

サラサラの口溶けのフ
レッシュミルクのかき氷
に果物やアイスクリー
ム、きな粉などをトッ
ピングしたパフェ感覚の
スイーツが大人気。

かき氷にコーン!?と最初はびっくりしたけれど、食べると意外にしっくり! アイス・カチャンはおすすめです。(福井県・スイーツ好き)

'Cool!

チェンドル・スノーアイス
Chendol Snow Ice
スノーアイスにアズキ、カメゼリー、寒天、バームシュガーをかけた贅沢版チェンドル。$7.5 A

スノーアイス
口に入れるとふわっと溶けるパウダースノーのような新食感が、大人気の台湾スイーツ。専門店で$6.5〜7.5くらい。

マンゴー＆ストロベリー・スノーアイス
Mango & Strawberry Snow Ice
$7.5 A

ふたつの味が味わえるお得なスノーアイス。トッピングのボール状のゼリーは中から果汁がはじけ出ておいしい。
（編集S）

チョコレート・スノーアイス
Chocolate Snow Ice
チョコレートの甘い氷にバナナをトッピングした鉄板コンビ。$6.5 A

マンゴー・スノーアイス
Mango Snow Ice
マンゴー味のふんわりとした氷に、マンゴーの角切りとマンゴーソースをオン。$6.5 A

約20cm

スノーアイス
ふんわりした新食感の氷に感動。口の中でミルクの風味が広がる

フルーツ
新鮮なフルーツもトッピング！スノーアイスの味をさらに引き立てる

ゼリー
プチプチ食感で、つぶすと甘酸っぱいマンゴー＆イチゴ果汁が出てくる

ローカルフレーバーのジェラート
東南アジア料理に使用されるスパイスや南国フルーツ、香り高いハーブなど、多様なフレーバーのアイスがここ数年、続々登場。

ストロベリー・バジル
Strawberry Basil
B $5

ストロベリーの甘さのあとにスッキリとしたバジルの風味がやってくる、新感覚の大人のジェラートです。「ジュエル」にも店舗があります。
（コーディネーターF）

アフォガート
Affogatos
バニラアイスにハチミツとピンクソルトをかけたアフォガート。エスプレッソやオリーブオイルも選べる。$10 D

スパイスド・ペア
Spiced Pear
シナモンとスターアニスで香り付けしたナシのジェラート。店頭で焼き上げるコーンはタイの葉入りで香ばしい。$6 B

マンゴーパッションフルーツ＆ヨーグルト
Mango Passion Fruits & Yogurt
素材の味が濃厚なジェラートは2種選んで$9

mylo's

BIRDS OF PARADISE

Map 別冊P.16-A2
オーチャード・ロード（東部）

⌂ 313 Orchard Rd., #04-20/32 313 @ Somerset
☎ 6333-0995
🕐 11:00〜22:30（金・土曜〜23:00）🈺無休
Card不可 🚇MRTサマセット駅から徒歩3分

D 季節のジェラートが20種類以上揃う
マイロズ Mylo's

Map 別冊P.13-C2
マリーナ・ベイ周辺

ガーデンズ・バイ・ザ・ベイ内に2021年にオープンしたジェラートカフェ。ジェラートのほかケーキやペストリーもある。

⌂ 18 Marina Gardens Drv., #01-01 ☎ 6970-8553 🕐 8:00〜20:00（金・土曜〜22:00）🈺月曜 Card A.J.M.V. 🚇MRTベイフロント駅から徒歩8分

E マーライオンアイスはここでゲット
ビストロ・アセアナ Bistro Aseana

Map 別冊P.12-A2
マリーナ・ベイ周辺

各国料理のビストロで、マーライオンをかたどったアイスキャンディを販売している。ドリアン味など変わり種も。

⌂ 1 Fullerton Rd. #01-11 One Fullerton ☎ 9018-0082 🕐 11:00〜23:00 🈺無休 Card M.V. 🚇MRTラッフルズ・プレイス駅から徒歩10分

「味香園」はシンガポール国内に8店舗ある。ちなみに「味香園」はピーナッツ会社としても有名。

sweeeeets!!
どれも食べたい♥定番スイーツ

中国系

ローカル系

西洋系

VS VS VS

まよっちゃう〜

タウ・スアン
Tau Suan

皮なしの緑豆を煮て片栗粉でとろみをつけた温デザート。油条という揚げパンをのせて

ロンガン・チンチョウ
Longan Chin-Chow

イチオシ

タロイモ入り仙草（漢方ハーブ）ゼリー。苦味はなく、後味さっぱりのヘルシーデザート

ハニー・シー・ココナッツ
Honey Sea Coconuts

ボボ・チャチャ
Bobo Chacha

人気!

レッド・ルビー
Red Ruby

不思議な食感のシー・ココナッツという果実を黒蜜に漬けたものを添えたかき氷

サツマイモやタロイモなどの角切りをココナッツミルクで煮たデザート。冷・温がある

エッグタルト
Egg Tart

Local Sweets

ローカル系

素朴でヘルシーな味わいのローカルスイーツは、ホーカーズ（→P.62〜65）に入っている甘味屋で食べられる。

クワイの実を赤い片栗粉の衣で包んでルビーに見立てた、ココナッツ味のスイーツ

チェントゥン
Cheng Tng

ナツメ、ロンガン、白キクラゲなどの漢方薬材を使ったデザートスープ。体のほてりを取る

人気!

珍しいひし形のエッグタルト（$2.2）。パイ生地の皮と濃厚な卵の味わいがたまらない G

ヘルシー

花生湯
Peanuts Soup

豆乳タルト
Soyamilk Tart

芋泥
Yam Paste

黒ゴマ、アズキ、ヤムイモなどの餡入り白玉団子を、コクのあるピーナッツ・スープに浮かべたもの

あっさりめの豆乳タルト。ほどよい甘さでとろけるカスタードが口じゅうに広がる。8個$11 H

ヤムイモのねっとりとした食感と優しい甘さにほっこり。$4.6 B

黒糯米粥
Black Glutinous Rice

仙草加雑果
Grass Jelly with Mix Fruits

楊枝甘露
Mango Pomelo Sago

仙草ゼリーにフルーツのシロップ漬けをトッピング。仙草ゼリーは体を冷やす効果がある。$5.8 D

香港スイーツの定番、マンゴー・ポメロ・サゴ B

ボリュームあり

ココナッツミルク入り黒もち米のお汁粉。結構おなかにたまる。$3.3〜 D

Western Sweets

西洋系

見た目も味も◎な西洋風スイーツがシンガポールを席巻中。午後のお楽しみに、お目当てのカフェへGo！

ティラミス・ヴィエナンコーヒー
Tiramisu, Vienna Dawn Coffee

生磨芝麻糊
Black Sesame Paste

人気!

ストロベリー、ライム、バジルのタルトレット
Strawberry, lime, basil tartlet

ゴマペーストのお汁粉は$3.5。ゴマはヘルシーで髪の毛や目にいいとされる I

甘〜いイチゴを贅沢に使用したタルトレット。$12 J

1910 BACHA COFFEE

グリーンアーモンドの香りが楽しめるヴィエナンコーヒーを使った濃厚なティラミス。$15 J

「ティラミス・ヒーロー」には常時10種類ほどの瓶詰めティラミスがあり、グッズも買えます。（千葉県・りか）

マンゴー・アイスゼリー Mango Ice Jelly

マンゴーアイスにバジルシードをのせ、ライムをかけていただくさっぱりスイーツ

ハニー・デュー・サゴ Honey Dew Sago

かき氷にメロンやタピオカを添えたもの。ココナッツミルク味で食べやすい

Chinese Sweets 中国系

伝統的な薬膳コンセプトのものから、マンゴーたっぷりのアジアン系まで盛りだくさん。甘味専門店などで。

亀苓膏 Gui Ling Gao

カメゼリー。カメの腹甲と漢方薬材を煮込んで作る。解毒作用あり。かなり苦い$7.8～ [F]

順徳双皮奶 Milk Pudding

広東順徳の名物、牛乳プリン。ジンジャーミルクプリンもおすすめ。$3.6 [C]

ヘルシー 冰糖雪耳木瓜 Rock Sugar White Fungus with Papaya

パパイヤ、白キクラゲ、漢方の薬材入り糖水(甘いスープ)。$3.5 [D]

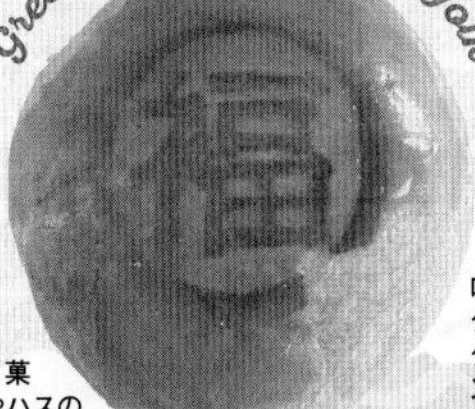

蛋黄豆蓉酥餅 Green Bean Pastry with Yolk

緑豆と卵黄入りの中国菓子。アズキやハスの餡入りもある。$2.5 [G]

バンドン Bandung

ローズシロップとミルクを混ぜて作るピンク色のドリンク「バンドン」風のクリーム入り。$4.5 [E]

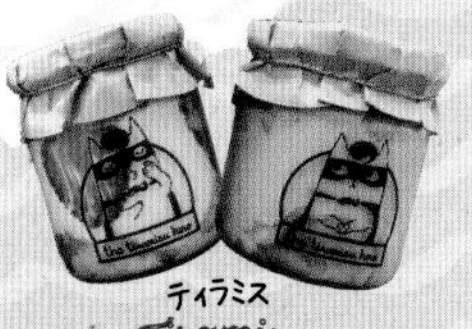

ティラミス Tiramisu

最高級マスカルポーネチーズとイタリア産のビスケットを使用した瓶入りティラミスは種類豊富。$9～ [A]

ホーリック Horlicks

シンガポールでポピュラーな粉末麦芽飲料「ホーリック」風。$4.5 [E]

グラメラカ・パンナコッタ Gula Melaka Panna Cotta

シャリッとした食感のグラメラカ(ヤシ砂糖)、パンナコッタ、サゴの3つの食感が楽しめる。$5 [E]

SHOP LIST

[A] ティラミス・ヒーロー The Tiramisu Hero

Map 別冊P.19-D2 リトル・インディア

🏠121 Tyrwhitt Rd. ☎6292-5271 🕘12:00～21:00(金曜～22:00、土曜10:00～23:00、日曜10:00～) [休]第3水曜 [Card]A.J.M.V. [交]MRTラベンダー駅から徒歩約10分

[B] ティエンワン Tian Wang(甜旺)

Map 別冊P.19-C3 リトル・インディア

🏠145 Jalan Besar ☎なし 🕘17:00～翌2:00(金～翌3:00、土曜15:00～翌3:00、日曜15:00～) [休]月曜、旧正月 [Card]不可 [交]MRTジャラン・ベサール駅から徒歩約2分

[C] 金玉満堂甜品 Jin Yu Man Tang Dessert

Map 別冊P.23-D2 チャイナタウン中心部

🏠291 South Bridge Rd. ☎6223-2665 🕘11:30～22:30 [休]無休 [Card]A.M.V. [交]MRTマックスウェル駅から徒歩約1分

[D] 阿秋甜品 Ah Chew Desserts

Map 別冊P.20-B2 ブギス&アラブ・ストリート

🏠1 Liang Seah St., #01-10/11 ☎6339-8198 🕘12:30～24:00(金曜～翌1:00、土曜13:30～翌1:00、日曜、祝日13:30～) [休]旧正月5日間 [Card]不可 [交]MRTブギス駅から徒歩約5分

[E] フラフ・ベーカリー Fluff Bakery

Map 別冊P.21-C1 ブギス&アラブ・ストリート

🏠795 North Bridge Rd. ☎9144-7729 🕘11:30～19:00(日曜11:00～17:00) [休]無休 [Card]不可 [交]MRTブギス駅から徒歩約10分

[F] 恭和館 Gong He Guan

Map 別冊P.23-D1 チャイナタウン中心部

🏠28 Upper Cross St. ☎6223-0562 🕘10:30～22:30 [休]無休 [Card]不可 [交]MRTチャイナタウン駅から徒歩約4分

[G] 東興→P.135
[H] エル・イー・カフェ→P.134
[I] 味香園→P.106
[J] バシャコーヒー→P.112

ローカル系や中国系のスイーツは、体を温めたり冷やしたりする効用がある薬膳系のものも多い。

多国籍なスタイル シンガポールならでは

英国式のアフタヌーンティー、シンガポールの
アフタヌーンティーなど、多民族国家ならではの特

フランス菓子が盛りだくさん

ブラッセリー・レサヴール
Brasserie Les Saveurs

ティーセットは期間ごとに変わる洗練のセレクション。繊細で美しいスイーツやセイボリーが彩る。キッシュやパイなども付き、満足感たっぷり。

Map 別冊P.14-B2 オーチャード・ロード（西部）

🏠29 Tanglin Rd., Lobby Level The St. Regis Singapore ☎6506-6860 🕐12:00〜14:30、15:00〜17:00（日曜12:30〜15:00、16:00〜18:00）、18:30〜22:30（アフタヌーンティーは月〜土曜15:00〜17:00、日曜16:00〜18:00）🈺無休 **Card**A.D.J.M.V. 💰ひとり＄59〜（土・日曜＄66〜）📅要予約🚇MRTオーチャード・ブルーバード駅から徒歩約5分👔スマートカジュアル（URL）www.marriott.com/ja/hotels/sinxr-the-st-regis-singapore/dining

1. 中庭のプールに面している　2. 天井が高くエレガントな雰囲気
3. ボリュームのある内容　4. ケーキ類は季節の果物を使ったものが多い

憧れのラッフルズ・ホテルで優雅な時間を

グランドロビー　The Grand Lobby

歴史と格調を誇るロビーで供される正統派のアフタヌーンティー。ていねいに手作りされたスイーツやサンドイッチ類と、スマートなサービスがゲストをもてなしてくれる。

気品漂う
空間で特別な
ひとときを

Map 別冊P.9-C1 シティ・ホール＆マリーナ・エリア

🏠1 Beach Rd., Grand Lobby, Raffles Singapore ☎6412-1816 🕐朝食7:00〜10:30、アフタヌーンティー13:00〜17:00（金〜日曜12:00〜18:00）、ディナー18:00〜22:00 🈺無休 **Card**A.D.J.M.V. 💰ひとり＄88 📅要予約🚇MRTシティ・ホール駅、エスプラネード駅から徒歩5分⚓カジュアルシック（URL）www.raffles.com/singapore

1. スイーツは上品な味わい　2. 紅茶またはブレンドコーヒー付き。追加料金でシャンパンを付けることもできる
3. 白亜のコロニアルホテル

上品な甘さで
何個でも
いけちゃう

で楽しむ
のアフタヌーンティー

迷っちゃう！

ローカルスイーツと一緒に楽しむ
別なティータイムが楽しめる4軒はこちら。

ティータイムに使える
ミニ会話

おすすめは何ですか？
What do you recommend?

お茶のお代わりをください。
May I have another cup of tea?

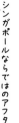

縦書き：シンガポールならではのアフタヌーンティー

シンガポール式

ホテル1階にある人気のビストロ

季節限定のティーセットに注目
マーマレード・パントリー
The Marmalade Pantry

クリスマスやナショナル・デーなど行事や季節に合わせたテーマ性のあるティーセットを創作。コスパもよく、気軽に楽しめるのが魅力。

Map 別冊P.10-B3　チャイナタウン＆シェントン・ウェイ

🏠100 Peck Seah St., #01-01 Oasia Hotel Downtown ☎ 6385-0741 ⏰11:30〜22:30（アフタヌーンティーは15:00〜18:00）休無休 CardA.M.V. 💰2人用$78※時期により変わる 🚇MRTタンジョン・パガー駅から徒歩約2分 URLwww.themarmaladepantry.com.sg

1. 地元人気が高い店。アイオン・オーチャードにも店舗あり　2. 2人用のティーセット　3. ヤムやパンダングラメラカを使ったスイーツも登場

ココナッツクランブルかけナシナモンソフト

ローカル色満載のティーセット
アレー・オン・25
Alley on 25

近隣の歴史エリア「カンポン・グラム」にちなんだティーセットが好評。スパイスやローカル調味料を使った創作スイーツやセイボリーは、ほかでは味わえない斬新なフレーバー。

Map 別冊P.21-C2　ブギス＆アラブ・ストリート

🏠5 Fraser St., Level 25 Andaz Singapore ☎6408-1288 ⏰7:00〜22：30（アフタヌーンティーは15:00〜17:00）休無休 CardA.M.V.※現金不可 💰ひとり$55 ※望ましい 🚇MRTブギス駅から徒歩約3分 URLwww.hyatt.com/en-US/hotel/singapore/andaz-singapore/sinaz

1. ホテルのオールデイダイニング　2. ショップハウスを模した扉付きのスタンドで供される　3. サンバル・プロウンのオープンサンド　4. 中央はスパイシーなビーフ・レンダン・タルト　5. リンゴ入りサフランのパンナコッタ

シンガポール式

その日の気分で選ぼう！ 旬の注目カフェはココ

海外初出店を果たした話題のカフェからコーヒーにこだわったレトロカフェまで、
バラエティに富んだ個性派カフェを厳選。こだわりのカフェでほっとひと息つきましょ。

コーヒーの
アロマが香る

Bacha Coffee
バシャコーヒー

1. ラズベリーやカヤ
ジャムなどのフィリン
グ入りクロワッサン2
個$8 2. コーヒーは1
ポット$11〜 3. スパ
イスたっぷりのチキン
クスクス$32

モロッコの伝説のコーヒールームが海外
初出店。宮殿をイメージした気品漂う空
間で、アラビカ種100%の高品質のコー
ヒーとともにモロッコ伝統料理、ケーキ
やペストリーが楽しめる。

Map 別冊P.15-C2 オーチャード・ロード（西部）

🏠 2 Orchard Turn, #01-15/16 ION Orchard
☎ 6363-1910 🕘 9:30〜22:00（L.O.21:30）
🈺 無休 Card A.J.M.V. 🚇 MRTオーチャード駅から
徒歩約3分 URL bachacoffee.com

The Hainan Story
ハイナン・ストーリー（海南寶）

チキンライスやカリー
ライスといった中国の
海南料理を中心に、
西洋料理やスイーツ
までメニュー数は100
超。遊び心のある
インテリア、リーズナブ
ルな価格、営業時間
の長さが魅力。

Map 別冊P.21-C1
ブギス&アラブ・ストリート

🏠 500 Jalan Sultan,
#01-09 Hotel Boss
☎ 6291-1969
🕘 8:00〜翌2:00
🈺 無休 Card A.J.M.V.
🚇 MRTジャラン・ベサール駅、
ラベンダー駅、ニコル・ハイウェ
イ駅から徒歩10〜12分
URL www.thehainanstory.com

3

映え写真
スポットも

海南寶

1. ハイティ
ースペシャ
ル $37.9
2. チャイ
ニーズ・オ
ペラのス
テージを
アート化したオブジェがある 3. 新聞紙を模したペー
パーを皿替わりにしたハイナニーズ・カリーライス
$10.8 4. メニューは新聞スタイル 5. コピは$1.9〜

✉ 「バシャコーヒー」のテイクアウト用のコーヒー（$8）もおすすめ。バニラビーンズ入りのシャンティクリーム付きでカップもおしゃれ。(埼玉県・匿名希望)

1

2

天井にうちわ状のファンが

プレミアムな「コピ」を味わう
Singapore Coffee
シンガポールコーヒー

ラッフルズ・ホテル1階に誕生したモダンコロニアル調のカフェ。ブレンドやローストにこだわった風味豊かなコピ（ローカルコーヒー）はぜひ試したい。

Map 別冊P.9-C1 シティ・ホール＆マリーナ・エリア

🏠 328 North Bridge Rd., #01-13 Raffles Singapore Arcade ☎8878-7093 🕘9:00～18:00 🈺無休 **Card** A.D.J.M.V. 🚇MRTシティ・ホール駅、エスプラネード駅から徒歩約5分 **URL** www.singaporecoffee.sg

3

1. ハム＆エッグクロワッサン$20 2. コピ（$9～）やケーキはバリエ豊富 3. コピは独特のポットを使って入れる

旬の注目カフェはココ

とことんコーヒーにこだわる
Chye Seng Huat Hardware
チャイセンファット・ハードウエア（再成發五金）

コーヒーのいい香り～

1

2

豆本来の味わいを楽しむサードウエイブコーヒーを国内でいち早く広めたのがココ。自家焙煎したシングルオリジンの豆は1杯ずつハンドドリップしてくれる（$8）。

Map 別冊P.19-D2 リトル・インディア

🏠 150 Tyrwhitt Rd. ☎6299-4321 🕘8:30～22:00（L.O.21:30）🈺旧正月 **Card** A.M.V. 🚇MRTラベンダー駅から徒歩約10分 **URL** cshhcoffee.com

1. カフェごはんも豊富。下はビーフリブのシチュー 2. ハンドドリップしたコーヒーはフルーティ 3. 瓶入りの水出しコーヒー（$7.5～）やコーヒーチェリーティーもある

食通が集うグルメスポット
The Providore
プロビドール

ビルの地下1階の広大なエリアに、ショップ、デリ、ワインルームやチーズ専用ルーム、ベーカリー、カフェを展開。各エリアをのぞいたあとは、カフェのとっておきメニューに舌鼓。

Map 別冊P.11-C3 チャイナタウン＆シェントン・ウェイ

🏠 6A Shenton Way, #B1-07 Downtown Gallery ☎6431-7600 🕘8:00～22:30（土曜、祝日9:00～21:00、日曜9:00～18:00）🈺1/1、旧正月 **Card** A.D.J.M.V. 🚇MRTタンジョン・パガー駅から徒歩約5分 **URL** theprovidore.com

1. ディープベリーのフレッシュフルーツ・スムージー$9.5 2. パイナップルのコールドプレスジュース$8.5

ハチミツは自社製品

3 4
5 6

3. エッグベネディクト$19.5 4. オーガニックヨーグルトと果物たっぷりのフレッシュフルーツ・サラダ$13.5 5. ケーキも本格的 6. ウッドブリッジ・スモークサーモン$19.5

「ハイナン・ストーリー」はジュエル・チャンギ・エアポート内（→P.43）にもあり、帰国前に利用できる。 **113**

CHIN MEE CHIN Confectionery

SIGNATURE KAYA ☆

人気コレクション☆

シンガポールはこだわりの
ブーランジェリーが続々登場
南国の昼下がりにぴったりのお

人チオシ！
クリームホーン
Cream Horn
ふんわり滑らかでコクの
あるクリームがたっぷり。
$2.2

レトロな
コピティアム
Chin Mee Chin Confectionery
チン・ミー・チン・
コンフェクショナリー

1925年創業のコピティアム（コー
ヒーショップ）がリニューアル
オープン。昔ながらのレトロな店
内で伝統のカヤトーストやペスト
リーをホーロー皿でカフェ風に
提供。行列必至の人気店。

Map 別冊P.24-B3 カトン

🏠 204 East Coast Rd. 📞なし
🕐 8:00～16:00
🗓 月曜、旧正月
Card M.V.
🚇 中心部からタク
シーで約20分
URL www.chin
meechin.sg

1. カヤジャムも販売 2. 人気の
チョコレートカップケーキ$2
（右）とクリームホーン 3.カヤ
トースト（$2.4）が看板メニュー
4,5. 創業時を彷彿させる店内は
写真映え満点 6. パンはコピと
ともに

ローカルフレーバーの
ドーナツが種類豊富
City Donut
シティ・ドーナツ

人チオシ！
パンダン・カヤ
Pandan Kaya
パンダンリーフ風味のドーナツ
の中にカヤクリームが
詰まっている。
$2.8

1. ローカルコーヒーのコピのクリー
ム入り「ナンヤン・コーヒー」
2. ヤムイモペースト入りの「ヤム・オー
ニー」 3. イートインスペースを完備

甘さ控えめでふんわり軽い口当
たりのヘルシーなドーナツで一
躍人気店に。地元の伝統スイー
ツの風味を、生地やフィリング
に盛り込んだドーナツに注目。

Map 別冊P.11-C2 チャイナタウン＆
シェントン・ウェイ

🏠 2 McCallum St. 📞6223-1425
🕐 9:00～18:00 🗓日曜
Card A.J.M.V. 🚇 MRTテロック・アヤ駅か
ら徒歩約5分 URL citydonut.oddle.me

個性豊かな甘いパン

ベーカリーやおしゃれな
し、パンブーム真っ盛り。
やつパンにフォーカスオン！

人チオシ！
クロワッサン
Croissant
表面はサクッ、中は
もっちり。バターの
風味豊かでリッチな
味わい。$4

**パリと
ローカルがMIX**

Tiong Bahru Bakery
チョンバル・ベーカリー

フランスの有名パン職人ゴント
ラン・シェリエ氏がプロデュース
したベーカリー＆カフェ。ガラス
ケースからパン、サンドイッチ、
デザートを選び、その後レジでド
リンク（$5.2〜）を注文する。

Map 別冊P.22-B3 チョンバル

⌂56 Eng Hoon St., #01-70
☎6220-3430 ⌚7:30〜20:00
休旧正月 CardA.M.V.
交MRTチョンバル駅から徒歩約10分
URLwww.tiongbahrubakery.com

1. 両面プリントのオ
リジナルトートバッ
グ（$19.9）も販売。
中央のポケットには
フランスパンが入る
仕様 2. レモンタル
ト$8.1 3. チョンバ
ル独特のHDB（公団
住宅）を利用した店
で、屋外席もある
4. パンは$4〜、サン
ドイッチは$11〜

テイクアウトも
OKです

APPLE
KOUIGN AMANN
☆ $5.9

KOUIGN AMANN

GREEN
CROS...
$4

**香港の
名物パン**

Champion Bolo Bun
チャンピオン・
ボーローバン

香港でおなじみの「ボーロー
バン」は、パン生地の上にクッ
キー生地をかぶせて焼いたふ
んわりサクサクのパン。ここは
15分ごとに焼きたてを販売。

Map 別冊P.10-B3 チャイナタウン＆
シェントン・ウェイ

⌂92 Tanjong Pagar Rd.
休なし
⌚11:00〜19:00（土・日曜8:30〜）
休水曜 CardA.M.V. 交MRTタンジョ
ン・パガー駅から徒歩約6分
URLchampionbolobun.com

1. 世界初の「ボーローバン」のコン
セプトストアをうたう店 2. 2階が
カフェ 3. 手前中央がボーローバン、
右隣はフレンチ・コールド・タ
ルト

人チオシ！
ボーローバンとミルクティー
Bolo Bun & Milk Tea
バターの甘い香りがたま
らないパン（$4.5）と
香り高いミルクティー
（$5.5）

人チオシ！
フロス Floss
エッグクリームをサンド
したコッペパンにフロス
をまぶした総菜パン。
$2.4

**ローカルに
人気のベーカリー**

Bread Talk
ブレッド・トーク

東南アジアで広く展開するシン
ガポール発のベーカリー。
シンガポールの食文化を映し
たユニークなパンが常時約
45種類。

BreadTalk

1. キットカットがのったドーナ
ツ$2 2. マレー料理のイカン
ビリス（干し小魚）入りのアー・
レマ$2.4 3. ココナッツカス
タードとカジャム入りのシン
ガシェイク$2.4 4. 国内に約
40店舗あり、S.C.には必ずと
いっていいほど入っている

Map 別冊P.15-C2 オーチャード・ロード（西部）

⌂2 Orchard Turn, #B4-
08/09 ION Orchard
☎6737-4344 ⌚11:00
〜22:00（土・日曜、祝日、
祝日前日10:00〜） 休無
休 CardM.V. 交MRTオ
ーチャード駅から徒歩約3分
URLwww.breadtalk.com.
sg

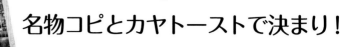

名物コピとカヤトーストで決まり！

コピティアムとは街角のご近所さん御用達の喫茶店。朝ごはんに
ローカル度満点の店の利用法と、

メニューの
謎を解決！
コピティアムの
飲み物リスト

コピより
あっさり
していて甘さも
控えめ

コピ
Kopi

砂糖・練乳入り
ホットコーヒー

コピ・オー
Kopi O

砂糖のみ入ったホット
コーヒー（ミルクなし）

※コピ・オー・コソン
Kopi O Kosong：ホッ
トのブラックコーヒー
（砂糖・ミルクなし）

コピ・シー
Kopi C

砂糖とエバミルク入りホット
コーヒー（練乳でないのがミソ）

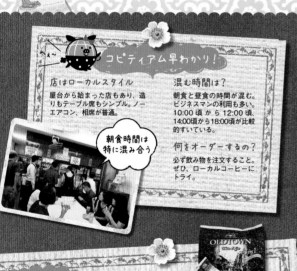

へぇ〜

コピティアム早わかり！

店はローカルスタイル

屋台から始まった店もあり、造
りもテーブル席もシンプル。ノー
エアコン、相席が普通。

朝食時間は
特に混み合う

混む時間は？

朝食と昼食の時間が混む。
ビジネスマンの利用も多い。
10:00頃から12:00頃、
14:00頃から18:00頃が比較
的すいている。

何をオーダーするの？

必ず飲み物を注文すること。
ぜひ、ローカルコーヒーに
トライ。

コーヒーの入れ方

じょうろのような形のふたつ
のポットを使う

1 小さいほうのポットにコーヒー
粉を入れ、湯を注ぎ抽出。

2 茶こし付きの細長いほうの
ポットに移して濾す。

3 細長いポットから練乳を入れた
コーヒーカップに注ぐ。

次々コーヒー
の注文が入り、
大忙し

Coffeeの知識

コーヒーのこだわり

ローカルのコーヒーは南洋
珈琲とも呼ばれる特殊なも
の種。豆の種類はおもにマレー
シアやインドネシア産のロ
ブスタ種。これをマーガリ
ンと砂糖を混ぜながら煎る
ため、黒光りしている。苦味
は、色の濃さのわりに苦味
は少ない。コピティアムの
定番はかわいいグリーンの
絵柄が入った分厚いカップ。

スプーン
じゃなくて
レンゲ付き

流行りのホワイトコーヒー

最近見かける「ホワイトコー
ヒー」というのは、マレーシアの
イポー名産のコーヒー。マーガ
リンを加えずに煎るので比較的
白っぽい仕上がりになるためつ
いた名前だ（ミルク入りだから
ではない）。チェーン店の「Old
Town White Coffee」が増加中。

116 アイスのブラックコーヒーの頼み方は「コピ・オー・コソン・ペン」。（東京都・K）

コピティアムでローカル流お茶時間

おやつにおしゃべりにと、暮らしに密着した庶民の憩いの場だ。
多彩なドリンクメニューを一挙にご紹介。

コピティアムってなに？

コピティアムとは珈琲店の福建語読みで、英語ではコーヒーショップ。植民地時代に広まり、海南人たちがおもに携わった商売だ。本来のコピティアムはオーナーが飲み物を売り、空いたスペースを食べ物のテナントに貸すというスタイルで、ローカルなエリアに多い。ここでは伝統的なコーヒーやカヤトーストの作り方を守る名店をピックアップ。

テー
Teh

砂糖・練乳入りホットの紅茶

テー・オー
Teh O

ホットの紅茶で砂糖のみ入っている

マイロ
Milo

ミロ。ココア風味の麦芽飲料（ホット）。
※マイロ・ペンMilo Peng：アイスミロ

コピ・ペン
Kopi Peng

砂糖・練乳入り
アイスコーヒー

※砂糖を少なめにしてほしいときは最後に「Siew Tai シュータイ」をつければよい（例：コピ・ペン・シュータイ＝アイスコーヒー、練乳＆砂糖入り、砂糖少なめ）

コピティアムでローカル流お茶時間

カヤトーストはマストトライ

コピティアムはドリンク専門だが、カヤトーストと温泉卵はある。トーストは薄くカリカリに炭火で焼くのが本式、そこにマーガリンとカヤジャムを挟んでカヤトーストの完成。温泉卵は醤油をかけてスプーンで食べる。

カヤジャムとは？

卵とココナッツミルクがベースのジャム。グリーンと茶色の2種類があり、グリーンはニョニャ式のカヤで、パンダンリーフで色付けしてある。茶色は海南式のカヤでカラメライズした砂糖を加えており、ニョニャ式よりもやや甘め。

最強の朝食セット
カヤトースト＆温泉卵＆コピ

カヤトーストセット$4.8

50年以上トーストを作ってるよ

グリーンのカヤジャム

カヤトースト食べに来ました

2大有名コピティアム

イラスト画がおもしろい！

炭火でトーストする
ヤクン・カヤトースト
Ya Kun Kaya Toast（亞坤）

1944年創業。国内外に多数の支店をもつが、パンを炭火で焼いて香ばしさを出しているのは本店のみ。カヤジャムはとてもクリーミー。

Map 別冊P.11-C1 チャイナタウン＆シェントン・ウェイ

🏠 18 China St.、#01-01 Far East Square
📞6438-3638　🕐7：30～16：30（土・日曜～15：00）　旧正月　Card J.M.V.　不要
MRTテロック・アヤ駅から徒歩約3分
URL www.yakun.com

1. コーヒーやカヤトーストの作り方を描いたイラスト画　2. カヤジャム付きフレンチトースト$2.6　3. カヤジャム2個セット$8.1　4. 屋内のほか、屋外にも席がある

ジャムがたっぷり！

本店で待ってます

伝統と手作りにこだわる
キリニー・コピティアム
Killiney Kopitiam

1919年開業の伝統的なスタイルの店。店の厨房で作られるカヤジャムは、濃厚で甘い昔ながらの味。バターもたっぷり入っている。

Map 別冊P.16-B3 オーチャード・ロード（東部）

🏠 67 Killiney Rd.
📞6734-9648、6734-3910
🕐6：00～18：00　旧正月3～5日間
Card 不可　不要
MRTサマセット駅から徒歩約7分
URL www.killiney-kopitiam.com

1. カヤジャムを挟んだフランスパン（$2.6）もおいしい　2. カヤトーストは1枚$2.2　3. カヤジャム（$5）は、着色料は一切使用してない。開封後は冷蔵庫で保存し、早めに食べ切ろう

コピ・オーの「オー」は福建語で「カラス＝ブラック」を意味する。コピ・シーの「シー」はエバミルクの有名メーカー「カーネーション」の頭文字Cから。

117

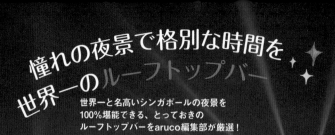

憧れの夜景で格別な時間を
世界一のルーフトップバー

世界一と名高いシンガポールの夜景を
100%堪能できる、とっておきの
ルーフトップバーをaruco編集部が厳選！

The world's best rooftop bars

マリーナベイ・サンズが目の前に

Lantern
ランタン

以前国際航路が発着していたクリフォード桟橋の歴史建築を利用した、ラグジュアリーホテルのルーフトップバー。かつて桟橋を照らした赤いランタンが名前の由来で、バーの円形カウンターもランタンをイメージしているそう。緑豊かな落ち着いた雰囲気のなか、マリーナ・ベイのきらめく夜景を楽しもう。

Map 別冊P.12-A2　マリーナ・ベイ周辺

♠80 Collyer Quay, Rooftop The Fullerton Bay
Hotel Singapore　☎3129-8229　●17:00～
24:00（金・土曜、祝日前日～翌1:00）　困無休
Card A.D.J.M.V.　◎MRTラッフルズ・プレイス駅
から徒歩約5分　◎ビーチサンダルでは入店不可

サンズのショーが真正面に　　水～土曜
はDJプレイあり　　　　レッド・ランタン（左、
$25）はスイカのカクテル　手前はトリュフフライを添えたロブスターロール（$42）、
奥はミニ和牛ビーフスライダー（$30）

1
2
3
4

『ランタン』の南国果実を使ったオリジナルカクテルは写真映えもバッチリ！（東京都・マキ）

アートなカクテルに酔いしれる
Smoke & Mirrors
スモーク&ミラーズ

サンズなどの奇抜な建築群、金融街の高層ビル群、歴史的なコロニアル建築群が交ざりあう、シンガポールならではの夜景を堪能しながら、ストーリー性のあるカクテルを。

[Map] 別冊P.8-B2 シティ・ホール&マリーナ・エリア

🏠1 St. Andrew's Rd., #06-01 National Gallery Singapore ☎9380-6313 🕘18:00〜24:00（木〜土曜は〜翌1:00、日曜17:00〜）※19:00以降は18歳以上の年齢制限あり [休]無休 [Card]A.D.J.M.V. [交]MRTシティ・ホール駅から徒歩約5分 ビーチサンダルでは入店不可 [URL]www.smokeandmirrors.com.sg

1

2

3

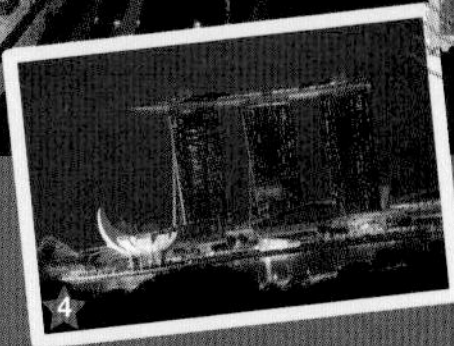
4

1 バーテンダーがカクテルの説明をしてくれる 2 開放感たっぷり 3 カクテルメニューは定期的に変わり、月替わりのスペシャルカクテルも登場（$25〜） 4 正面にサンズが見える

サンセットタイムもおすすめ
Mr. Stork
ミスター・ストーク

アンダーズ・シンガポール・ホテルのルーフトップバーは、「ストーク（コウノトリ）がすむ楽園」がコンセプト。緑をふんだんに配し開放感いっぱい。

[Map] 別冊P.21-C2 ブギス&アラブ・ストリート

🏠5 Fraser St., Level 39, Andaz Singapore ☎9008-7707 🕘17:00〜24:00（金曜、祝日前日〜翌1:00、土曜15:00〜翌1:00、日曜15:00〜24:00） [休]無休 [Card]A.J.M.V.※現金不可 [交]MRTブギス駅から徒歩約3分

1

2

3

4

1 アラブ・ストリート界隈やマリーナ・エリアを見渡せる 2 ガーデンテラスにコウノトリの巣に見立てたティピーハットが点在 3 独創的なカクテルも人気 4 チリ・ロブスター・クラブ・バオ（手前、$39）とブラックアンガスビーフ・スライダー（$25）

クラフトビール×絶景バー
Level 33
レベル33

マリーナ・ベイを一望できるロケーションもさることながら、店内で造られる6種類の自家製ビール（300mℓ／$9.9〜）とモダンヨーロピアン料理も絶品。

[Map] 別冊P.12-A3 マリーナ・ベイ周辺

🏠8 Marina Blvd., #33-01 Marina Bay Financial Centre, Tower 1 ☎6834-3133 🕘12:00〜24:00 [休]無休 [Card]A.D.J.M.V. [予]屋外席は望ましい [交]MRTダウンタウン駅から徒歩約3分 [URL]www.level33.com.sg

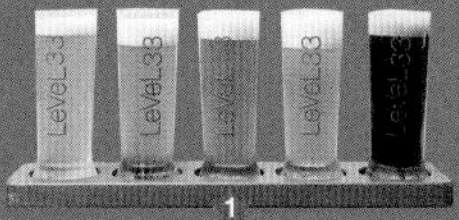

1

2

3

4

1 10mℓのグラスビールが5種類付くテイスティング・パドル$23.9 2 手前は鴨肉のコンフィ（$39）、後方右はシーバスとビアモルツのリゾット$36 3 お昼からビールを楽しめる 4 マリーナ・ベイを一望できるテラス席がおすすめ

「ミスター・ストーク」では、アンダーズとシンガポールのクラフトビールの会社がコラボしたエールやピルスナーも飲める。

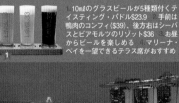

ストリートに並ぶ 南国フルーツ

中身

フルーツは どこで食べられるの？

東部ゲイラン地区のシムズ・アベニューSims Ave.沿い **Map 別冊P.3-C2** に250〜300mにわたって果物屋が並ぶ一画が通称「ドリアン・ストリート」。深夜まで営業しており、試食もOK。

パイナップル Pinapple
マレーシアやインドネシア産が多い

マンゴスチン Mangostin
白い実はジューシーで甘酸っぱく上品な味

ドゥクー Duku
外皮の下には半透明の白い実が。ほんのりとした甘味がある。8〜9月が旬

パッションフルーツ Passion Fruit
丸い球状の果実。甘酸っぱいゼリー状の実と果汁をスプーンで食べる

チェンペダック Cempedak
ドリアンよりも強烈な匂い。実はしっかりした食感で甘い

マンゴー Mango
時期によって各国産が出回る。写真はタイ産

ドリアン・ストリートで 季節の絶品 フルーツを 丸かじり！

ランブータン Rambutan
毛むくじゃらの皮をむくと、甘くて弾力のある白い実が入っている。6月と12月が旬

ロンガン Rongan
ライチに似た実は甘くてジューシー

1年中トロピカルフルーツが食べられる果物天国シンガポールで、新鮮なフルーツをぱくり♪ドリアンにもトライしてみる！？

パパイヤ Papaya
1年中あり、大ぶりなマレーシア産が多い

白い果肉のもの

ドラゴンフルーツ Dragon Fruit
ショッキングピンクの皮の中は白い果肉にゴマのようなツブツブがあり、あっさりとした甘さとほのかな酸味

赤い果肉のもの

ドリアン Durian
強烈な匂いとねっとり濃厚な味わいが特徴。上質なものはほどよい甘さでクリームのようになめらか

ポメロ Pomelo
ヘビー級の柑橘類。水分が少なくボソボソしているが、ほどよい甘味

果物の王様、 ドリアンに トライ！

シンガポーリアン絶賛の極上ドリアンについて予習したら、いざ実食！

Point1 狙うはマレーシア産の最高級「マウンテンキャット（猫山皇）」。1kg $15〜。

Point2 ベストシーズンは6〜8月、12〜1月。この時期以外はタイ産が並ぶ。

Point3 その場でカットしてもらいかぶりつこう。食後は併設の水道で手と口を洗う。

Point4 ドリアンは高カロリーで血糖値が上がりやすいので、食前後の飲酒はNG。

Point5 MRTやバスなどの公共機関へはドリアンの持ち込み禁止！

規模の大きな果物店

旺徳福
Excellence Fruit Pte.Ltd.

ドリアンの種類が豊富で、そのほかの果物も品揃えがよい。

Map 別冊P.3-C2 シンガポール全図

🏠147 Sims Ave. ☎6842-9011
🕐8:00〜18:00（日曜9:00〜13:00）休無休
Card V. 🚕中心部からタクシーで約20分

かわいい！が
止まらない

胸キュン雑貨がざっくざく
シンガポールで
ショッピングクルーズ

シンガポールでお買い物＝マーライオングッズだけなんて思ってない？
パステルカラーのプラナカン陶器に、オリジナルのデザイン雑貨、
ローカルフードが並ぶスーパーや巨大S.C.の数々は、
女子のショッピングモードを全開にしちゃいます！
もちろん定番おみやげもキュートに進化中♥

SHOPPING

プラナカンが生んだ
珠玉のアイテムにひとめ惚れ

「プラナカン」（→P.38）は女性美を際立たせるおしゃれグッズの宝庫。
カラフルで繊細、そのうえキュートなアイテムにもうメロメロ。

ビーズは直径
1ミリ程度！

B ビーズ刺繍×レザーのUSBケース
（$38）、名刺ケース（$68）、パス
ポートケース（$98）

Beads item
ビーズ刺繍アイテム

ニョニャの手仕事のなかでも
特に重視されたのが刺繍。
ビーズ刺繍は19世紀頃から流行し、
裕福なニョニャたちはヨーロッパ産の極小ビーズを
輸入して精密な刺繍の製作に
励んだ。モチーフには中国伝統の
模様だけでなく、西洋のおとぎ話や
クリスマスカードなどから
ハイカラな絵柄が好まれた。

$235
細かいビーズ
刺繍の大輪の
バラが美しい
サンダル
B

$238
小鳥がかわい
いサンダル。
ビーズの粒が
大きめのもの
は比較的安い
B

オーダーも
できるよ

$280
金魚は中国の
縁起モチーフ。
蓄財につなが
るとされ、ニョ
ニャ刺繍にも
よく登場する
A

$360
ビーズ刺繍の
サンダルは
ニョニャ家庭
で何世代にも
わたって受け
継がれるのだ
という
A

Check Point
ビーズの大きさを
チェック。より小
さいほうが美しく
高価。サンダルは
オープントゥのも
のもあり、こちら
はややカジュアル

アンティークのアクセサ
リー。正装するときに着
用する

C

ジャケット
代わりにも

カジュアルな
ストライプ＆
チェックのク
バヤ。小花柄
がキュート

Kebaya
クバヤ

クバヤはオランダ統治下のジャワ島で
始まったとされる、ボタンのない
ブラウスのような民族衣装。
それが当地に渡り、よりセクシーな
カッティング、豪華な刺繍が加わって
ニョニャ・クバヤに発展した。

美しい蝶や花の刺
繍が際立つクバヤ$168。合わせ
たサロンは$68
B

Check Point
刺繍の裏側もチェッ
ク。上等なものは裏
面と表面の両面刺繍
になっている。

$200
50年以上前のクバ
ヤ。今はないロビア
という英国製の生
地を使用
C

お店によってプラナカン陶器の色合いが微妙に違うので、数軒見てから購入するのをおすすめします。（京都府・めっつ）

$28
カムチェンと呼ばれる。アクセサリーやキャンディ入れに

各$4~5.5
おみやげに人気の陶器のスプーンは小サイズと中サイズがある

Check Point
色使いをチェック。きれいなパステルカラーの組み合わせの器がおすすめ。アンティークのものは薄くて軽く、彩りもすばらしい。

陶器のモチーフは鳳凰と牡丹(富と繁栄を表す)が好まれた。これは60〜80年ほど前の絵皿 **C**

$95
魚の形のプレートは額に入れてインテリアとして使うのもよさそう **A**

Pottery
陶器

中国景徳鎮でプラナカンのためだけに焼かれていた器で、ニョニャウエアと呼ばれる。色鮮やかなファミーユローズという絵付けが特徴。鳳凰と牡丹のモチーフが多く、ピンクとエメラルドグリーンの組み合わせがプラナカンカラーと呼ばれる。

およそ120〜200年前の清代のニョニャ陶器 **C**

プラナカンが生んだ珠玉のアイテムにひとめ惚れ

鳳凰と牡丹がモチーフのお皿はカラーバリエーション豊富。$18〜38 **B**

各$78
ソープやシャンプー用のディスペンサー **B**

$190
ポット、湯飲み4つ、プレート付きのティーセット

$48
鳳凰の絵柄の蓋付きマグカップ。持ち手にティースプーンをかけられる **B**

A ビーズや刺繍ものが見事
ルマー・ビビ
Rumah Bebe

プラナカンの女性が営む、センスのよいショップ。プラナカングッズの品揃えがよい。プラナカン料理のレストランを兼業。

Map 別冊P.24-B3 カトン

🏠 113 East Coast Rd. ☎6247-8781
🕐9:30〜18:30(レストラン11:30〜15:00)※インハウス・ツアー(→P.40)は木・金曜。⊗月〜水曜
Card A.J.M.V. 📍中心部からタクシーで約20分

B 1945年創業の老舗
キム・チュー・クエ・チャン
Kim Choo Kueh Chang(金珠肉粽)

ニョニャ菓子の販売店&衣類や雑貨のショップ。2階にはアンティーク家具が展示され博物館のよう。

Map 別冊P.24-A3 カトン

🏠 109A/111 East Coast Rd. ☎6741-2125
🕐11:00〜21:00 ⊗旧正月1日 **Card** J.M.V.
📍中心部からタクシーで約20分
🌐www.kimchoo.com

C お宝がザクザク
グアン・アンティーク
Guan Antique(源古物店)

英国統治時代の品やプラナカンアンティークが揃っている骨董品店。珍しいプラナカンアイテムを探すならココ。

Map 別冊P.4-B3 シンガポール中心部

🏠 31 Kampong Bahru Rd. ☎6226-2281
🕐11:00〜19:00(日曜、祝日14:00〜)
⊗旧正月 **Card** 不可 🚇MRT
アウトラム・パーク駅から徒歩約10分

各$15 **D**

右はバスの切符、左はシンガポール国立博物館のシンボルをデザインしたマグカップ

シンプルで高級感のあるマーライオンキーチェーン

各$10 **D**

昔のテイクアウト用のコピ&テ・タリ（左）、カヤトースト&コピ（右）を模したピアス

各$15.9 **B**

各$6 **G**

アタという植物で編んだコースター2枚セット。マーライオン刺繍のケース入り

定番から最新
シンガポールの

絶対外せないマー
進化し続けるデ
シンガポールの最旬

各$9 **D**

シンガポール国立博物館のドームやステンドグラスをパターンデザインしたノート

$17.9 **B**

昔懐かしいキャンディ「ホワイト・ラビット」をかたどったドアマット

オオハシ（鳥）とトロピカルな植物のデザインが南国チックな傘

$25 **F**

各$5.9 **B**

マーライオンがデザインされたパスポート風ノート

その場が華やぐプラナカンタイル柄のプレート。用途は工夫次第

各$9.9 **A**

A 世界中の雑貨やインテリアが揃う
ヒュッゲ Hygge

デンマーク語で「居心地のよい空間」を意味する店名どおり、あたたかみのある雑貨やアクセサリー、ウエアなどをセレクト。シンガポールのデザイン雑貨もある。

Map 別冊P.21-C2 ブギス&アラブ・ストリート

🏠672 North Bridge Rd. ☎8163-1893 🕐11:30～18:30（月・火曜～17:00）🈺日曜、不定休 Card A.J.M.V. 🚇MRTブギス駅から徒歩約7分

B シンガポール愛が詰まった雑貨
ウェン・アイ・ワズ・フォー wheniwasfour（小肘候）

シンガポーリアンの女性3人が立ち上げたブランド。文化や食にスポットを当て、かわいらしくデザインしたアイテムはおみやげの定番。

Map 別冊P.9-C1 シティ・ホール&マリーナ・エリア

🏠231 Bain St., #04-41 Bras Basah Complex ☎なし 🕐12:00～19:00（土曜12:30～18:30）🈺日曜、祝日、旧正月 Card不可 🚇MRTブラス・バサー駅、シティ・ホール駅から徒歩約8分

🔽 アラブ・ストリート界隈で定番みやげを探すなら、「ヒュッゲ」へ。（東京都・S）

デザイン雑貨まで おみやげ図鑑

ライオングッズも、
ザイン雑貨も。
みやげ集めました。

$6.9 H

コピティアム（コーヒーショップ）の飲み物図鑑のようなノート

LET'S JALAN IN SINGAPORE

$25.9 A

シンガポール名物やアイコンのイラストがぎっしり描かれたトートバッグ

各$12 D

ハウ・パー・ヴィラ（→P.68）の妖怪キーチェーン

$29 E

サステイナブルな原材料で作られたランチボックス。ラブリーなイラストが楽しい

LET'S MAKAN IN SINGAPORE!
LET'S JALAN IN SINGAPORE!

各$25.9 C

ローカルフード（左）やシンガポールのアイコン（右）をちりばめた陶器のボウル

$15.9 B

プラナカン風のタイル柄がかわいい巾着バッグ

$19.9 A

パステルの色調がかわいいプラナカンハウスのメラミンプレート

$84 D

シンガポールのアイコンが描かれた有田焼の絵皿は、毎年絵柄を変えて登場

SINGAPORE EDIT
MAGNET
DESIGNED BY CRAFT ASSEMBL
MADE IN SINGAPORE

$9.9 I

伝統衣装「サロンケバヤ」を着たシンガポール航空のCAさん風のブローチ

シンガポールモチーフ雑貨の宝庫
[C] インディペンデント・マーケット
Independent Market

Independent Market

店はホランド・ロード・ショッピングセンターにあり、おみやげによい雑貨やアーティスト作のグッズなどがところ狭しと並ぶ。

[Map] 別冊P.2-B2 シンガポール全図

🏠211 Holland Ave., #03-01 Holland Road Shopping Centre ☎なし
🕘10:30〜19:00 [休]12/25、旧正月 [Card]A.J.M.V. [交]MRTホランド・ビレッジ駅から徒歩約3分

[D] スーパーママ・ミュージアム・ストア→P.81
[E] ギャラリーストア・バイ・ABRY→P.79
[F] イエニドローズ＆フレンズ→P.165
[G] メリッサ→P.151
[H] イセタン・スコッツ→P.150
[I] ギフト・バイ・チャンギ・エアポート→P.45

「イセタン・スコッツ」（→P.150）は2Fにシンガポールのデザイングッズを集めたコーナーがある。

繊細なガラス細工に胸キュン
世界にひとつの香水を求めて……♥

ムスリム用のノンアルコール香水はお肌にもやさしくて、
おみやげにもおすすめ。お気に入りの香水をグラスとともにお持ち帰り♪

ノンアルコール香水って？

ムスリム用に作られた植物性かつアルコール不使用の香油のこと。アルコールを使用しないため香りが約6時間も持続する。

香水ビン選びのポイント

★値段は小$12、中$15、大$25、特大$40
★サイズは8〜15cmくらいまである
★容量は30〜60mℓ
★すべて一点物なので気に入ったら即ゲットして

人気の香り BEST 5

| | | | | |
|①|②|③|④|⑤|

1位 Nippon Queen フルーティで甘い香り

2位 Galaxy ホワイトフローラルをベースに、スズランやサンダルウッドをミックス。さわやかで芳醇な香り

3位 Moments ベルガモット、ピンクグレープフルーツがベースのシトラス系の香り

4位 Esteem ラベンダー、イランイランなど数種類の花の香油をミックス。女性に人気の香り

5位 Jade ジャスミンとバラをミックスしたフローラルな香り

ムスリム香水の楽しみ方

★首筋や手首に2、3滴付ける
★コットンにひと吹きして玄関やリビングの入口に置いて心地よい空間づくり
★浴槽に数滴たらしてリラックス

どれにしようかな

どんな香りが好きですか？

香油は6mℓ$12、12mℓ$20

ノンアルコール香水専門店
ジャマール・カズラ・アロマティックス
Jamal Kazura Aromatics

中東、ヨーロッパ、インドなどから仕入れるノンアルコール香水と、エッセンシャルオイルを扱う店。200種類以上の香水と美しい香水ビンが揃う。

Map 別冊P.22-B1
サルタン・モスク南側

🏠39 Bussorah St.
☎6295-1948 ⏰9:30〜18:00（金曜9:30〜13:00、14:00〜18:00）🚫ハリ・ラヤ・プアサ、ハリ・ラヤ・ハジの祝日
💳A.M.V. 🚇MRTブギス駅から徒歩約10分
🏠21 Bussorah St.
Map 別冊P.22-B2

✉「ジャマール・カズラ・アロマティックス」はブッソーラ・ストリートに2店舗あります。（千葉県・TM）

キュンとくる香水ビンを選んで♪

ビビッドな色合いの珍しいデザイン。$20

手描きのあたたかみを感じるデザインは $20

すべて一点物!

花柄のトルコ風デザインは $20

美しいグリーンの発色にひとめ惚れ。$20

インテリアとしても使える

世界にひとつの香水を求めて……♥

ガラスのビンはエジプト製だよ

マニアックなワニ形エジプシャン・グラス。$40

パステルカラーのエジプシャン・グラス。$25

シンプルなデザインが売れ筋

馬の香水瓶は躍動感あふれるデザインがすてき。$40

インテリアにもよさそうなランプ形は $15

エジプトのラクダです

上品なマーブル柄は贈り物に◎

人造宝石の蝶をちりばめたゴージャスな香水瓶。$30

大サイズは15cmほどの高さがあり、一輪挿しとして使用してもかわいい。$25

中東らしいラクダ形のエジプシャン・グラス。$20

マーブルカラーのエジプシャン・グラスは高級感あり。$25

動物形のなかでいちばん人気のゾウは $20。容量は 30〜60ml

シンガポール女子御用達
今チェックすべきシンガポールブランド

シンガポール発のファストファッションブランドから
とっておきのオーダー服まで、注目の5ブランドをご紹介。

CHARLES & KEITH
チャールズ & キース

日本でも人気のブランド

季節感のある靴が豊富です

世界中に支店をもつシンガ
ポールのサンダルブランド。
デザイン性が高いのにリーズ
ナブルで、数足まとめ買いす
る旅行者も多いのだとか。

Map 別冊P.15-C2
オーチャード・ロード（西部）
🏠2 Orchard Turn、#B3-58 ION
Orchard ☎6238-1840 ◑10:00
～22:00 ㊡無休 Card A.D.J.M.V.
Ⓜ MRTオーチャード駅から徒歩約2分
URLcharleskeith.com
313・アット・サマセット店（L2）
Map 別冊P.16-A2
ブギス・ジャンクション店（1F）
Map 別冊P.20-B2
チャンギ国際空港店
（ターミナル1、2、3、4）

1. 合わせやすい
デザインのフラッ
トサンダル$46.9
2. ツイード地が
上品なアンクルス
トラップのヒール
サンダル$53.9
3. 子供用の靴や
バッグもあり親
子コーデができる

通勤コーデにぴったり！

ミニマル&高機能ウエア

IN GOOD COMPANY
イングッド・カンパニー

シンプルでミニマルなデザイ
ン、高品質な生地と縫製の美
しさで働く女性の支持を集め
るブランド。アクセサリーや
香水、インテリア小物もある。

Map 別冊P.15-C2
オーチャード・ロード（西部）
🏠2 Orchard Turn、#B1-06 ION
Orchard ☎6509-4786 ◑10:00
～21:30 ㊡無休 Card A.J.M.V.
Ⓜ MRTオー
チャード駅から
徒歩約3分
URLingood
company.
asia

1. 麻素材のワンピースはウエストの
アクセントがおしゃれ 2. ロボット
をイメージしたネックレス$99 3. 主
役級のコットンブラウス$179

THE EDITOR'S MARKET

安くて
着回しの効く
アイテム

エディターズ・マーケット

仕事にも遊びにも使える、シンプルなカジュアルウエアが揃うファストファッションブランド。食器やキッチン用品のコーナーもある。

店内のカフェも要チェック!

1. 店内に併設された「Café Found」はショッピング途中の休憩に◎ 2. カフェではスペシャルティコーヒーと本格的な料理を提供

今チェックすべきシンガポールブランド

Map 別冊P.15-D3
オーチャード・ロード(西部)

🏠391 Orchard Rd., #B1-16~24, Takashimaya S.C. ☎6219-3879 🕐10:00~22:00 ㊡無休 Card M.V. 🚇MRTオーチャード駅から徒歩約5分 URL www.theeditorsmarket.com

PRETTY FIT

女子力
高まる愛され
スタイル

プリティ・フィット

毎月20~30足の新作が入るというだけあってトレンド感たっぷり。$59.9~89.9と手頃な値段でサンダルやパンプスがゲットできる。

Map 別冊P.15-C3
オーチャード・ロード(西部)

🏠435 Orchard Rd., #B1-30/31 Wisma Atria ☎6732-5997 🕐10:30~21:30(金~日曜~22:00)㊡旧正月2日間 Card A.J.M.V. 🚇MRTオーチャード駅から徒歩約3分 URL www.prettyfit.com.sg

1. メッシュ素材に花の刺繍を施したフラットパンプス$73.9 2. 折りたたみ可能なバレエシューズ($73.9)はベストセラー

フォーマルなデザインも

繊細で美しいドレスたち

遊びとエッジの利いた世界観

ATELIER ONG SHUNMUGAM

アトリエ・オン・シュンムガム

チャイナドレスやサリーといった伝統的な民族衣装をモダンなドレスに落とし込み、独自の世界を展開するシンガポーリアン女性のブランド。

Map 別冊P.2-B2
シンガポール全図

🏠43 Jalan Merah Saga, #01-76 ☎6252-2612 🕐12:00~19:00 ㊡日・月曜 Card A.D.J.M.V. 🚇MRTホランド・ビレッジ駅から徒歩約1分 URL ongshunmugam.com

1. レース、バティックなど異素材のチャイナドレス$988 2. ソンケットを使ったマレードレス。トップス$499

「アトリエ・オン・シュンムガム」ではカスタムメイドもできる(所要2~3週間)。日本への配送も可能。

お買い物モード全開♪ 最旬ショッピングセンターへ急げ!!

シンガポールのショッピングセンターは数も多いし規模も大きいから、目的別に賢く買い物しましょ♪

シンガポールを代表するS.C.といえばココ☆

オススメSHOP
シャンハイタン
Shanghai Tang

香港発の世界的ブランドのフラッグシップストア。ウエアは$250〜。（3F）

1. iPhone6のケース各$65 2.ジュエリーボックス$120〜 3.チャイナモチーフのカップ＆ソーサー各$150

チョコレートは$3.5〜

オススメSHOP
ダーク・ギャラリー
The Dark Gallery

産地にこだわったカカオを使用するチョコレート専門店。（B2F）

1,3. チョコやマカロンを販売 2.店内でチョコレートスイーツが食べられる

SHOP LIST

4F	紀伊國屋書店、レストラン
3F	ベティーバークレー、JTBトラベルサロン、ルルレモン
2F	ティファニー、カルティエ、ピアジェ、ヴァンクリーフ&アーベル、ダミアーニ
1F	シャネル、ルイ・ヴィトン、フェンディ、ディオール、ボス、セリーヌ
B1F	セフォラ、エディターズ・マーケット、アルマーニ・エクスチェンジ
B2F	GG<5、フィラ、サニーヒルズ、ガーディアン、iROO、ワトソンズ

シンガポール髙島屋S.C.
Singapore Takashimaya S.C.

ニー・アン・シティという巨大ビルの中にあり、多くのブティックやレストランが入店した専門店街と髙島屋百貨店（→P.104）とに分かれる。

Map 別冊P.15-D3 オーチャード・ロード（西部）

🏠391A Orchard Rd., Ngee Ann City ☎6738-1111 🕙10:00〜21:30（一部のレストランは〜23:00）🏠髙島屋百貨店は旧正月ほか不定休。専門店街は店によって異なる 🚇MRTオーチャード駅から徒歩約5分 🔗www.takashimayasc.com.sg

---

オーチャード・ロードのアイコン的なS.C.

オススメSHOP
1872クリッパー・ティー
The 1872 Clipper Tea Co.

ティースタンドを併設した、シンガポール発のティーブランド（B4F）。詳しくは→P.133。

1. 3種のフレーバーティー入りのギフトセット$43
2. ココナッツ&パイナップル風味のお茶「シンガポール・スリング」（中央）が人気

アイオン・オーチャード
ION Orchard

MRTオーチャード駅の真上にある幾何学的なビル。L1〜4には高級ブランド、B1〜B4Fにはお手頃価格のブランドが多数入店。

Map 別冊P.15-C2 オーチャード・ロード（西部）

🏠2 Orchard Turn ☎6238-8228 🕙10:00〜22:00 🏠店によって異なる 🚇MRTオーチャード駅から徒歩約2分 🔗www.ionorchard.com

チョコ、カヤジャムなどのフィリング入りクロワッサン

オススメSHOP
バシャコーヒー
Bacha Coffee

200を超えるコレクションを誇るコーヒールーム（L1）。詳しくは→P.112。

貴重なコーヒーブロッサムハニー

SHOP LIST

L3	COS、ロンシャン
L2	ディオール、TWGティー
L1	フェンディ、ボッテガ・ヴェネタ、ルイ・ヴィトン、ドルチェ&ガッバーナ、プラダ、ヴァレンティノ
B1F	カルバン・クライン、ケイト・スペード
B2F	マンゴ、H&M、ザラ
B3F	チャールズ & キース、Beyond the Vines
B4F	フード・オペラ（フードコート）、ブンガワン・ソロ、ダイソー、MUJI、余仁生

モデル気分でパチリ！

アイオン・オーチャードB4Fに新しくオープンした「ホーカーズ・ストリート」は名店揃いでした。（東京都・S）

ファスト・ファッションの大型店が集合！

高級ブランドと旬のブランドが多数

313・アット・サマセット
313@Somerset

MRTサマセット駅直結のS.C.。「フード・リパブリック」などの飲食店やスナック店（→P.105）が充実。ローカルブランド「プレイドレス」にも注目。

Map 別冊P.16-A2
オーチャード・ロード（東部）

🏠313 Orchard Rd. ☎6496-9313
🕐店により異なるが、だいたい10:00～23:00 休無休 🚇MRTサマセット駅から徒歩約1分 URLwww.313somerset.com.sg

L1入口付近にあるオーストラリア発の雑貨ブランド「タイポ」にはかわいい文具が揃う

SHOP LIST
L5	フード・リパブリック
L4	ケンコー・リフレクソロジー＆フィッシュ・スパ、オンマ・スプーン
L3	イオラ、プレイドレス、ミスフィット
L2	ラブボニート、チャールズ＆キース、ザラ、マンゴ
L1	ザラ、スミグル、プーマ、%Arabica、タイポ
B1F	ザラ、Pomelo、カフェ・ド・パリ
B2F	MUJI、コットン・オン、ブレッド・トーク、ホーコン
B3F	レストラン街、サブウェイ、オールドチャンキー、壱鵠堂

おしゃれな国内ブランドが多数入店

1. L2の「ラブボニート」はシンガポール発のアパレルブランド 2.文具が種類豊富な「Think」(L2)

パラゴン Paragon

有名ブランドはもちろん、シンガポールの「メトロ」やイギリスの「マークス＆スペンサー」といったデパートも入店している。

Map 別冊P.15-D3
オーチャード・ロード（西部）

🏠290 Orchard Rd. ☎6738-5535
🕐店により異なるが、だいたい10:00～22:00 休旧正月 🚇MRTオーチャード駅から徒歩約5分 URLwww.paragon.com.sg

宝石みたいに美しいチョコ

著名パティシエ、ジャニス・ウォンのショップ(B1F)の芸術的なスイーツに目を引かれる

SHOP LIST
5F	スパ、ヘアサロン
4F	MUJI
3F	マークス＆スペンサー
2F	アルマーニ・エクスチェンジ、コーチ、ラコステ、ロンシャン、カルバンクライン、DKNY、ゲス
1F	バーバリー、グッチ、ミュウミュウ、モスキーノ、プラダ、サルバトーレ・フェラガモ、トッズ、エトロ
B1F	レストラン街、CSフレッシュ・ゴールド（スーパー）

最旬ショッピングセンターへ急げ！！

セントーサ島の前後に立ち寄りたい便利なS.C.

フナン
Funan

近未来的なデザインの館内1階は朝のみ自転車通行可能、吹き抜けにはクライミングウォールなど、攻めたコンセプトで若者に人気。

Map 別冊P.8-B2
シティ・ホール＆マリーナ・エリア

🏠107 North Bridge Rd. ☎6970-1668
🕐店により異なるが、だいたい10:00～22:00 休無休 🚇MRTシティ・ホール駅から徒歩約3分 URLwww.capitaland.com/sg/malls/funan/en.html

SHOP LIST
L4	チョンバル・ベーカリー・ダイナー、ポースレン・スパ、lyf（ホテル）
L3	電気製品やパソコン店
L2	ラブボニート、Think、オイスターバンク、貢茶、The Alley
L1	TOMS、シンボボ、スーパードライ、レイバン、アンダーアーマー
B1	タムジャイサムゴー・ミーシアン、フェアプライス・ファイネスト（スーパー）
B2	ヤクン・カヤトースト、オールドチャンキー

遊び心が詰まった新コンセプトのS.C.

ビボシティ VivoCity

MRTハーバーフロント駅と、セントーサ島行きのケーブルカー駅直結の巨大S.C.。屋上のスカイパークからはセントーサ島を見渡せる。

Map 別冊P.26-B1
セントーサ島

🏠1 HarbourFront Walk ☎6377-6870 🕐10:00～22:00 休無休 🚇MRTハーバーフロント駅から徒歩約2分 URLwww.vivocity.com.sg

SHOP LIST
3F	フード・リパブリック、ダンシング・クラブ、マルシェ・モーベンピック
2F	チャールズ＆キース、トイザらス、ダイソー、タイポ、スープ・レストラン
1F	コーチ、デジグアル、ファブインディア、マッシモ・ドゥッティ、マンゴ、H&M、ケイト・スペード、マークス＆スペンサー、パンドラ、ユニクロ
B2F	コピティアム（フードコート）、フェアプライス・エクストラ（スーパー）

1. 高品質なウエアが揃うインド発ブランド「ファブインディア」(1F) 2.「ロヴィーサ」(2F)のプチプラアクセサリー

ビーズのネックレス $9

屋上には水遊びできる公園も

「アイオン・オーチャード」B4Fの「フード・オペラ」（→P.97）はいつも人がいっぱいの人気フードコート。休憩に立ち寄ってみて。

131

aruco調査隊が行く!! ②

シンガポール発の
人気ティーブランド飲み比べ

シンガポール発のティーブランドは、いまやシンガポールみやげにとどまらず世界で話題。
大注目のティーブランドを飲み比べ!

世界で人気の
茶葉専門店

TWG Tea
TWGティー

2008年にシンガポールで設立され、いまや国内に13店舗、世界20ヵ国以上に支店をもつ人気の茶葉専門店。世界36ヵ国、約450種類の茶葉とフルーツや花、スパイスをブレンドした独自の茶葉を800種類以上ラインアップ。

SHOP LIST
◆ B2-65/68A & 122/125 The Shoppes at Marina Bay Sands
Map 別冊P.12-B2
◆ L2 Takashimaya Department Store　**Map** 別冊P.15-D3
◆ #02-21 ION Orchard　**Map** 別冊P.15-C2
◆ Changi Airport Terminal 1～4

お茶を楽しむならココ
TGwティーガーデン・アット・マリーナベイ・サンズ
TWG Tea Garden at Marina Bay Sands
マリーナベイ・サンズ内にはショップとカフェが2ヵ所あり、カフェでは茶葉を使ったスイーツが味わえる。

Map 別冊P.12-B2　マリーナ・ベイ周辺

🏠 B2-65/68A The Shoppes at Marina Bay Sands ☎6565-1837 ◐10:00～22:30（金・土曜、祝前日～23:30）🅿無休 💳A.J.M.V. 🚇MRTベイフロント駅から徒歩5分 🌐 twgtea.com

SINGAPORE BREAKFAST TEA　$46
緑茶、紅茶をベースにオレンジビールやジンジャーなどアジア産のスパイス入り。

ほのかなバニラの甘みが余韻に残るエキゾチックな風味。

RED BALLOON TEA　$46
ルイボスティーにナシとブルーベリーたフルーツティー。美肌効果があるとされる。

ルイボスティーのすっとした風味にフルーツの甘酸っぱさがマッチ。

GOLDEN EARL GREY TEA　$46
茶葉の先端（芯芽）の黄金に輝く芽（ゴールデンチップ）を手摘みし、自然乾燥した茶葉にベルガモットで香り付け。

柑橘系のさわやかな香りとしっとりとした味わいを感じるブレンド。

NEW YORK BREAKFAST TEA　$46
濃厚で芳醇なアッサムティーにカカオの実をブレンドした、ニューヨークをイメージしたお茶。

カカオの甘い香りがカロに広がる。ミルクティーにしてもおいしい。

 チャンギ国際空港にTWGのショップがあったので、買い忘れたら空港で。（秋田県・紅茶好き）

The Providore
プロビドール

食のセレクトショップが
作った極上ブレンドティー

世界中から取り寄せた茶葉や花、スパイスなどをシンガポールでカスタムブレンドした独創的な15種類の茶葉を販売。プロビドール各店のカフェでも味わえる（$9.5）。

お茶を楽しむならココ

プロビドール→P.113

OOLONG MILK　$28.5

タイ北部の山岳地帯で栽培されたウーロン茶は、まるでミルクのような甘い香りがする。

> スッキリとした後味とミルクの香りに癒やされます。

FRENCH EARL GREY　$10.5

アオイ科の青い花と紅茶をブレンド。天然の香りが口の中に広がる。目にも美しいアールグレイ。

> 青い花が加わることで見た目も華やかで香りもリッチに。

FOREST BERRY　$10.5

ラズベリー、ブドウ、ブルーベリー、ハイビスカスなどを配合したフレーバーティー。抗酸化物質、ビタミンCが豊富でカフェインフリー。

> 徐々に広がるベリーの酸味とフレーバーがさわやか。

The 1872 Clipper Tea Co.
1872 クリッパー・ティー

高級感漂う
茶葉専門店

老舗茶葉貿易会社が立ち上げたティー・ブランド。約60種類ある茶葉は紅茶、ハーブティー、フルーツティーなどにカテゴリー分けしてディスプレイされており選びやすい。試飲も可能。

ANTI-STRESS　$22

ルイボス、カモミール、レモンバーム、ジンセンなどを配合。心身ともにリラックスできる。

> 天然の香料ハニーブッシュがまるでハチミツのように甘く香る。

BLISSFUL BERRIES　$22

ラズベリー、ブラックベリー、ハイビスカス、ストロベリー、アップル配合で香りがいい。

> カフェインフリーなので、どのタイミングでも飲めるのがうれしい。

TIMELESS EARL GREY　$22

セイロンティーにクリームとベルガモットのフレーバーを付けており、甘いアロマが楽しめる。

> 茶葉には青いキクの花（コーンフラワー）が入っていて見た目も美しい。

お茶を楽しむならココ

アイオン・オーチャードB4Fのフラッグシップストアにはティーカウンターを併設。お茶と果物をミックスして作るシンガポール・スリングなど新感覚のドリンクが楽しめる。

コレもオススメ！

ティーリーフを使ったクリーム入りのティーパフ（シュークリーム）。アールグレイが人気。　各$3.2

Map 別冊P.15-C2 オーチャード・ロード（西部）

🏠2 Orchard Turn、#B4-07 ION Orchard　☎6509-8745
🕙10:00～22:00　⚫祝日、12/25、旧正月　💳A.J.M.V.
🚇MRTオーチャード駅から徒歩約2分　🌐 clippertea.com.sg

ETTE Tea Boutique
エテ・ティーブティック

ユニークな
お茶に驚き！

バティック柄のお茶缶に、チキンライスやナシ・レマといったブレンドティーなど、シンガポール愛あふれるお茶が話題沸騰。

お茶を楽しむならココ

Map 別冊P.10-B2 チャイナタウン＆シェントン・ウェイ

各$26

🏠333 Kreta Ayer Rd、#03-25 Kreta Ayer Heights
☎6908-5354　🕙13:00～19:00（土曜12:00～17:30）
⚫日・月曜　🚇MRTマックスウェル駅から徒歩約4分
🌐 www.ettetea.com

Pek Sin Choon Pte. Ltd.
白新春茶荘

1925年創業
老舗中国茶卸商

中国や台湾の茶葉を独自にブレンドし、創業時から変わらないレトロなパッケージで販売。

Map 別冊P.23-D1 チャイナタウン中心部

1. 小分けの茶葉が50包入りの缶　2. 小さな茶器と個装の鉄観音茶セット

$20

$38

🏠36 Mosque St.
☎6323-3238　🕙8:30～18:30　⚫日曜、祝日、旧正月4日間　🚇MRTチャイナタウン駅から徒歩約3分

マリーナベイ・サンズのTWGでは14:00～18:00の間アフタヌーンティーセットを提供。

ワンランク上のおみやげ SELECTION

ローカルフードがクッキーに！

[A] $40

クッキー・ミュージアムの
チキンライスクッキー

シンガポールの名物料理、チキンライスの風味を取り入れたクッキー。ほかにもラクサやナシ・レマ風味のものもあり、缶もすてき。

スープ・レストランの
ジンジャーソース

スープ・レストラン（→P.94）製造のジンジャーソースは万能で重宝する一品。同レストランのほか、スーパーでも販売。XO醤やサンバルソースもある。

各$7 [H]

10個入りのボックス

$13.5〜

エル・イー・カフェの
パイナップルタルト

「ゴールデンボール」の異名をもつ、大粒のパイナップルタルト。サクサク生地の中に甘酸っぱいパイナップルジャムがぎっしり！

たっぷりアーモンドが入ったほろ苦いコーヒークッキーも人気

$11 [B]

クッキー・ミュージアムの
チリクラブクッキー

クッキー・ミュージアムの人気No.1商品。サクサクの食感とスパイスのピリ辛風味があとを引く味わい。

$40

カニがまるごと！インパクト大！

[A]

ビーン・トゥ・バーのこだわりチョコ
FOSSAのチョコレート

ソルテッドエッグ・シリアル、ユズ・シーソルトなどのフレーバーや、世界各国のお茶を組み合わせた新感覚のプレミアムチョコ。

[I] 各$14.8

Straits Preservesの
シンガポール・スリング風味のジャム

柑橘系のフルーツをベースにしたシンガポール独自のジャム。トロピカルフルーツのマーマレードも好評。

各$15 [H]

パッケージがかわいいクミンシードやターメリックなどのスパイスもある

各$6.5

使い勝手もよく体にも優しい

[G] 各$18

インディアン・スパイスボックスの
ブレンドスパイス

ヘルシーにこだわったオーガニックのスパイスメーカーの商品。左からタンドール料理、ビリヤーニ、ひよこ豆のカレーのブレンドスパイス。

1979年創業の名店の味
ブンガワン・ソロのクッキー

写真はアーモンドナッツクッキー。カシューナッツやコーンフレーククッキーも売れ筋。

$22.8 [C]

各$10

シンガポール髙島屋限定
ゴーフル

髙島屋（→P.130）と凮月堂のコラボ商品で、バニラとストロベリー・チョコクリームがある。マーライオンやシンガポール動物園などのオリジナル缶がレア。

[A] シンガポール製の高級クッキー
クッキー・ミュージアム
The Cookie Museum

卵を使用せず、ていねいに手作りされたクッキーは、誰からも愛される味。種類も多く、ちょっといいおみやげにもってこい。

Map 別冊P.9-C1 シティ・ホール&マリーナ・エリア

⌂3 Temasek Blvd., #01-313 Suntec City Mall ☎6749-7496 🕘11:00～21:00 [休]無休 [Card]A.J.M.V. [交]MRTエスプラネード駅から徒歩約5分 [URL]thecookiemuseum.oddle.me/en_SG

[B] 地元で人気の菓子店
エル・イー・カフェ
LE Cafe

創業約60年の菓子店。職人手作りの洋風のローカルスイーツが甘い香りを放っている。滞在中のおやつにもGood！

Map 別冊P.18-B3 リトル・インディア

⌂31/33 Mackenzie Rd., #01-01 ☎6337-2417 🕘10:30～18:30（日曜、祝日～16:30） [休]無休 [Card]不可 [交]MRTリトル・インディア駅から徒歩約3分 ⌂ヴェラサミー・ロード店 Map 別冊P.19-C3

[C] かわいい缶入りクッキーはおみやげの定番
ブンガワン・ソロ
Bengawan Solo

クエ・ラピスやパンダンシフォンといったローカル菓子と、10種類以上あるオリジナルクッキーが人気。空港にも店舗がある。

Map 別冊P.15-D3 オーチャード・ロード（西部）

⌂391A Orchard Rd., #B207-2-2 Takashimaya Department Store ☎6735-5391 🕘10:00～21:30 [休]無休 [Card]A.D.J.M.V. [交]MRTオーチャード駅から徒歩約5分 [URL]www.bengawansolo.com.sg

✉「ブンガワン・ソロ」のクエ・ラピスはバウムクーヘンみたいでおいしい。小腹がすいたときにどうぞ♪（石川県・あや）

バラマキみやげよりはちょっといいモノを……というときに
おすすめのアイテムをarucoが厳選！

自分の
ごほうびに
大切なあの人に

IRVINS
SALTED EGG
POTATO CHIPS

キャッサバの
チップスもある

ワンランク上のおみやげセレクション

バシャコーヒーの
コーヒービーン
チョコレート

ローストしたコーヒー豆
をチョコレートでコー
ティングしたお菓子。ミル
クチョコ、ダークチョコ、
ミックスの3種類がある。

各$13 **F**

こってり味の中毒者続出
ソルテッドエッグ・
ポテトチップス

アヒルの塩漬け卵の黄身
をまぶしたチップスが大
ブームに。シンガポーリアン
をやみつきにする味にトラ
イ。スーパーでも買える。

$8.5〜 **E**

ヤクン・カヤトーストの
カヤジャム

カヤトーストの
有名店のカヤジャ
ム。賞味期限
はだいたい開封
後1ヵ月くらい。

H **J** $6.3

厳選ブレンドの
コピ用コーヒー

M $24

シンガポールコーヒーの
コピセット

シンガポールのローカルコーヒー
「コピ」のコーヒーパウダーと抽
出用の特製コーヒーフィルターが
巾着袋にパックされている。

リピーターに人気の
変わり種カヤジャム

シーソルト・パン
ダン・カヤジャム
が新登場。シーソ
ルト入りのカヤジ
ャムは甘じょっぱ
くコクがあり、ま
ろやか。

$6.9 **D**

プリマ・テイストの
ラクサのインスタント麺

4袋入り
各$10.95

ココナッツミルク風味の
スパイシースープと太麺
で、現地のラクサを忠実に
再現した本格派。通常の中
華麺のほか全粒粉を用い
た麺バージョン（右）もあ
る。スーパーで買える。

バシャコーヒーの
コーヒーバッグ

右はエチオピア・シダモマウン
テンのシングルオリジンコーヒー。
スパイシーで香り高いアロマが楽
しめる。左は甘い香りがアクセン
トのフレーバーコーヒー、
ミラノモーニング。

12袋入り各$30 **F**

ラッフルズ・ホテルの
シンガポール・
スリングの
プレミックス

プレミックスにパイ
ナップルジュースを
加え、ライムをひと搾
りすればシンガポー
ル・スリングの完成。

おうちで手軽に
あの味を再現！

6本入り
$52 **L**

洗練された味わい
TWGのマカロン

お茶の名店「TWG」
のマカロンは、生地
に茶葉をしのばせる
といううれしい演出
が。空港のショップ
でも販売している。

1個$2.5 **K**

チャンギ国際空港ターミナル1の2階には「ヤクン・カヤトースト」があり、カヤジャムも買える。

地元密着型スーパー
FairPrice Xtra
フェアプライス・エクストラ

規模の大きなハイパーマーケット。食料品に加え、家庭用品や衣料品、旅行用品とありとあらゆる品揃え。比較的価格は安め。

Map 別冊P.26-B1

セントーサ島

🏠 1 HarbourFront Walk, #01-23 & #B2-23 VivoCity
☎6261-0803 ●8:00～23:00
⊘無休 **Card**A.M.V. ⊗MRTハーバーフロント駅から徒歩約3分

各$4.5

コピ（ローカルコーヒー）のコーヒーバッグ

手軽にコピが自宅で楽しめる。左は砂糖入り、右はブラック

「佳味」の調理キット

左はグリーンカレー、右は海南チキンライスで、ともに化学調味料不使用

各$2.85

$9.9

粉末麦芽飲料「ミロ」（砂糖少なめ）

現地では「マイロ」と呼ばれて親しまれている

$3.9

マーラー火鍋の素（中国製）

沸騰した湯の中に入れるだけで、しびれる辛さの火鍋のスープに

$3.65

$7.02

「ミロ」のチョコとミルクのサンドクッキー

ミロが練り込まれたサクサクのクッキー

マーラー火鍋の素（シンガポール製）

人気レストラン「ハンド・イン・ハンド」製の火鍋スープの素

$1.95

「Khong Guan」のビスケット

カラフルな砂糖菓子をのせたキュートなお菓子

コピティアム仕様のコーヒーバッグ

アラビカ種のコーヒー豆を使用したプレミアムな商品

$7.65

aruco調査隊が行く!!③
バラマキみやスーパーマ最強フード

ご当地カップ麺にコーヒーバッグありとあらゆる食品が揃っている

輸入商品が充実
Cold Storage
コールド・ストレージ

シンガポールを代表する老舗スーパーマーケット。住宅街を中心に多数店舗があり、高島屋百貨店内の店は、食品みやげの品揃えがよい。

Map 別冊P.15-D3

オーチャード・ロード（西部）

🏠391A Orchard Rd., B2-01-1 Takashimaya Department Store
☎6735-1266 ●10:00～21:30 ⊘旧正月は不定休
CardA.D.J.M.V. ⊗MRTオーチャード駅から徒歩約5分

ソルテッドエッグフレーバーのインスタント麺

大ブームとなったチップス（下記）のインスタント麺が登場

各$6.9

「プリマ・テイスト」の調理キット

人気の海南チキンライス（中央）をはじめ、ローカル料理が勢揃い

各$7.8

各$9

「アーヴィンズ（→P.135）のポテトチップス

塩漬け卵の黄身をまぶしたチップスは濃厚で甘じょっぱい味

「GLORY」のプラウンロール

老舗名店が製造したひと口サイズのエビ春巻き

$8

アーモンド入りマーライオンチョコレート

観光名所のアート画パッケージがおしゃれ

4袋入り
$10.95

「Brewerkz」のクラフトビール

ピルスナーとエール各種。マーライオンのデザイン缶が魅力

各$6

「プリマ・テイスト」のブラックペッパークラブのインスタント麺

ペッパークラブ風味のピリッと辛いあえ麺

2箱セット
$15.9

136 ✉ プリマ・テイストのラクサを家で作ってみたら、シンガポールと同じ味で感動しました。（鳥取県・Y）

「五谷豐 (WuGuFeng)」の
パイナップルケーキ

ブラナカン風デザインの小箱入りでバラマキみやげにぴったり

各 $7

「五谷豐 (WuGuFeng)」
のパイナップルケーキ

会社へのおみやげによさそうな10個入りの大箱

$28

旺來餅

ローカル料理風味の
ポテトチップス

$5～6.5

風味はバターを効かせたシリアル・ブラウン、フィッシュヘッド・カレーなど

スーパーマーケット

日本の食料品がメインだが、シンガポールの厳選フードみやげを集めたコーナーがあり、効率よくおみやげ買いができる。

オーチャード・ロード（西部）

Map 別冊P.15-C2

🏠350 Orchard Rd., Shaw House, B1F Isetan Scotts
☎6733-1111
🕙10:00～21:00 ⑱旧正月1日
💳A.D.M.V. 🚇MRTオーチャード駅から徒歩約5分

XOサンバルチリソース（左）
とスチームボート・チリ

肉料理や鍋料理の付けダレにピリリと辛味のアクセントを

$4～5.5

マーライオン・トリュフチョコレート

シンガポール・スリングを加えた大人のチョコ

$28

$27

「五谷豐 (WuGuFeng)」
のラピスケーキ

複数のスパイスが香る伝統的なレイヤーケーキ

げの大本命！
ーケットで
をまとめ買い

ッグ、調味料からお菓子まで
スーパーマーケットへいざ出発！

各 $1.5

タイ料理の合わせ調味料

左はタイのチャーハンの素、右はガパオ炒めの合わせ調味料

$4.5

ココナッツオイル配合のソルトスクラブ

肌になめらかなハリを与え、さらに美白効果も備わる優れもの

$4.5

ドライフルーツ

左はタイ産のドライマンゴー、右はドライジンジャー

各 $4.9

スネイル・ダブル・ソープ

カタツムリの美容成分を用いた美白効果のある石鹸

タイ直送の生鮮食品から日用品まで膨大な数の商品が並ぶ。2023年5月末頃「アペリア・モール」に移転オープン予定。

Map 別冊P.3-C2

シンガポール全図

🏠12 Kallang Ave., 1F Aperia Mall
☎8138-3715
🚇MRTラベンダー駅から徒歩約10分 🔗thaisupermarket.sg

$2.8

「Ovaltine」の
粉末麦芽飲料

お湯にも水にも使えるチョコレート風味のドリンクパウダー

各 $4.9

高級カレーペースト＆トムヤムスープの素

化学調味料不使用、グルテンフリーの商品。グリーンカレー、マッサマンカレーなど本格派

シンガポールでは22:30～翌7:00の間はアルコールの販売が法律で禁止されているので注意。

この5軒がおすすめ！

買い残しはない？

チャンギ国際空港で最後のショッピング おみやげ

シンガポール旅の終わりは、世界一美しいといわれるチャンギ国際空港でショッピング。数あるショップを散策しながら、搭乗間際まで空港を満喫しちゃお♪

Map 別冊P.3-D2

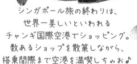

3

買い物リスト

TWGティーの紅茶 ❶❷❸❹

人気の紅茶専門店の紅茶は自分へのおみやげに。日本で買うよりちょっとリーズナブル。

詳細は→P.132

2

買い物リスト

ブンガワン・ソロのクッキー ❶❸❹

シンガポールを代表する菓子店の缶入りクッキーは、家族や会社へのおみやげにぴったり。

詳細は→P.134

4

買い物リスト

チャールズ&キースのサンダル ❶❸❹❹

免税扱いとなるので人気アイテムが街なかよりお得にゲットできる。

写真のサンダルは $46.9。フェミニンなデザインも多い

バッグやサイフもおしゃれ。写真はレモン形のポーチ付きバッグ $85.9

詳細は→P.128

1

買い物リスト

ディスカバー・シンガポールのご当地グッズ&フード ❶❷❸❹

マーライオングッズやカヤジャムなど定番のおみやげはここでゲット。

プラナカンタイルをイメージしたトートバッグ $19.9

バクテーやチキンライスなどローカルフードの素各種

5

買い物リスト

スターバックスのシンガポール限定グッズ ❶❷❸❹

マーライオンやサムスイウーマンモデルのベアリスタや、ローカルデザイナーとのコラボ商品は要チェック。スターバックスは全ターミナルにある。

Shop List
Terminal 1 = ❶　Terminal 2 = ❷　Terminal 3 = ❸　Terminal 4 = ❹　Jewel = ❹

Bacha Coffee ❶❸	Louis Vuitton ❶❸
Be Relax ❸	MCM ❸
美珍香（Bee Cheng Hiang）❶❷❸❹	Michael Kors ❸
Bengawan Solo ❶❸❹	Montblanc ❷
Bottega Veneta ❷❸	Pazzion ❶❹
Burberry ❶❷❸	Pedro ❶❹
Charles & Keith ❶❸❹❹	Prada ❶❸
Coach ❹	Saint Laurent ❸
Discover Singapore ❶❷❸❹	Steve Madden ❷
余仁生（Eu Yan Sang）❸❹	Swarovski ❸
Furla ❸❹	TWG Tea Boutique ❶❷❸❹
Gucci ❶❸	Tiffany & Co. ❶❸
Hermes ❶❷❸	Tory Burch ❶
Hugo Boss ❶❷❸	Under Armour ❶
Irvins Salted Egg ❶❷❸	Uniqlo ❶❹
Longchamp ❶❷❸	

ジュエルがオープン！
2019年に空港併設の巨大複合施設「ジュエル・チャンギ・エアポート」がオープン。最後の買い物&グルメを楽しもう。詳しくは→P.42

まるでテーマパークのような空港内。24時間営業のフードコート、プールやバタフライガーデン、巨大滑り台などもある

キレイ目指して
本気モード

ココロとカラダを磨いて、女子力アップ！シンガポール・ビューティナビ

リュクスな街スパとラグジュアリーなホテルスパ。
え、アーユルヴェーダもあるの!?
プチプラコスメも試してみよっかな？
せっかくシンガポールに来たなら
多民族なメニュー充実のビューティを体験しよ！

B E A U T Y

139

頑張ってる自分へごほうび♡ ワンランク上の贅沢スパでキレイ磨き

街なかのリュクスなスパと人気を二分するのが、ラグジュアリーなホテルスパ。どっちもすてきで迷っちゃう……♥ シンガポールの癒しスポットで心と体にビタミン補給して、キレイを磨こ！

ホテルのオリジナルティーも販売

ホテルスパ

シンガポールを代表する憧れのホテルで非日常を感じる特別なスパ体験☆

マンダリン・オリエンタル内にある

ザ・スパ The Spa

オーキッドのエッセンシャルオイルやスクラブを使用したシンガポールならではのトリートメントがいち押し。4ハンズマッサージ、時差ボケ解消マッサージなどユニークなメニューもある。※2023年9月まで改装中。

Map 別冊P.9-D2 シティ・ホール＆マリーナ・エリア

🏠5 Raffles Ave., 5F Mandarin Oriental Singapore
☎6885-3533 🕐9:30～21:00（最終受付はトリートメントによって異なる）
㉮無休 Card A.D.J.M.V. 🈺平日は2～3日前、週末は1週間前までに要予約 🚇MRTプロムナード駅から徒歩約7分 URL www.mandarinoriental.com/singapore

おすすめ menu

♥オーキッド・ドリーム120分 $480
♥アロマセラピー60分$290
♥ジェットラグ（時差ボケ解消マッサージ）60分$210
♥キャビア・シグネチャー・フェイシャル100分$380

1. 個人に合ったカスタムオイルを使用するメニューが人気 2. スパに1歩入ればまるで別空間 3. 全6室のスパルームは雲をモチーフにデザインされている 4. 水圧、光、音が選べる「エクスペリエンス・シャワー」はぜひ体験してみたい

ジャクージ＆サウナ完備

✉ スパの予約は、英会話に自信がなければホテルのコンシェルジュにお願いするか、ウェブサイトが便利です。（青森県・チカ）

ワンランク上の贅沢スパでキレイ磨き

天空の豪華スパ

バンヤン・ツリー・スパ・マリーナベイ・サンズ

Banyan Tree Spa Marina Bay Sands

シンガポール屈指の眺めを堪能できる55階にあるスパ。ナチュラルなオイルやハーブを用いた熟練の技が極上のひとときを約束。ヘアケアのメニューも豊富。

[Map] 別冊P.12-B2
マリーナ・ベイ周辺

🏠10 Bayfront Ave., Tower 1, L55 Marina Bay Sands ☎6688-8825 🕘10:00〜23:00（金・土曜〜翌1:00） [休]無休 [Card]A.D.J.M.V. [予]要予約 [交]MRTベイフロント駅から徒歩約5分 [URL]www.banyantreespa.com

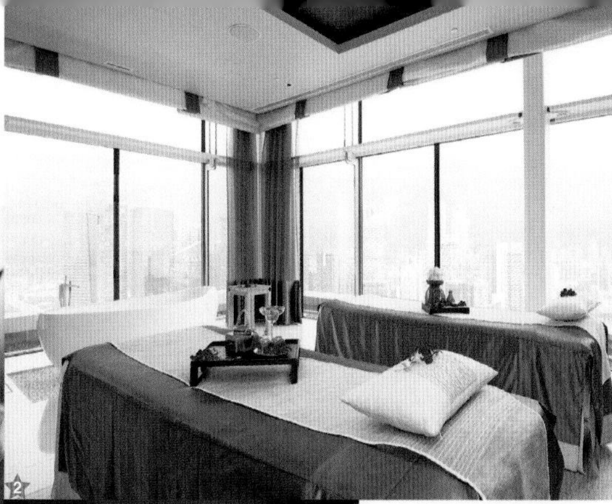

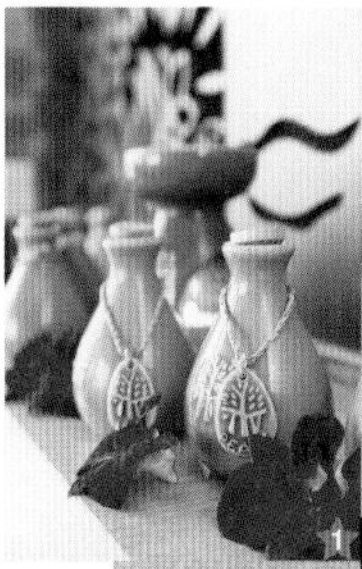

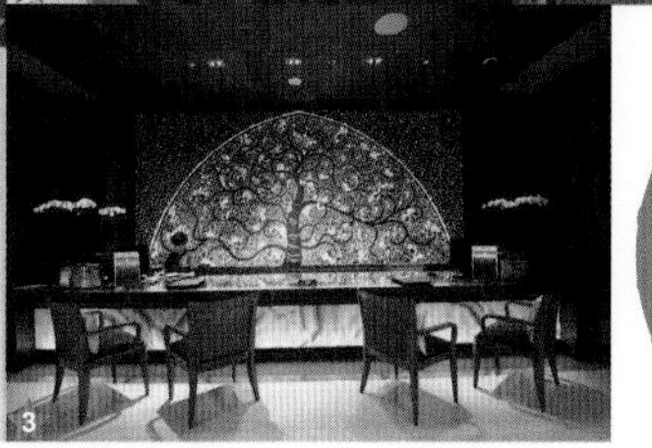

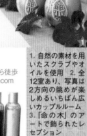

1. 自然の素材を用いたスクラブやオイルを使用 2. 全12室あり、写真は2方向の眺めが楽しめるいちばん広いカップルルーム 3.「命の木」のアートで飾られたレセプション

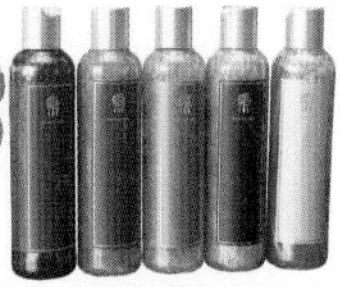

シャンプーやバスフォームも販売

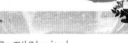

おすすめ menu
- ロイヤル・バンヤン150分 $623.81〜
- フルボディ・マッサージ60分 $270.71〜
- バンヤン・フェイシャル30分 $200.09〜

緑のパワーでリフレッシュ！

ソフィテル・スパ Sofitel Spa

セントーサ島の6000m²の緑地をふんだんに使ったシンガポール最大規模のスパ。ソフィテル・シンガポール・セントーサ・リゾート&スパの敷地内にあり、屋外のヴィラは南国ムードいっぱい。アジアと西洋の技法を合わせたトリートメントを揃えている。

[Map] 別冊P.26-B2
セントーサ島

🏠30 Artillery Ave., Sofitel Singapore Sentosa Resort & Spa, Sentosa ☎6708-8358 🕘9:30〜20:00 [休]無休 [Card]A.J.M.V. [予]平日は1〜2日前、週末は3〜4日前までに要予約 [交]中心部からタクシーで約20分 [URL]www.sofitel-singapore-sentosa.com/spa-fitness/so-spa

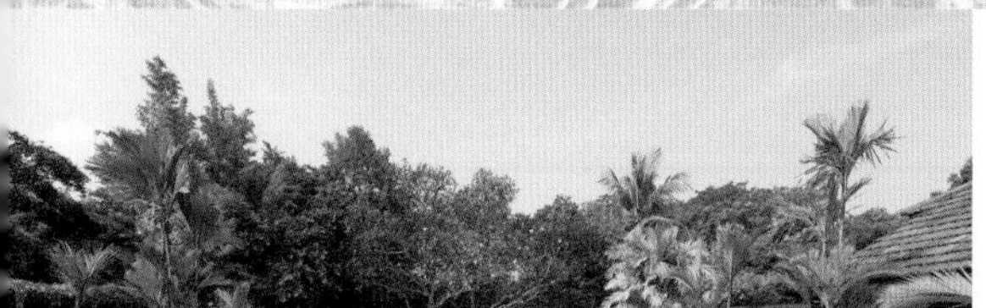

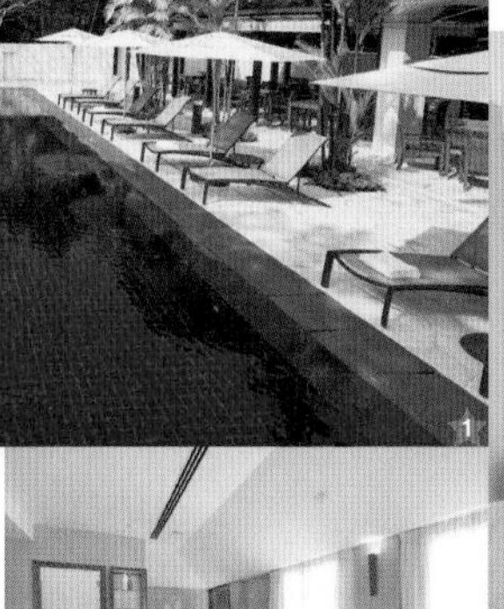

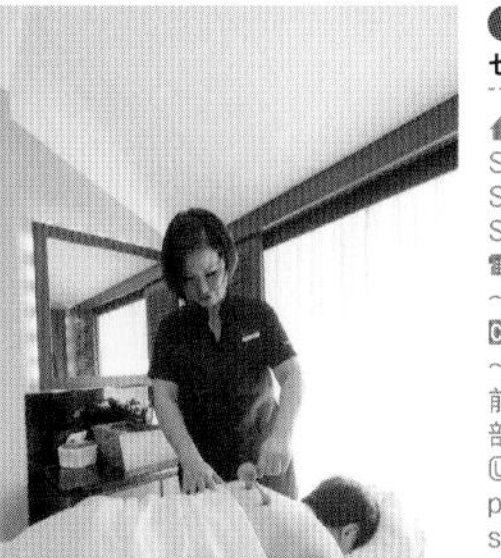

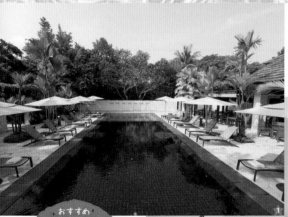

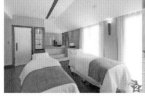

気持ちよくて眠っちゃいそう

1. トリートメント後にプールでリラックス 2.コロニアル調の建物内のスパルームはモダンな造り 3.東西の技法をミックスさせ、血行促進、解毒を促すセントーサ・マッサージ

おすすめ menu
- イグジラレイティング・マッサージ75分$230
- セントーサ・マッサージ60分$190〜
- レジュベネイティング・フェイシャル70分$230

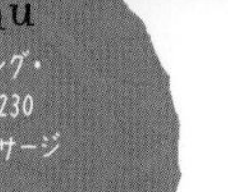

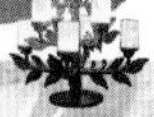

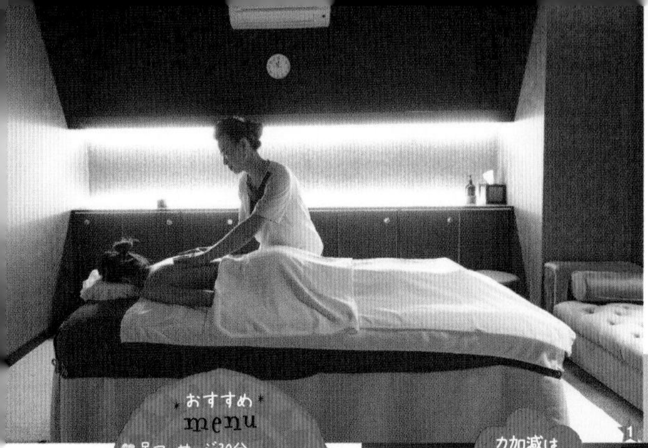

街スパ&サロン

施術、インテリア、
立地などそれぞれのカラーが
際立つ街スパ&サロン。

街なかにあり利用しやすい
ネイチャーランド
Natureland

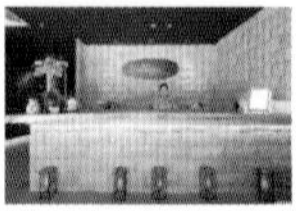

国内に約10店舗を展開する人気の街スパ。高級感のあるオリエンタルなムードで、衛生面、サービス、技術も申し分なし。メニューは足マッサージとボディマッサージが中心。

Map 別冊P.15-C2
オーチャード・ロード（西部）

🏠541 Orchard Rd., #02-01 & #03-01 Liat Towers ☎6767-6780 🕘9:00～翌2:00 [休]無休 [Card]A.M.V. [予]望ましい [交]MRTオーチャード駅から徒歩約5分 [URL]www.natureland.com.sg

1. ボディはオイルマッサージのほか推拿（すいな）もある 2. 足マッサージのチェアは約30台完備 3. 自然光が入るレセプション 4. オーチャードの一等地にあるリアット・タワー店は、2フロア展開の大規模店。旅行者の利用も多い

おすすめ menu
- 足マッサージ30分 $38～
- 5 in 1テラピー60分 $64
- ボディマッサージ60分 $72

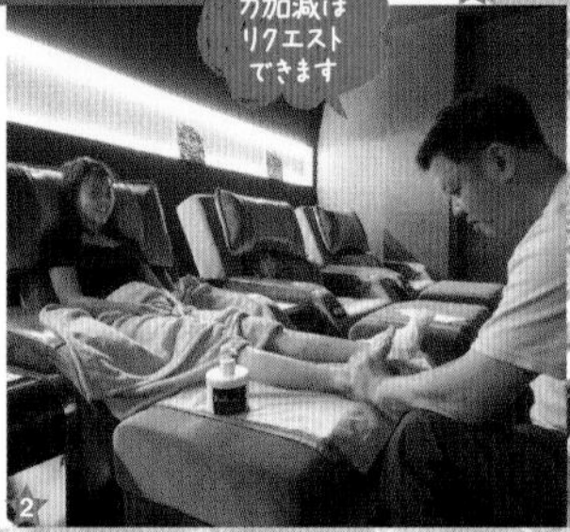
力加減はリクエストできます

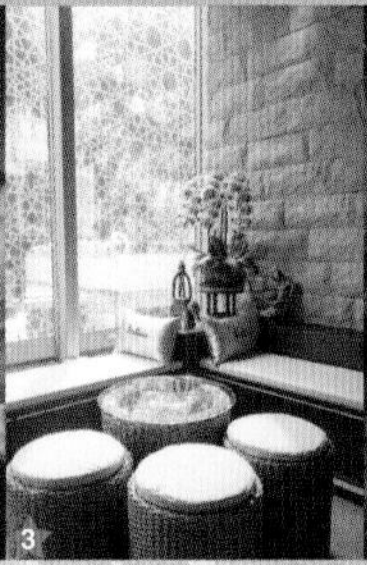

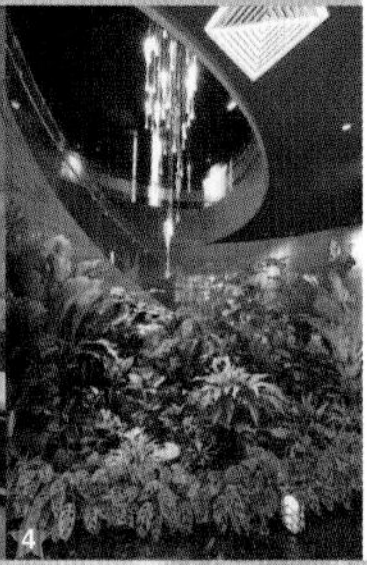

24時間営業のスパ施設
ジー・スパ g.spa

日本の健康ランドのようなスパ施設で、時間制限なしにゆっくり過ごせる。料金は飲食代込みの施設使用料を基本に、オプションでマッサージやトリートメントを受けられるシステム。

Map 別冊P.3-C2
シンガポール全図

🏠102 Guillemard Rd., #02-02 ☎6280-8988 🕘24時間 [休]旧正月2～3日 [Card]A.J.M.V. [予]トリートメントは要予約 [交]中心部からタクシーで約20分 [URL]www.gspa.com.sg

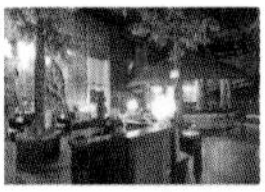

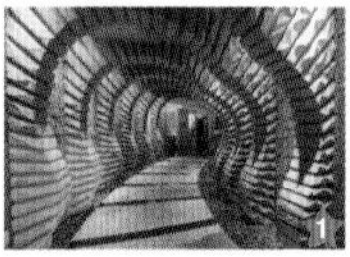

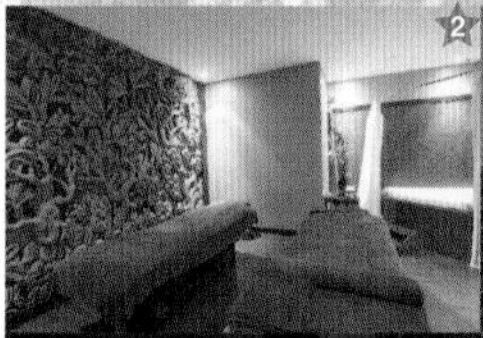

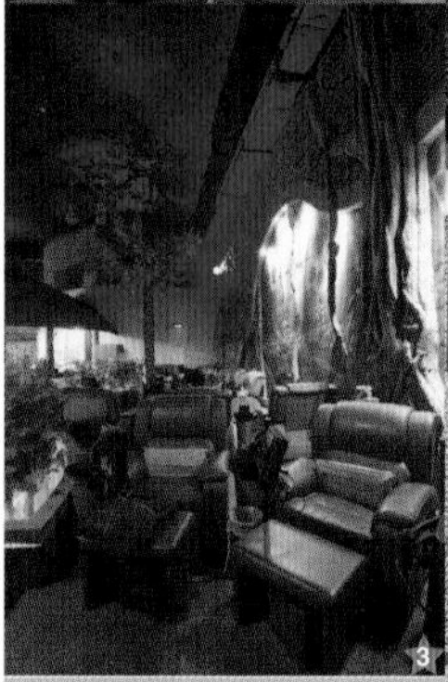

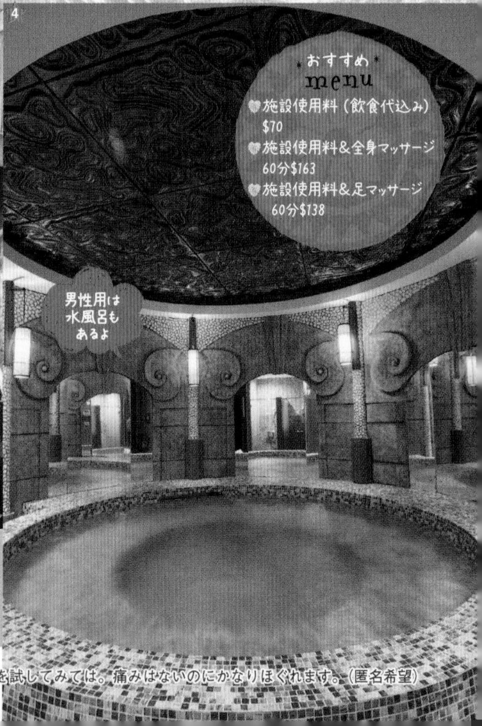
男性用は水風呂もあるよ

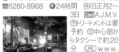

おすすめ menu
- 施設使用料（飲食代込み）$70
- 施設使用料&全身マッサージ60分$163
- 施設使用料&足マッサージ60分$138

1. 入口は2階にある 2. マッサージルーム。施設使用料とマッサージがセットになったパッケージがおすすめ 3. モニター付きのチェアが並ぶリラクセーションラウンジ 4. 男性・女性別ジャクージ、サウナが備わる

強めのマッサージが苦手な人は、スウェディッシュ・マッサージを試してみては。痛みはないのにかなりほぐれます。（匿名希望）

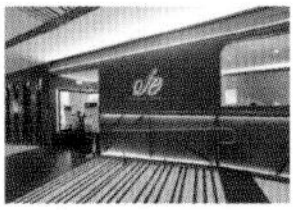

旅の合間にサクッとネイル

エフ・イー・ザ・ネイル・ラウンジ

FE the Nail Lounge

駅直結の立地と確かな技術で人気のネイルサロン。男性や子供も施術可能なので家族連れの旅行者の姿も。保湿効果のあるトリートメントが組み込まれたシグネチャー・スパ・マニキュアもある。

Map 別冊P.8-B1

シティ・ホール&マリーナ・エリア

🏠252 North Bridge Rd., B2-18/19 Raffles City ☎6337-7596 🕘10:00～20:00（日曜～19:00） [休]12/25、旧正月 [Card]A.J.M.V. [予]2～3日前までに要予約 [交]MRTシティ・ホール駅から徒歩約3分 [URL]fethenaillounge.simplybook.asia

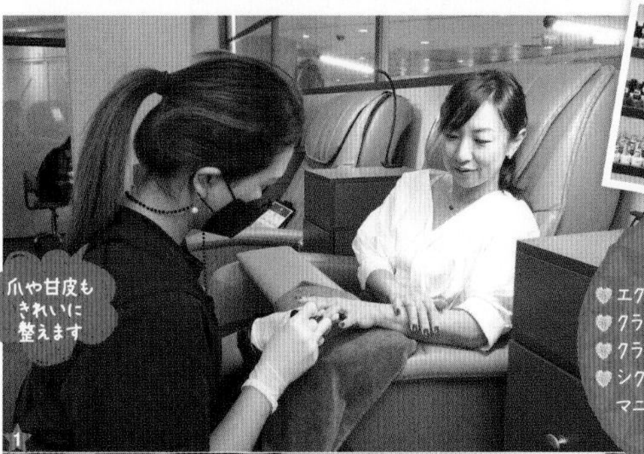
爪や甘皮もきれいに整えます

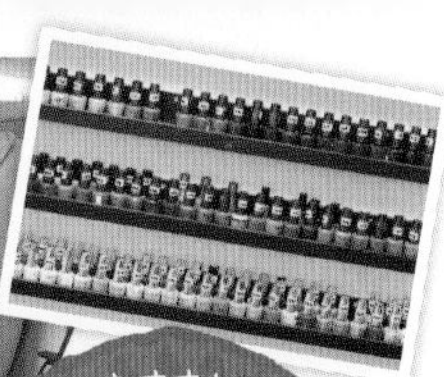

おすすめ menu
- エクスプレスマニキュア$18
- クラシック・マニキュア$35
- クラシック・ペディキュア$45
- シグネチャー・スパ・マニキュア$88

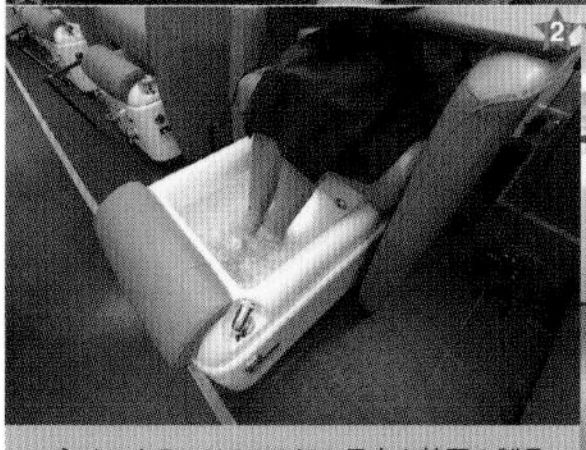

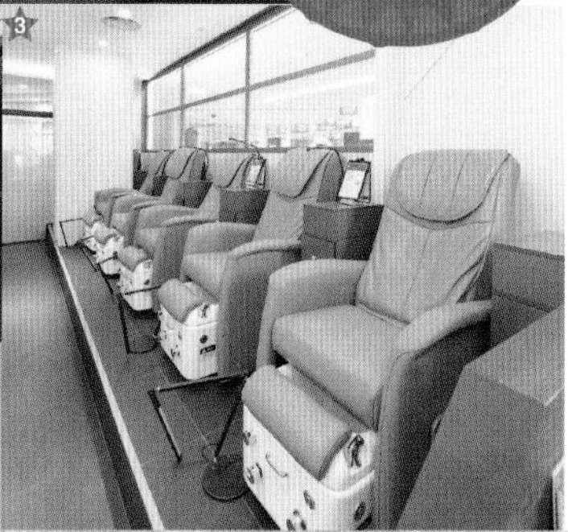

1. ネイルカラーはOPIのほか日本や韓国の製品を使用 2. ミントの香りがさわやかなシーソルト入りフットバス、足裏のスクラブが付いたクラシック・ペディキュアもおすすめ 3. マッサージチェアでもみほぐされながら施術を受けられるのがうれしい

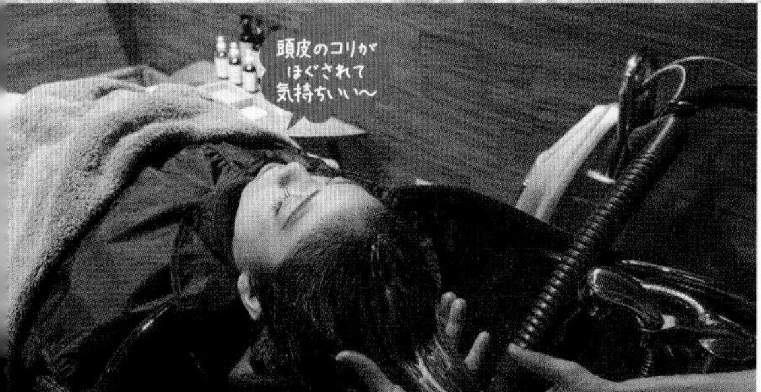
頭皮のコリがほぐされて気持ちいい～

心地よいヘッドスパでデトックス

リリー・ヘッド&ヘアスパ・シンガポール

Lily Head & Hair Spa Singapore

ダウンタウン・ギャラリー内にあるヘッドスパ専門店。インドネシア伝統の頭皮のトリートメントであるクリームバスに日本人セラピストの熟練の技術が加わり、まどろんでしまうほどの心地よさ。

Map 別冊P.11-C3

チャイナタウン&シェントン・ウェイ

🏠6A Shenton Way, #03-16A Downtown Gallery ☎6222-7551 🕘9:00～20:00（土・日曜、一部の祝日10:00～18:00。最終予約は閉店1時間前） [休]無休 [Card]A.J.M.V. [予]望ましい [交]MRTタンジョンパガー駅から徒歩約7分 [URL]www.barber25.net

おすすめ menu
- クリームバス45分$90
- ロウ・ハニー・ヘッドスパ 60分$130
- デトックス・ヘッドマッサージ（男性のみ）30分$50

1. クリームバスは通常座って行うが、ここはシャンプーチェアに寝た状態でより深いリラクセーションへ導く 2. ヘアサロンを併設している 3. プライベートを重視したシックなサロン。男性利用可

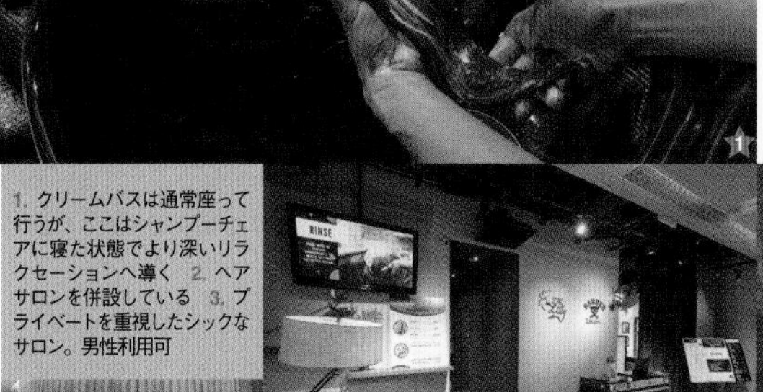
RINSE

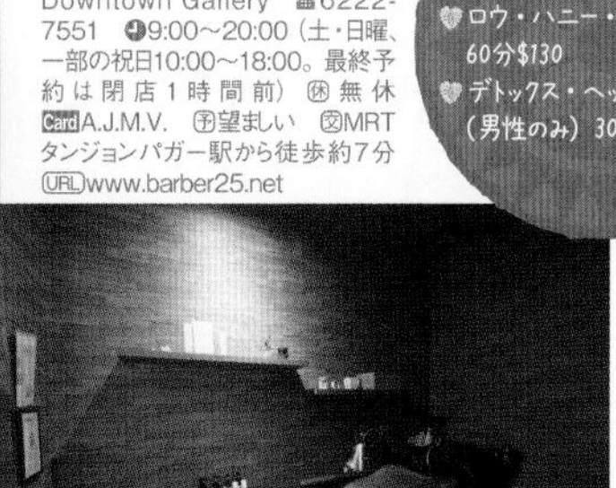

世界のマッサージを体験
個性派メニューを味わえるサロン

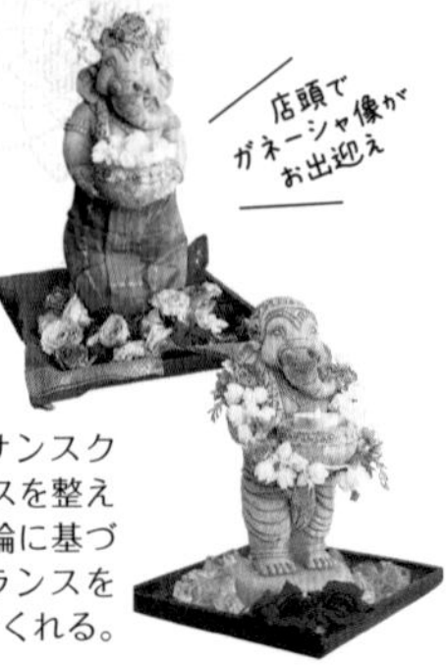
店頭でガネーシャ像がお出迎え

**多民族国家シンガポールならではの国際色豊かなマッサージ体験してみない？
インドのアーユルヴェーダからインドネシアの伝統療法までさまざまなタイプが勢揃い。**

From India アーユルヴェーダ

インド古来の伝統医学、アーユルヴェーダはサンスクリット語で「生命の科学」。生命と自然のバランスを整えることによって心身の健康が得られるという理論に基づいたケアを行う。まず問診で各自の体調のバランスをチェックし、それに合った施術をアドバイスしてくれる。

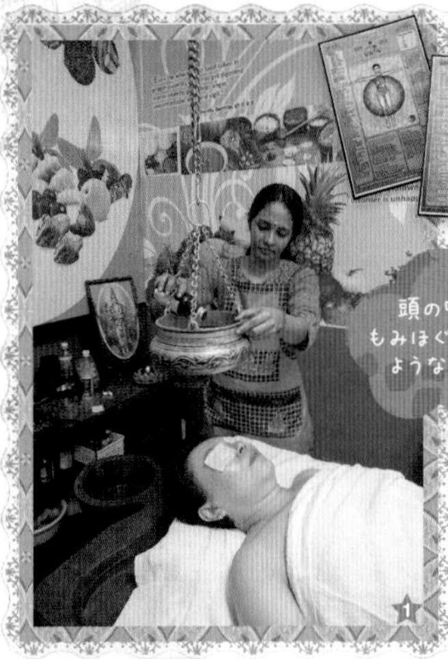
頭の中をもみほぐされるような感じ

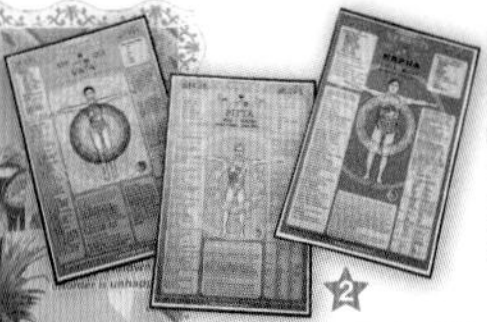

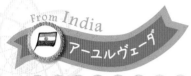

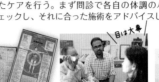

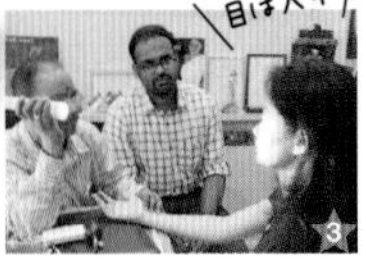
目は大事

リラックス度	★★★★★
痛気持ちいい度	☆☆☆☆☆
お得感	★★★★☆
レア感	★★★★★

1. シロダーラは旅行者に人気 2. 体質は「ヴァータ」「ピッタ」「カパ」の3つ 3. 問診で体調をチェック

おすすめメニュー

シロダーラ
Shirodhara 60分$85.6

額の中央に温めたハーブオイルをゆっくりと継続してたらし、深いリラックスへと導く。ストレス、不眠症、頭痛などによい。

インド伝統医学の奥深さを体験
アーユッシュ・アーユルヴェディック
Ayush Ayurvedic

インドでアーユルヴェーダ医学を学んだドクターが駐在する診療所のようなサロン。まず問診で各自の体のタイプを割り出して体調を把握し、最適なケアを提案。近隣のインド人がひっきりなしに訪れる。

[Map] 別冊P.18-B2 リトル・インディア

🏠146 Race Course Rd. ☎6398-0415 🕘9:00～22:00（最終予約21:00） [休]ディーパヴァリの祝日2日間 [Card]A.M.V. [予]要予約 [交]MRTファーラー・パーク駅から徒歩約5分 [URL] ayurvedasg.com

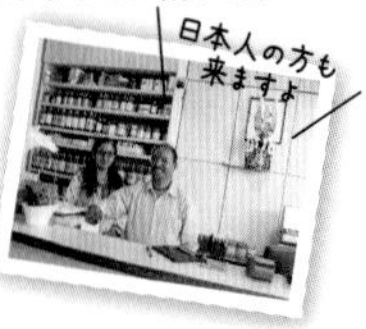
日本人の方も来ますよ

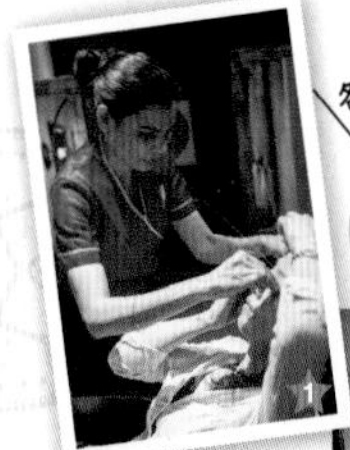

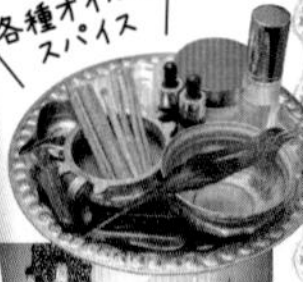
各種オイルやスパイス

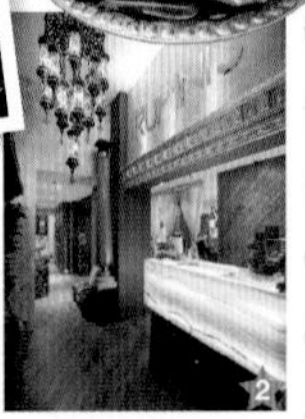

1.1本の糸で眉毛の形を整えるアイブローは所要約5分で$7 2.エキゾチックな雰囲気 3.オイルを染み込ませたクジャクの羽根で、額から頭頂部をなぞり、リラックス

リラックス度	★★★★★
痛気持ちいい度	☆☆☆☆☆
お得感	★★☆☆☆
レア感	★★★★★

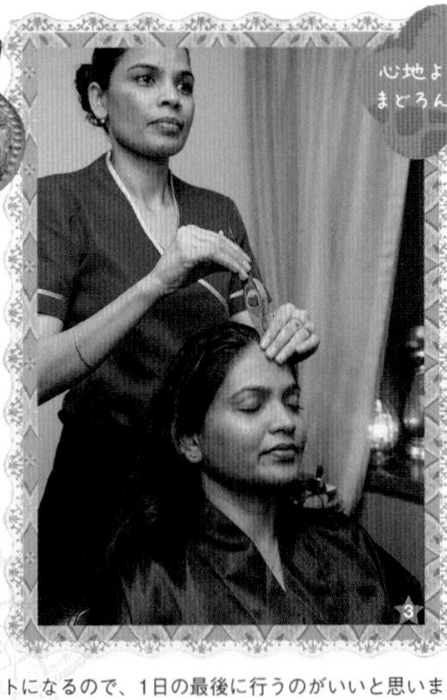
心地よすぎてまどろんじゃう

おすすめメニュー

シルピニ
Shirupini 90分$99

ココナッツオイルやヘナなど約20種類のスパイスやオイルを調合した特製オイルを使うヘアテラピー。頭皮の汚れを取り去り髪に滋養を与える。

インド系ビューティサロン
ルピニス Rupini's

古代インドの伝統療法に起源をもつヘアテラピー「シルピニ」や、ヘナを使ったヘアカラーなどインドの美容法が体験できる。

[Map] 別冊P.18-B3 リトル・インディア

🏠24/26 Buffalo Rd., 2F ☎6291-6789 🕘10:00～20:00 [休]祝日 [Card]J.M.V. [予]要予約 [交]MRTリトル・インディア駅から徒歩約3分

 ✉ シロダーラは髪の毛がオイルでベトベトになるので、1日の最後に行うのがいいと思いました。（東京都・かほり）

From China 足ツボマッサージ

体の器官や部位とつながる足のツボを刺激し、その働きを高め、血行も促進。

絶妙の力加減

おすすめメニュー
フットバス＆スクラブ付き足マッサージ
Foot Reflexology
50分$80.25
足湯やスクラブでリラックスしたあとにマッサージ。力加減は調整してくれる。

足裏がつるつるに！

ヒマラヤのピンクソルトのスクラブ

オーチャード・ロードにあり便利
フットワークス Footworks

足マッサージ（30分$42.8）のほか、足マッサージの前にフットバスやスクラブを行うコースがおすすめ。腕、肩、背中を組み込んだコースも。

Map 別冊P.15-C2　オーチャード・ロード（西部）

🏠360 Orchard Rd, #01-04/05/06 International Bldg.　☎6737-3555　🕐10:00～22:00
🈺旧正月3日間　CardA.D.J.M.V.　🈲要予約　🚇MRTオーチャード駅から徒歩約5分
URLwww.footworks.com.sg

リラックス度	★★★★☆
痛気持ちいい度	★☆☆☆☆
お得感	★★★☆☆
レア感	★★☆☆☆

気軽に入れるスパのチェーン店
ケンコー・ウェルネス・スパ・アンド・リフレクソロジー
Kenko Wellness Spa and Reflexology

サクッとマッサージを受けたいときに便利なスパチェーン。フットのほか頭やボディのマッサージもおすすめ。市内に6店舗ある。

リラックス度	★★★★☆
痛気持ちいい度	★★★☆☆
お得感	★★★☆☆
レア感	★★☆☆☆

Map 別冊P.9-D2
シティ・ホール＆マリーナ・エリア

🏠6 Raffles Blvd., #02-167/168 Marina Square
☎6988-3636　🕐10:00～20:00（最終受付は19:00）　🈺旧正月1日
CardA.D.M.V.　🈺グループの場合は要予約　🚇MRTエスプラネード駅から徒歩約5分
URLwww.kenko.com.sg

思い立ったら直行

おすすめメニュー
足マッサージ
Foot Reflexology
40分$59
中国式にアメリカ式を取り入れた独自のマッサージで的確にツボを刺激。

個性派メニューを味わえるサロン

肩や頭の部分マッサージは20分から

1. 全8室のうち1室がジャクージ付き　2. カップルルーム　3. スパ利用者はホテルのプールが無料で使える

おすすめメニュー
インドネシアン・バリニーズ・マッサージ
Indonesian Balinese Massage
60分$160
天然成分のオイルを使った力強いマッサージで老廃物を流し、血流をよくする効果がある。

熟練の技術で体の芯から疲れを癒やしてくれる

リラックス度	★★★★★
痛気持ちいい度	★☆☆☆☆
お得感	★★☆☆☆
レア感	★★☆☆☆

From Indonesia バリニーズマッサージ

天然素材を使ったトリートメントで心身ともに癒やされる。

高級ホテルの隠れ家スパ
セント・グレゴリー・スパ
St. Gregory Spa

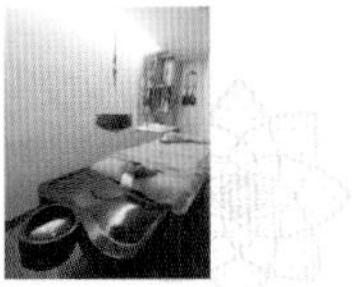

アーユルヴェーダ、中国のスイナやカッサ、カッピングなどの多国籍なトリートメントが受けられる。

Map 別冊P.21-C2　ブギス＆アラブ・ストリート

🏠7500 Beach Rd., Level4 Parkroyal on Beach Road　☎6505-5755　🕐11:00～20:00（土・日曜、祝日10:00～）　🈺無休
CardA.J.M.V.　🈺望ましい　🚇MRTブギス駅、ニコル・ハイウエイ駅から徒歩約8分　URLwww.panpacific.com/en/about/st-gregory.html

---

「アーユッシュ・アーユルヴェディック」では、オリジナルのアーユルヴェーダ石鹸やお茶を販売。　**145**

多民族国家ならではの ご当地コスメで美肌と美髪をGet！

AYURVEDA
アーユルヴェーダ

インド古来の伝統医学、アーユルヴェーダに基づいた植物性のコスメやヘアケア用品など。添加物や防腐剤などを使用していないので、敏感肌でも安心して使える。

$2.8

**Patanjaliの
ヘアクレンザー**

アーユルヴェーダに基づき、数種類の天然ハーブをブレンドしたシャンプー。よく泡立ち頭皮スッキリ。

$4.8

**Patanjaliの
アーモンド・ヘアオイル**

濡れた髪に数滴もみ込んで乾かすと、髪がよみがえる。ヘアパックにも使える。

Medimixの石鹸

100％天然成分のアーユルヴェーダ石鹸は安いのに優秀。上は18種類のハーブ入りの普通肌用、下は敏感肌用。

各$1

各$7.5

$7.5

**Himalayaの洗顔
フォーム（左）とピールオフマスク（右）**

1930年創業のインドのアーユルヴェーダブランド「Himalaya」。左は甘草とサフラン入りの美白洗顔料、右は毛穴の汚れや角質除去に優れたフェイスマスク。

Himalayaのフットケアクリーム B

サラノキやターメリックなどの天然成分配合。かかとのひび割れや足の乾燥に潤いを与え、なめらかに保つクリーム。

> アーユルヴェーダ
> コスメが
> 買える

インド製コスメの品揃えがいい
A ジョティ・ストア＆フラワーショップ
Jothi Store & Flower Shop

リトル・インディア・アーケードの北側にあるドラッグストア。「Himalaya」や「Patanjali」など、インドのアーユルヴェーダ製品を中心に扱っている。

Map 別冊P.18-B3 リトル・インディア

🏠1 Campbell Lane ☎6338-7008
🕐10:00～21:00 🈺祝日 Card可
🚇MRTローチョー駅から徒歩約3分

何でもあるインド系巨大S.C.
B ムスタファ・センター Mustafa Centre

DATA →P.66

JAMU
ジャムー

インドネシアに古くから伝わるハーブ療法をもとにした製品をジャムーという。植物の根や葉から作られ、薬や健康ドリンクのほか、化粧品に配合されて美容法に取り入れられている。

各$2

$4.5

Ellipsのヘアビタミン C

ホホバオイル、アロエベラオイルなどを配合したカプセル入りヘアオイル。シャンプー後、濡れた髪にもみ込む洗い流さないトリートメント。

**Mustikaratuの
フェイスパック**

美肌効果のあるイモ科の植物、ベンコアン入りのフェイスパック。洗顔後に塗って10分後に洗い流すとお肌がすべすべに。

**BDLのボディ
スクラブ**

ビタミンA、C、Eを配合したパパイヤのボディスクラブ。パパイヤは保湿効果が高いとされる。

$7

$4

Saanenのヤギミルク石鹸 C

マレーシア産のヤギミルク石鹸はビタミンEとミネラル豊富で、敏感肌でも使用できる。

$0.7

**Ayudyaの
ボディスクラブ** C

Lulur（ルルール）というインドネシア式のスクラブ。コーヒーを配合しており、古い角質を取り去ってくれる。

> ジャムー
> コスメが
> 買える

薬から食料品、化粧品までズラリ
C アル・バラカー Al Barakah

インドネシアやマレーシアの食品、化粧品などの卸しと小売りを行う店。シンガポール内に10店舗あり、ここがいちばん大きい。

Map 別冊P.24-B1 カトン

🏠48 Joo Chiat Rd. ☎6805-1660 🕐9:00～19:00 🈺ハリ・ラヤ・ハジ、ハリ・ラヤ・プアサの祝日 Card不可 🚇中心部からタクシーで約20分

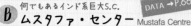

✉Patanjaliのヘアクレンザーはたくさん種類があるが、ヘナ入りのものの香りがいちばんよかった。（大阪府・こば）

インド伝統医学のアーユルヴェーダ製品、その理念がもとになったといわれるインドネシアのジャムーのコスメなど、シンガポールでリーズナブルに手に入るとっておきコスメはコレ！

ご当地コスメで美肌と美髪をGet!

CHINESE MEDICINE
漢方

タイガーバームなど、リーズナブルなアイテムのほか、1879年にシンガポールで創業した老舗漢方薬店、余仁生が独自に開発した漢方由来のケアアイテムは試してみる価値あり。

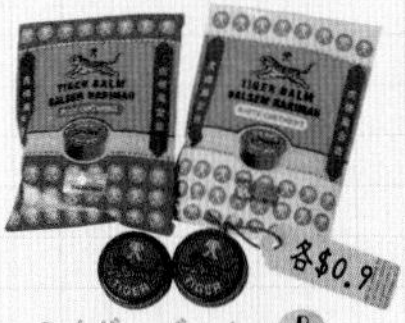
各$0.9

タイガーバーム [B]

筋肉痛や虫刺されによい、シンガポールの万能薬。温熱タイプと冷感タイプあり。スーパーマーケットなどで購入できる。

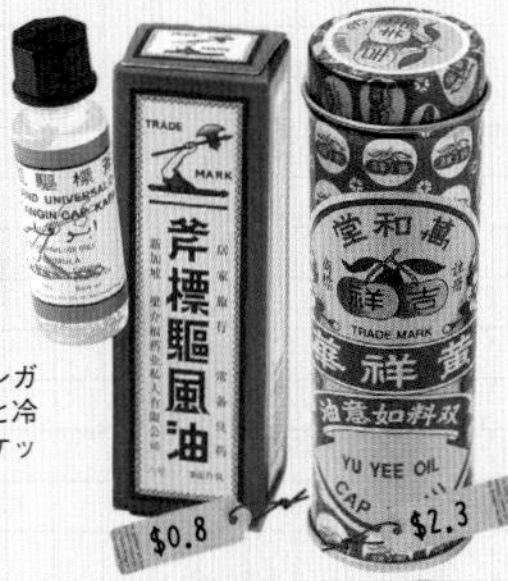
$0.8
$2.3

漢方由来の薬用オイル [B]

腰や背中の痛み、頭痛、腹痛など、痛みを感じる部分に塗ると、スーッと緩和。スーパーマーケットなどで購入できる。

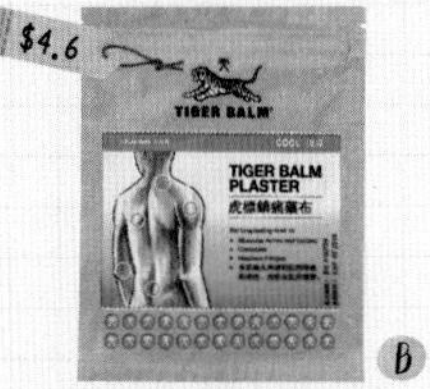
$4.6
TIGER BALM PLASTER

[B]

タイガーバームの鎮痛湿布薬

筋肉のハリやコリ、打ち身、捻挫などに効果的（3枚入り）。スーパーマーケットなどで購入できる。

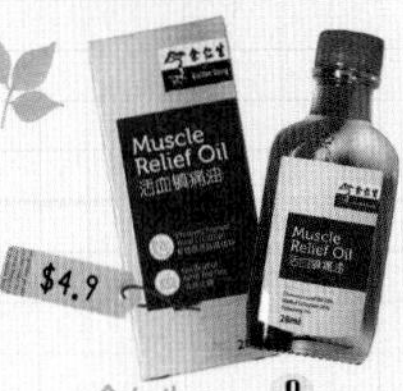
$4.9
Muscle Relief Oil

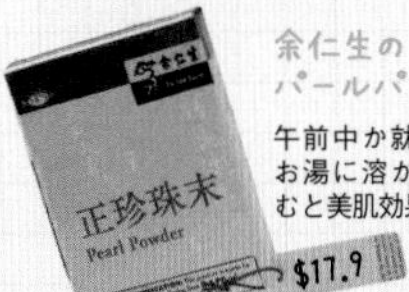
正珍珠末
Pearl Powder
$17.9

余仁生のパールパウダー [D]

午前中か就寝前にお湯に溶かして飲むと美肌効果あり。

余仁生のマッスルリリーフオイル [D]

筋肉痛に塗ると効くオイル。シナモンリーフオイルを使用しており、かなり強烈な匂い。

シンガポール生まれの漢方メーカー

[D] 余仁生
Eu Yan Sang

漢方アイテムが買える

国内に約45店舗を有するカジュアルな漢方薬店。漢方薬の調合はもちろん、漢方茶や漢方スープの素、ハーブのど飴などおみやげにもよさそうな商品も販売。

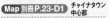

Map 別冊P.23-D1 チャイナタウン中心部

住26 Upper Cross St. ☎6223-6333 営10:00～19:00 休日曜、旧正月 Card A.M.V. 交MRTチャイナタウン駅から徒歩約3分
URL www.euyansang.com.sg

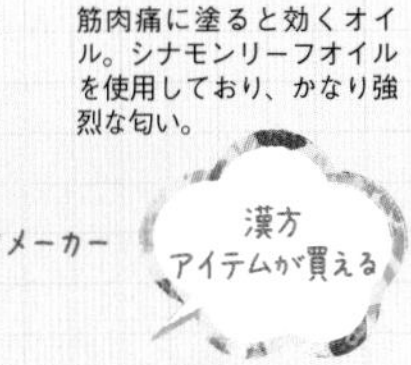

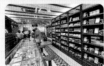

NATURAL COSMETICS
ナチュラルコスメ

2014年頃から国内でもナチュラルコスメが作られるようになった。原材料はもちろんパッケージにもこだわった、シンガポールブランドのコスメは、雑貨店などで販売されている。

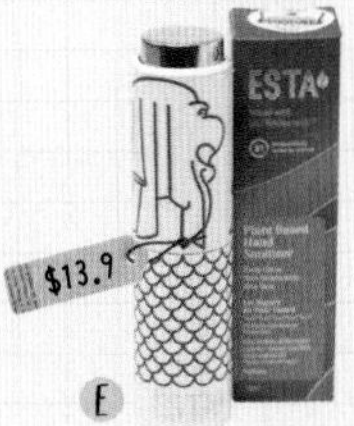
$13.9
ESTA

[E]

ESTAのマーライオン・ポケットハンドサニタイザー

天然抗菌製品のブランド「ESTA」の限定商品。アロエベラ配合で保湿効果あり。

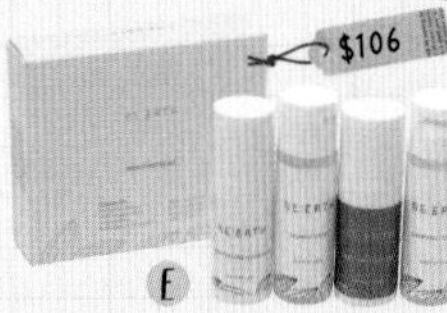
$106

[E]

RE:ERTHのミニスターターキット

RE:ERTHは人気のシンガポールスキンケアブランドで日本未上陸。メイク落とし、化粧水、ジェルモイスチャライザー、美容液のお試しキットは旅行にもGood。

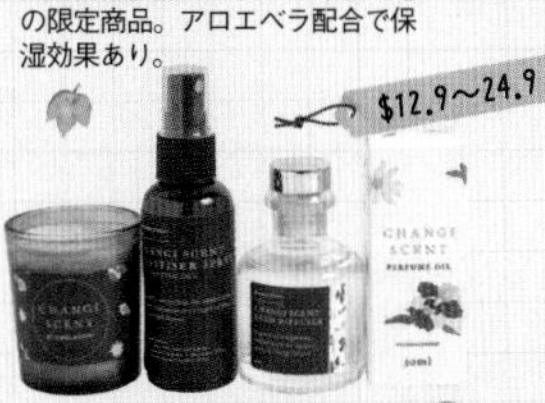
$12.9～24.9

チャンギ空港プロデュースの「Changi Scent」シリーズ [F]

アジアのスパイスや植物のノートを配合したチャンギ国際空港の香りの製品。左からアロマキャンドル、除菌スプレー、リードディフューザー、香水。

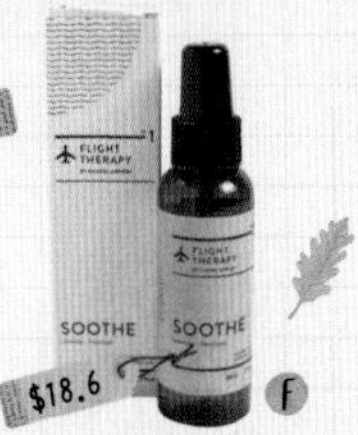
$18.6
SOOTHE
SOOTHE

[F]

フライトセラピー

こちらもチャンギ国際空港のオリジナル製品。旅の不安や緊張などを和らげてくれる、ラベンダーとパチュリー配合のアロマオイル。

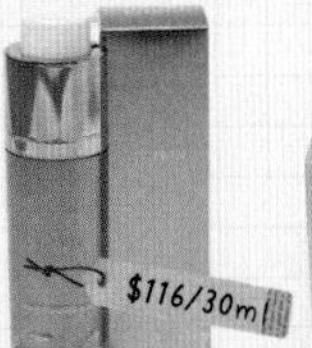
$116/30ml

[E]

RE:ERTHのマルチターゲット・エリクサー

RE:ERTHの製品は日本産の白ウコンが主成分で、ハリのあるしなやかな肌へと導いてくれる。なかでもこの美容液は最強。

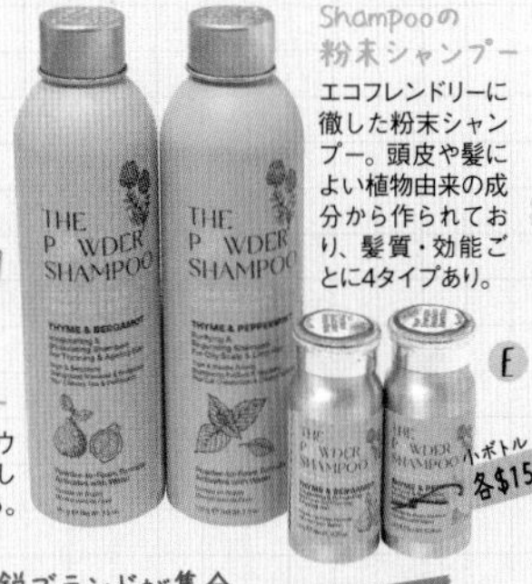
THE POWDER SHAMPOO
小ボトル各$15.9

[E]

The Powder Shampooの粉末シャンプー

エコフレンドリーに徹した粉末シャンプー。頭皮や髪によい植物由来の成分から作られており、髪質・効能ごとに4タイプあり。

シンガポールの気鋭ブランドが集合

[E] デザイン・オーチャード
Design Orchard

DATA →P.151

空港オリジナルグッズが買える

[F] ギフト・バイ・チャンギ・エアポート
Gift by Changi Airport

DATA →P.45

自然素材のコスメを買うときは、製造年月日や消費期限などを確認しよう。

裏aruco 独断 取材スタッフのTALK

「私たちの密かなお気に入りはコレ!」

取材スタッフの自分だけのお気に入りや、ホントは秘密にしておきたいコトを大公開!

まさに陶器のジャングル

プラナカン陶器も

広〜い敷地に、中国風から西洋風でありとあらゆる陶器が並んでいて、掘り出し物がザックザク。$1の箸置きセットはおみやげにまとめ買いしちゃいました。シンガポールで唯一現役の登り窯も必見! (編集K)

ソウワン・ポッタリー・ジャングル
Thow Kwang Pottery Jungle
Map 別冊 P.2-A2 シンガポール全図

🏠85 Lorong Tawas ☎6268-6121 ⏰9:00
〜17:00 🈺旧正月1週間 Card A.J.M.V.

ラクサ好きは「土鍋ラクサ」にトライ!

アツアツの土鍋ラクサ$4

郊外の団地内にあるフードセンターの有名店。ここでは土鍋で煮込んだラクサが食べられる。ココナッツミルクたっぷりなのにサラッとしていて、どこか中国風。(編集S)

デポ・ロード・ジェンシャンメイ・クレイポット・ラクサ
Depot Road Zhen Shan Mei Claypot Laksa
Map 別冊 P.2-B3 シンガポール全図

🏠120 Bukit Merah Lane 1, #01-75
Alexandra Village Food Centre
☎9088-9203 ⏰9:00〜15:30 (売り)切れた時点で閉店 🈺水・日曜、祝日 Card不可

チョンバル・ベーカリーのオリジナルグッズに注目!

「チョンバル・ベーカリー」(→P.115)で販売しているオリジナルグッズがかわいい。ドリンクメニューのイラストがプリントされたキャンバス地のトートバッグ($19.9)やタンブラーがおすすめ。(ライター・K)

10周年記念のピクニックセット

コスパ最強の天丼

セットは$18.8〜

独自でブレンドした粉と油を用いて香ばしく揚げた天ぷらが8種類ものった琥珀天丼が$15.8と、物価高のシンガポールでこの価格は驚き。オリジナル、スパイシー、マーラーだれの3種類から選べるタレは、スパイシーがおすすめ。(編集S)

天丼琥珀 Tendon KOHAKU
Map 別冊 P.7-D2 クラーク・キー周辺

🏠6 Eu Tong Sen St., #B1-52,53 Clark Quay Central
☎6226-1710 ⏰11:30〜15:30、17:00〜21:30
🈺無休 Card A.D.M.V.

イカの炭火焼きが絶品!

イカが肉厚でジューシー

人気のインドネシア料理店。化学調味料を使用せず、オイルや砂糖も最小限にとどめているのでとても食べやすく、胃がもたれません。看板料理のチュミ・バリ(イカの炭火焼き、$36)は店名に掲げるのも納得のおいしさです。(コーディネーターF)

チュミ・バリ Cumi Bali
Map 別冊 P.10-B3 チャイナタウン&シェントン・ウェイ

🏠50 Tras St., ☎6220-6619 ⏰11:30〜14:30、18:00〜
21:30 (L.O.閉店30分前) 🈺無休 Card A.M.V.

イースト・コースト・パークをお散歩

海岸沿いに広がるビーチパークでは、サイクリングやインラインスケート、ジョギングや犬の散歩と、自然を楽しむ人々の姿が印象的。カトン散策の際に海沿いまで足を延ばしてみてください。気持ちいいですよ。(カメラマンY)

ワンコとおさんぽ♡

イースト・コースト・パーク
East Coast Park
Map 別冊 P.3-C3〜D2 シンガポール全図

中華街から
インドタウンまで

多民族国家シンガポールの
多彩な顔に出合える
エリア別おさんぽコース

シンガポールの最旬エリア&文化散策ができる
エスニックタウンをご紹介。
街の匂いやそこに暮らす人々の活気を感じながら
歩いてみれば、シンガポールの成り立ちがわかるはず。

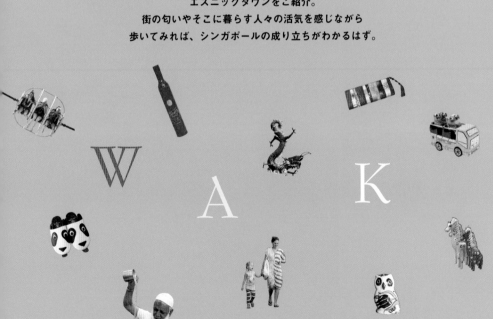

W　A　K

149

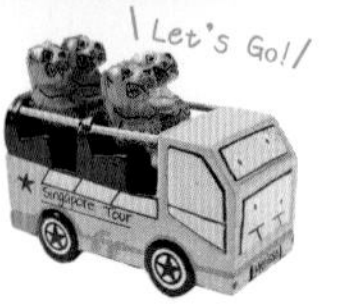
Let's Go!

シンガポールの中心地 オーチャード・ロードで おみやげショッピング&美食ツアー

ガラス張りのオブジェみたいなS.C.に、歴史的なコロニアルなホテル、話題のブティックに雑貨店……etc.　世界中から物や人が集まるメインストリートでシンガポールの今を体感しよう！

TOTAL 6時間

オーチャード・ロード おさんぽ

TIME TABLE

15:00 レスプレッソ
↓ 徒歩8分
16:30 イセタン・スコッツ
↓ 徒歩5分
17:30 パーム・プレス
↓ 徒歩10分
18:30 メリッサ
↓ 徒歩5分
19:00 デザイン・オーチャード
↓ 徒歩2分
20:00 ナンバー・ファイブ

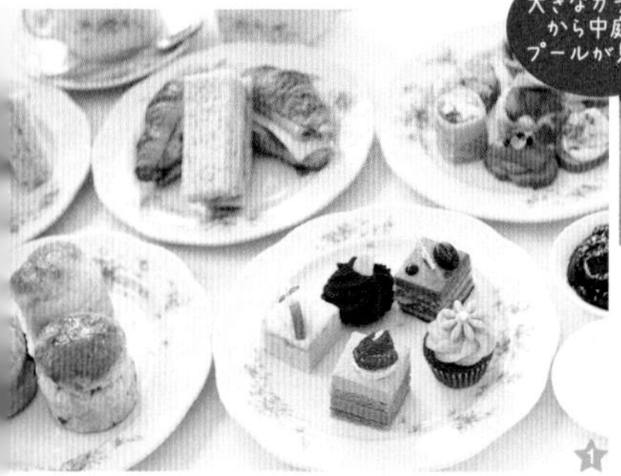

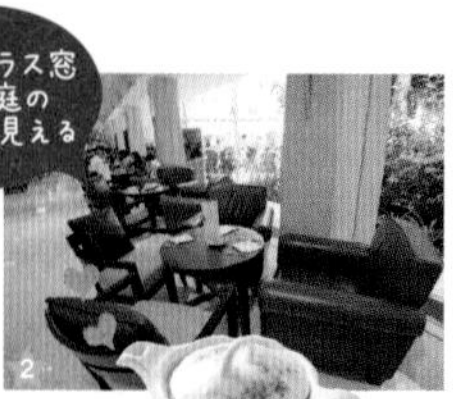
大きなガラス窓から中庭のプールが見える

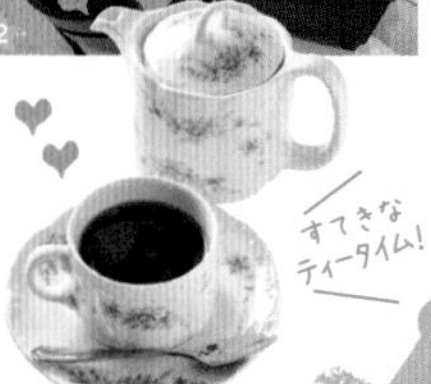
すてきなティータイム！

1. 常時40～50種類のメニューが揃う　2. 室内席とプールサイドのテラス席がある

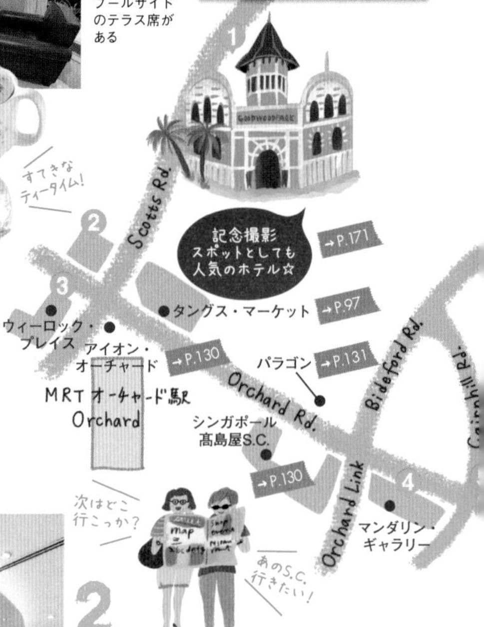
Scotts Rd.
記念撮影スポットとしても人気のホテル☆
→P.171
タングス・マーケット
→P.97
ウィーロック・プレイス
アイオン・オーチャード
→P.130
パラゴン
→P.131
MRTオーチャード駅
Orchard
Orchard Rd.
Bideford Rd.
Cairnhill Rd.
シンガポール髙島屋S.C.
→P.130
Orchard Link
マンダリン・ギャラリー
次はどこ行こっか？
あのS.C.行きたい！

1 コロニアルホテルでハイティー レスプレッソ 15:00

L'Espresso

グッドウッド・パーク・ホテル(→P.171)で、ビュッフェスタイルのハイティーが楽しめる。ケーキのほか点心やサンドイッチなどメニューも豊富。

Map 別冊P.15-D1

住 22 Scotts Rd., 1F Goodwood Park Hotel　☎6730-1743　営11:00～19:00（ハイティービュッフェは平日12:00～14:30、15:00～17:30、土・日曜、祝日11:00～13:00、13:30～15:30、16:00～18:00）休無休　[Card]A.D.J.M.V.　料大人$65（金～日曜$68)、子供（6～11歳）$39（金～日曜$40.8）予週末は望ましい　交MRTオーチャード駅から徒歩約8分

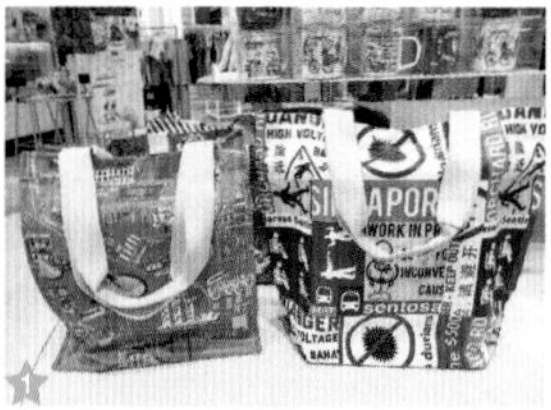
SINGAPORE

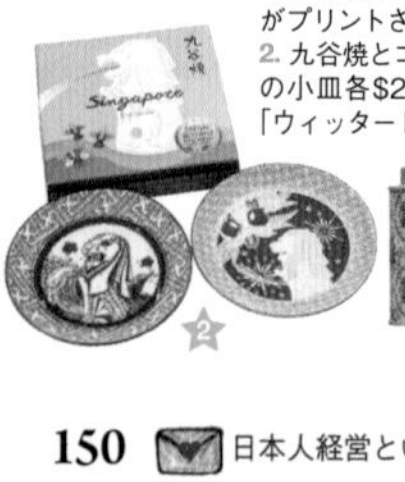
九谷焼
Singapore

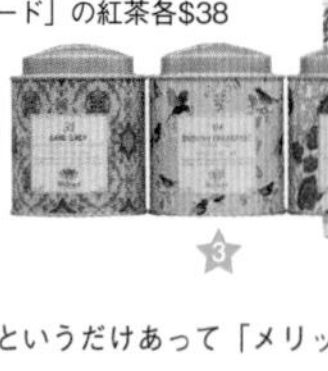

1. シンガポールの名所やアイコンがプリントされたバッグ各$57　2. 九谷焼とコラボしたマーライオンの小皿各$20　3. イギリスの老舗「ウィッタード」の紅茶各$38

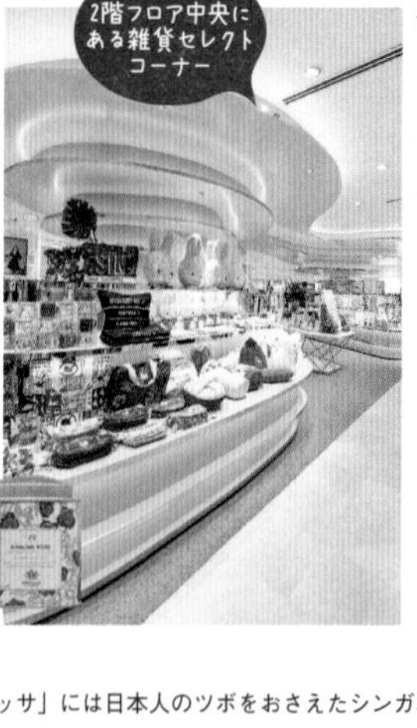
2階フロア中央にある雑貨セレクトコーナー

2 おみやげ買いに便利な百貨店 イセタン・スコッツ 16:30

Isetan Scotts

おみやげによい食品を集めたコーナーがある地下1階のスーパー（→P.137）と、2階のローカルデザイナーの雑貨やスキンケア用品などをセレクトしたコーナーは要チェック。

Map 別冊P.15-C2

住 350 Orchard Rd., Shaw House　☎6733-1111　営10:00～21:00　休旧正月1日　[Card]A.D.J.M.V.　交MRTオーチャード駅から徒歩約5分　[URL]www.isetan.com.sg

✉ 日本人経営というだけあって「メリッサ」には日本人のツボをおさえたシンガポールみやげが揃ってました。（千葉県・落花生）

オーチャード・ロード

19世紀まではこのあたりにナツメグなどを栽培する果樹園があったことからオーチャード（果樹園）という名前が付いたといわれている。「すべてのものを新しく」という政府の方針のもと、40年ほど前からショッピングセンターや高級ホテルの建設が始まり、今や一大観光地となっている。

アイスの屋台だよ〜！

ショッピングセンターが連なる買い物天国！

Emerald Hill Rd.

6
313・アット・サマセット →P.131
オーチャード・セントラル

1. 南国を感じるアイテムがたくさん
2. インドネシア製のバティック生地を利用したペンケース各$15　3. ウエアのデザインはシンガポール人、インドネシアで製作

---

3 エスニック雑貨が豊富 17:30
パーム・プレス
The Palm Press

ウィーロック・プレイス地下1階のショップ。エスニック雑貨やリゾートウエア、アクセサリーなどがズラリと並び、手頃な価格も魅力的。シンガポールみやげもある。

Map 別冊P.15-C2

🏠501 Orchard Rd., #B1-02 Wheelock Place ☎8022-1877 ⏰11:00〜20:00 休無休 Card A.M.V. 🚇MRTオーチャード駅から徒歩約2分

プラナカンのタイル柄コースター$12

店員さんは日本語OKなのでアンシン☆

---

4 エスニックな手工芸品に胸キュン♥ 18:30
メリッサ
Melissa

バティック布を組み合わせたカフェエプロンや木彫りのマーライオンなど、オリジナルの「シンガポールみやげ」が揃う。

Map 別冊P.16-A2

🏠333A Orchard Rd., #04-30 Mandarin Gallery ☎6333-8355 ⏰11:00〜19:00 休月曜、旧正月5日間 Card A.J.M.V. 🚇MRTサマセット駅から徒歩約6分 URL www.melissazakka.com

1. シンガポールの名所や名物を盛り込んだすごろく$25。ゲーム駒のマーライオンもかわいく、子供も大人も楽しめる　2. プラナカンタイル柄の小皿2枚セット$25

---

5 地元アーティストの作品を販売 19:00
デザイン・オーチャード
Design Orchard

新進気鋭のデザイナーのウエアやアクセサリーをはじめ、インテリアや小物雑貨、スキンケア用品、子供服やビーチウエアまでバラエティ豊富。

Map 別冊P.16-A2

🏠250 Orchard Rd., #01-01 ☎6513-1743 ⏰10:30〜21:30 休旧正月 Card A.M.V. 🚇MRTサマセットから徒歩約5分 URL www.designorchard.sg

1. トロピカルな植物、フラミンゴの絵柄のポーチ各$18　2. 広々としたスペース　3. オウムのイラスト画のキャンバスポーチ$25　4. 色鮮やかなプラナカンタイル柄のコースター6枚セット$70

---

6 ショップハウスの老舗Bar 20:00
ナンバー・ファイブ
No.5

1910年代に建てられたショップハウス内にあるカクテルバー。27種類あるマティーニと絶品フィンガーフードでワイワイ盛り上がろう。

Map 別冊P.16-B2

🏠5 Emerald Hill Rd. ☎6732-0818 ⏰12:00〜翌2:00（金・土曜、祝前日〜翌3:00、日曜、祝日17:00〜） 休A.J.M.V. 休不要 🚇MRTサマセット駅から徒歩約3分

東洋と西洋が交差するインテリアも楽しみたい

「ナンバー・ファイブ」では終日マティーニ2杯を$30で提供するプロモーションあり。

オーチャード・ロード

マリーナ・エリアで「ザッツ・シンガポール」な景色と記念写真撮りまくり！

シンガポール川河口エリアは、トーマス・スタンフォード・ラッフルズが上陸し、発展の基礎を築いたこの国の原点の地。シンガポールを代表する観光スポットをハシゴしちゃお♪

TOTAL 4時間

マリーナ・エリア
おさんぽ
TIME TABLE

17:00	マーライオン・パーク
↓ 徒歩7分	
17:30	ラッフルズ上陸記念の地
↓ タクシー5分	
18:00	ファウンテン・オブ・ウエルス
↓ 徒歩13分	
18:45	シンガポール・フライヤー
↓ タクシー5分	
20:00	ヴュー

マーライオンとサンズの2大スターと一緒にパチリ！

シェントン・ウェイのビル群をバックに

昔の生活シーンの像が川沿いに。これは交易品の売買の様子

マーライオンって何者？
上半身がライオン、下半身が魚。ライオンはシンガポールの名前の由来の「シンガ（ライオンの意）」から。昔のこの地の呼び名「トゥマセク（海の町の意）」から海を象徴する意味を込めて下半身は魚にしたとされる。

マーライオンの伝説
11世紀頃、サン・ニラ・ウタマという王子が狩りに出かけ、獲物を追いかけていたとき、山の上から美しい島を見つけた。王子は船でその島を目指すが、途中でひどい嵐に遭う。かぶっていた王冠を海に投げると、嵐は静まり無事その島に上陸。そこで最初に出合ったのがライオンで、王子は「この動物は幸運のシンボルに違いない」と悟り、この地をライオンシティ（シンガプーラ）と名付けた。以来ライオンがシンボルに。

1 マーライオンとコラボ写真を
マーライオン・パーク 17:00
Merlion Park

マーライオンはもちろん、正面にはマリーナベイ・サンズ、後方には高層ビル群など、迫力ある景色は圧巻。

Map 別冊P.12-A2

♦Merlion Park 囲無料 図MRTラッフルズ・プレイス駅から徒歩約10分

マーライオンは全部で6頭いるよ！

マウント・フェーバー近くの公園に立つマーライオン！

2 シンガポールの父とご対面
ラッフルズ上陸記念の地 17:30
Raffles Landing Site

1819年ラッフルズが上陸したのがここ。漁村から近代都市への転換点となった場所ともいえる。

Map 別冊P.8-B3

囲無料 図MRTラッフルズ・プレイス駅から徒歩約7分

1. ラッフルズ像　2. 像の台座の4面に「ラッフルズ卿、1819年1月28日に初上陸」と刻まれている　3. 対岸には高層ビル群が見える

ON THIS HISTORIC SITE
SIR THOMAS STAMFORD RAFFLES
FIRST LANDED IN SINGAPORE
ON 29TH JANUARY 1819
AND WITH GENIUS AND PERCEPTION
CHANGED THE DESTINY OF SINGAPORE
FROM AN OBSCURE FISHING VILLAGE
TO A GREAT SEAPORT AND
MODERN METROPOLIS

Bras Basah Rd.
MRT エスプラ
Esplana
ラッフルズ・シティ
Stam ford Rd.

MRTシティ・ホール駅 City Hall
North Bridge Rd.
Coleman St.
ナショナル・ギャラリー・シンガポール
国会議事堂
アートハウス

アジア文明博物館
シンガポール川
エスプラネード・オン・ザ・

遊歩道（プロムナード）

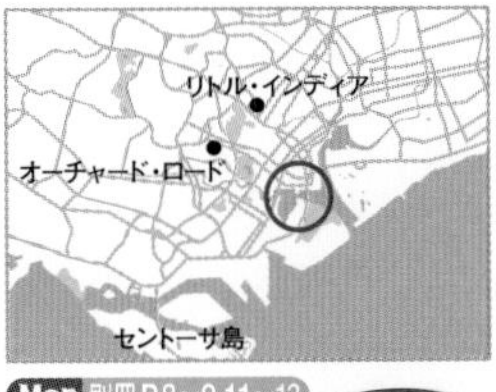
リトル・インディア
オーチャード・ロード
セントーサ島

Map 別冊P.8〜9,11〜13

ドリアン型のアート施設「エスプラネード・シアターズ・オン・ザ・ベイ」

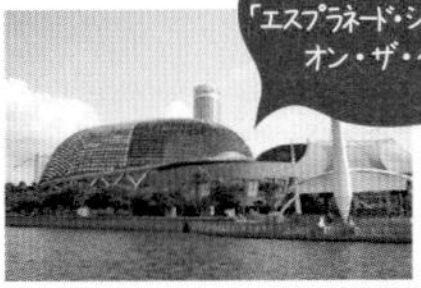

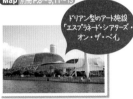

3 ビル群の谷間のパワースポット
ファウンテン・オブ・ウエルス 18:00
Fountain of Wealth

「富の泉」の名をもつこの噴水は、風水に基づいて建てられた5つのタワーのちょうど中央に位置し、噴水に右手で触れながら周りを3周すると、願いがかなうといわれている。

Map 別冊P.9-D1

⌂3 Temasek Blvd., Sun Tec City ☎6337-3803 ◷噴水に触れる時間10:00〜12:00、14:00〜16:00、18:00〜19:30 [休]無休 [料]無料 [交]MRTエスプラネード駅から徒歩約5分

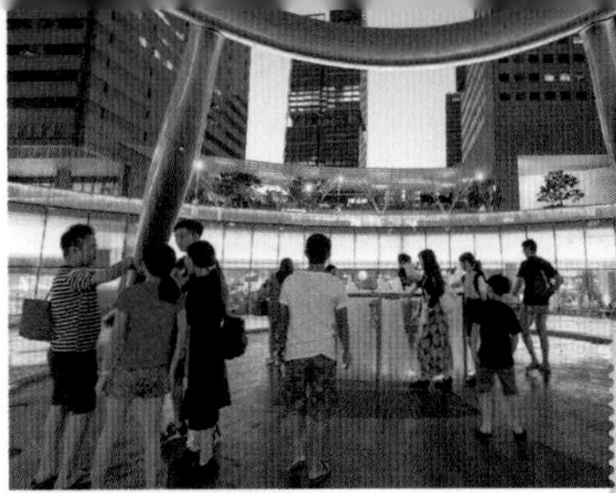

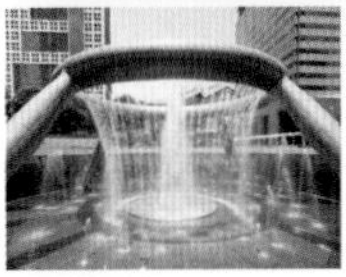

噴水へはサンテック・シティ・モール地下1階の専用出入口からアクセス。噴水に触れる時間は限られているので注意

フライヤー豆知識

ゴンドラは28人乗りで全28カプセル。設計は黒川紀章氏とシンガポールで活躍する日本のデザインチームが手がけ、三菱重工によって建設された。アイン・ドバイ、ラスベガスのハイ・ローラーに続いて世界第3位の高さ。

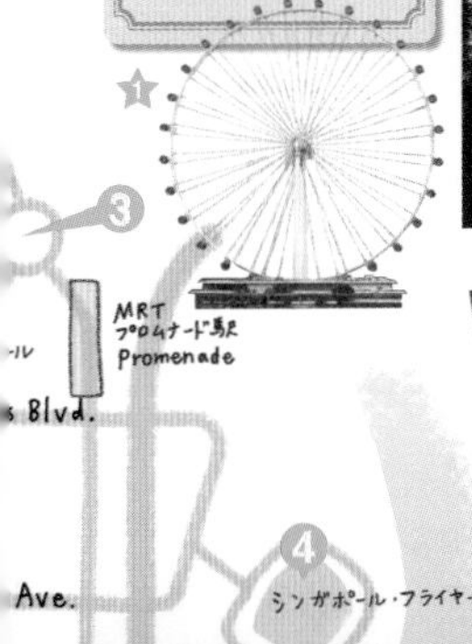
1
3
MRT
プロムナード駅
Promenade
s Blvd.
4
シンガポール・フライヤー
Ave.

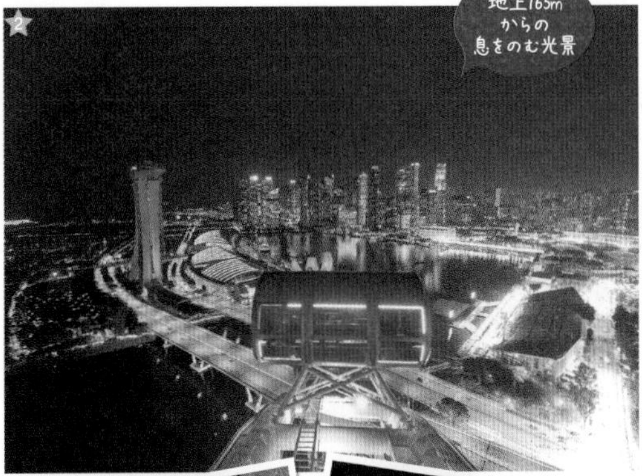
2

地上165mからの息をのむ光景

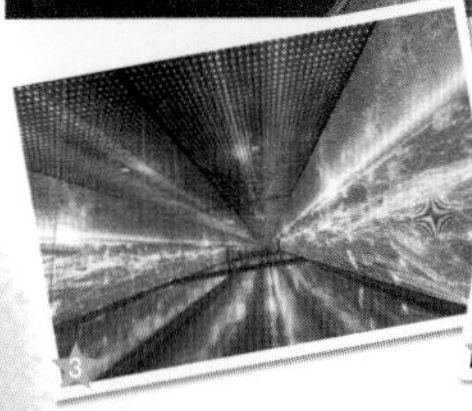

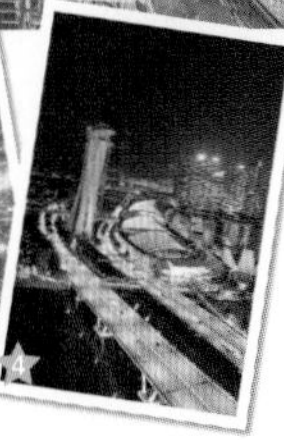

1. 約30分かけて1周する 2. 天気がよければセントーサ島やインドネシアの島々まで見渡せる 3. タイムカプセルの目玉「インフィニティ・スペース」 4. マリーナ・ベイの美しい夜景

4 18:45 世界最大級の観覧車
シンガポール・フライヤー
Singapore Flyer

エアコン完備のカプセルが最高165mまで上昇し、シンガポール全域を見渡せる。日没直前の18:30頃に乗るのがおすすめ。カクテルやシャンパン付きのフライト情報はウェブサイトをチェック。インタラクティブな展示施設「タイムカプセル」が2020年末にオープンした。

Map 別冊P.13-C1

⌂30 Raffles Ave. ☎6333-3311 ◷14:00〜22:00（最終乗車は21:30） [休]メンテナンスの日 [Card]A.M.V. [料]大人$40、子供$25 [交]MRTプロムナード駅から徒歩約7分 [URL]www.singaporeflyer.com

20:00

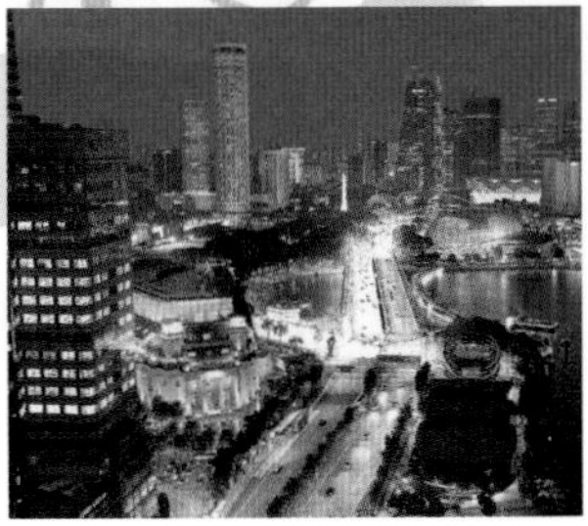

5 マリーナ・ベイのパノラマに乾杯！
ヴュー
VUE

マリーナに面した高層ビルの最上階にあるダイニングでモダンヨーロピアン料理を堪能。オープンエアのバーエリアもおすすめ。

Map 別冊P.12-A2

⌂50 Collyer Quay, Level 19 OUE Bayfront ☎8879-0923 ◷12:00〜15:00、17:30〜23:00（バーは17:00〜24:00） [休]土・日曜、祝日のランチ、旧正月1日 [Card]A.J.M.V. [予]望ましい 短パン、ビーチサンダルでは入店不可 [URL]www.vue.com.sg/home-page

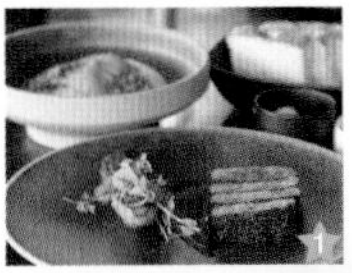

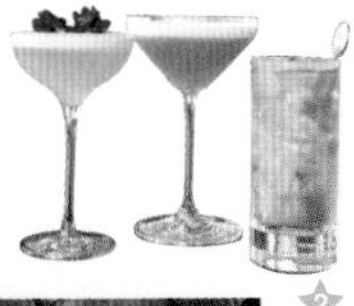

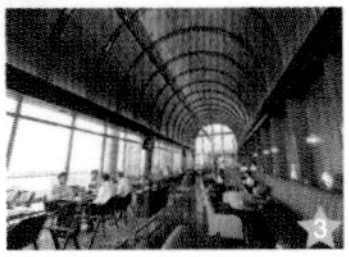

1. A5ランクの熊本産和牛ステーキは$178/150g〜 2. オリジナルカクテルは$26〜 3. 落ち着いた雰囲気の店

「ヴュー」のダイニングは13歳以上、バーは18歳以上という年齢制限あり。

川沿いのエンタメスポット クラーク・キーで ナイトライフを満喫

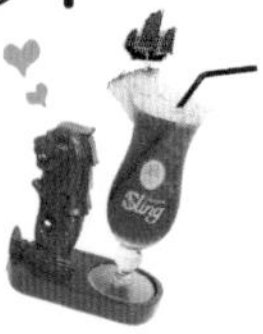
Sling

**いまや一大エンタメスポットと化したクラーク・キーは
19世紀以降貿易の拠点として発展したシンガポールの倉庫街だった。
歩くだけでもワクワクのこのエリアで、思いっきりエンタメを楽しもう。**

TOTAL 6時間

クラーク・キー おさんぽ

TIME TABLE

16:00 クラーク・キー・セントラル
↓ 徒歩5分
17:30 SGホーカー
↓ 徒歩3分
18:30 シンガポール・リバー・クルーズ
↓ 徒歩10分
20:00 タパス24
↓ 徒歩10分
22:00 ズーク

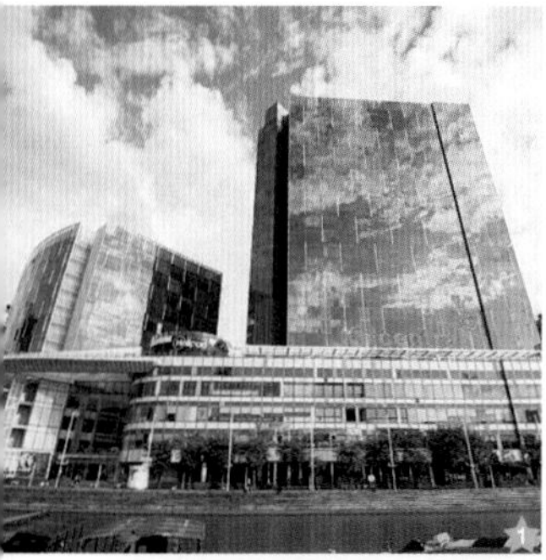

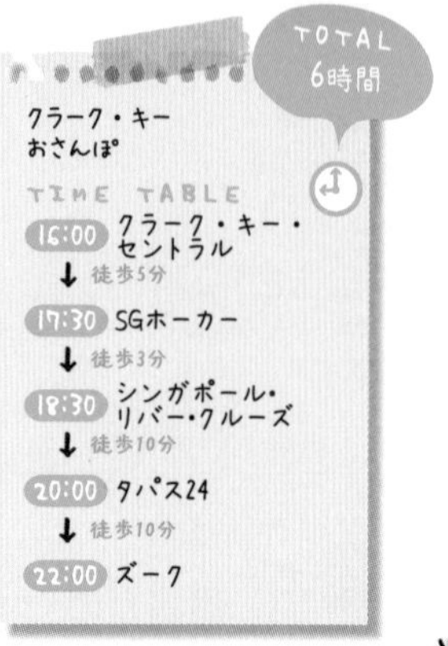

1 原宿をコンセプトにしたS.C. 16:00
クラーク・キー・セントラル Clarke Quay Central

ファッションの店がメインで、2階に「ルミネ・シンガポール」が大々的に展開。ラーメンや天丼など、日本食レストランも充実。

[Map] 別冊P.7-D2

🏠6 Eu Tong Sen St. ☎6532-9922 🕘11:00～22:00(レストランは～22:30または23:00) [交]MRTクラーク・キー駅から徒歩約2分 [URL]www.fareastmalls.com.sg/clarke-quay-central

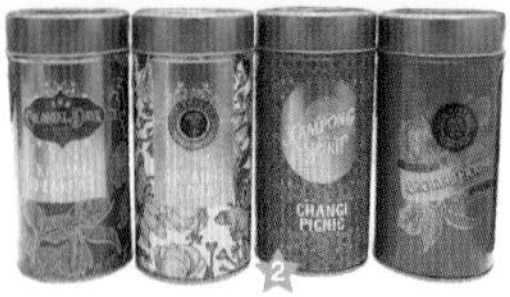
CHANGI PICNIC

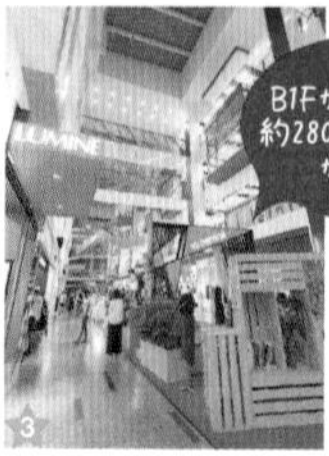
LUMINE
B1Fから4Fまで約280のショップが入店

1. シンガポール川に面して建つ 2. 1965年創業の菓子店「オールド・センチョーン」(1F)のローカルフレーバーのクッキーはおみやげにおすすめ 3. MRTクラーク・キー駅直結のS.C.

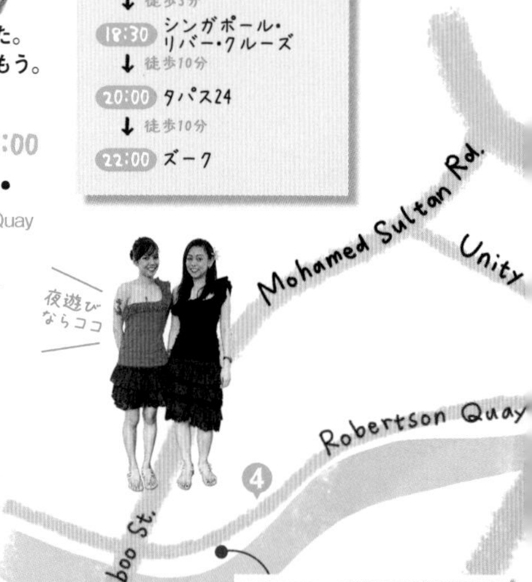
Mohamed Sultan Rd.
Unity
夜遊びならココ
Robertson Quay
4
Saboo St.

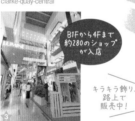

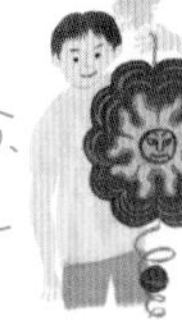
キラキラ飾り、路上で販売中！

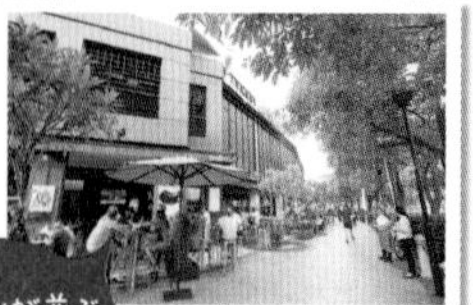
レストランが並ぶロバートソン・キーは大人な雰囲気

2 小腹がすいたら 17:30
SGホーカー SG Hawker

クラーク・キーの一角に誕生したホーカーズ。ラクサやフライド・ホッケン・ミーなど麺類の店を中心に5店舗と規模は小さいが、テーブルはゆったりと配置されていて、休憩にぴったり。

[Map] 別冊P.7-D2

🏠River Valley Rd., Blk. E, #01-08 Clarke Quay 🕘店によって異なり、8:00頃～22:00頃 [休]無休 [Card]不可 [交]MRTフォート・カニング駅から徒歩約3分、クラーク・キー駅から徒歩約5分

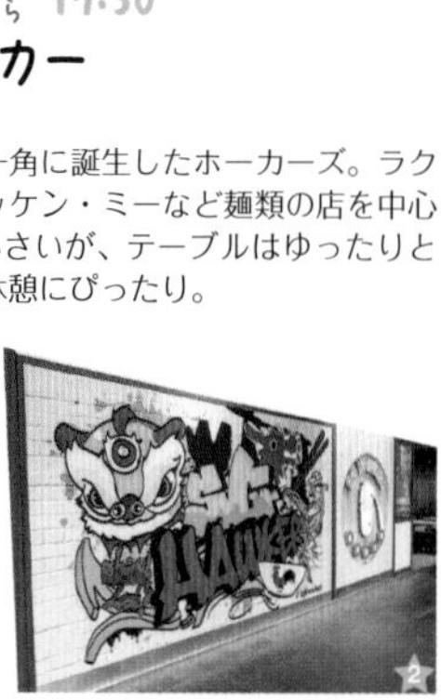
SG HAWKER

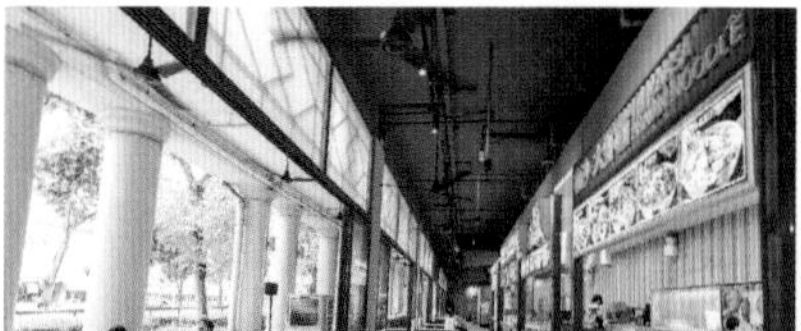

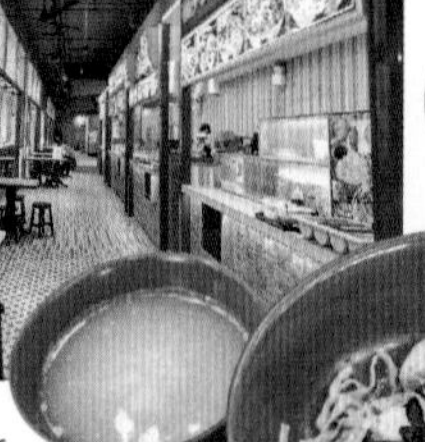
ピリリと辛い豚ひき肉入りのあえ麺

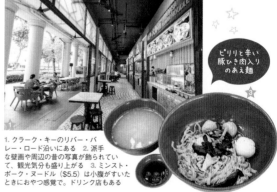

1. クラーク・キーのリバー・バレー・ロード沿いにある 2. 派手な壁画や周辺の昔の写真が飾られていて、観光気分も盛り上がる 3. ミンスト・ポーク・ヌードル（$5.5）は小腹がすいたときにおやつ感覚で。ドリンク店もある

 ✉ マリーナ・ベイ周辺の移動ならリバー・タクシーの利用がおすすめ（1区間$5）。とても気持ちがよくて息子も大喜びでした。（匿名希望）

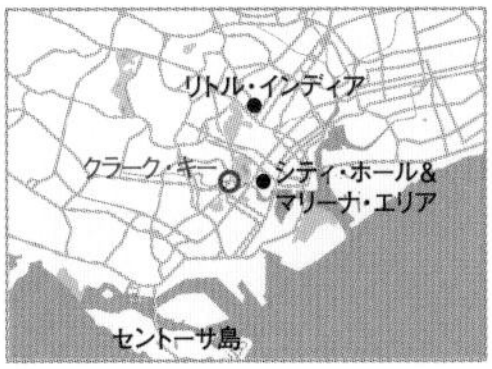

リトル・インディア
クラーク・キー
シティ・ホール&
マリーナ・エリア
セントーサ島

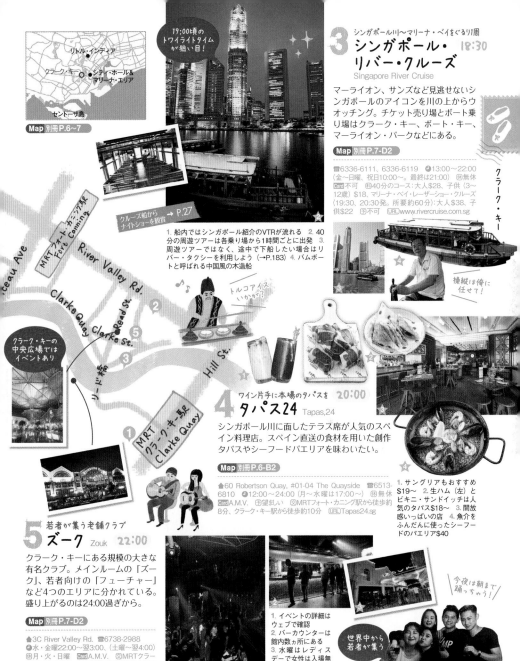

Map 別冊P.6〜7

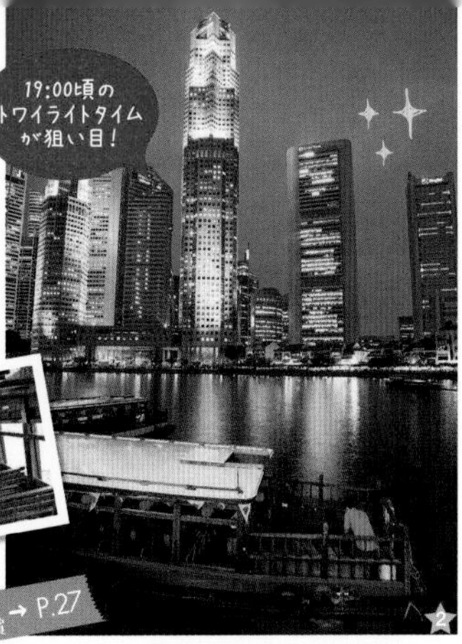

19:00頃の
トワイライトタイム
が狙い目!

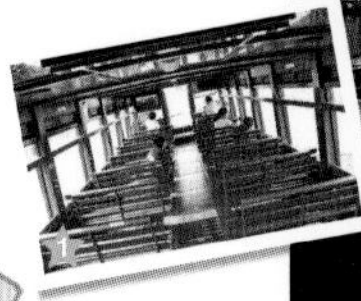

クルーズ船から
ナイトショーを観賞 → P.27

3 シンガポール・リバー・クルーズ 18:30

シンガポール川〜マリーナ・ベイをぐるり1周

Singapore River Cruise

マーライオン、サンズなど見逃せないシンガポールのアイコンを川の上からウオッチング。チケット売り場とボート乗り場はクラーク・キー、ボート・キー、マーライオン・パークなどにある。

Map 別冊P.7-D2

☎6336-6111、6336-6119 🕘13:00〜22:00（金〜日曜、祝日10:00〜。最終は21:00）[休]無休 [Card]不可 [料]40分のコース：大人$28、子供（3〜12歳）$18、マリーナ・ベイ・レーザーショー・クルーズ（19:30、20:30発。所要約60分）：大人$38、子供$22 [予]不可 [URL]www.rivercruise.com.sg

1. 船内ではシンガポール紹介のVTRが流れる 2. 40分の周遊ツアーは各乗り場から1時間ごとに出発 3. 周遊ツアーではなく、途中で下船したい場合はリバー・タクシーを利用しよう（→P.183） 4. バムボートと呼ばれる中国風の木造船

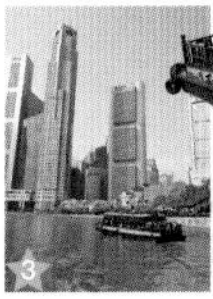

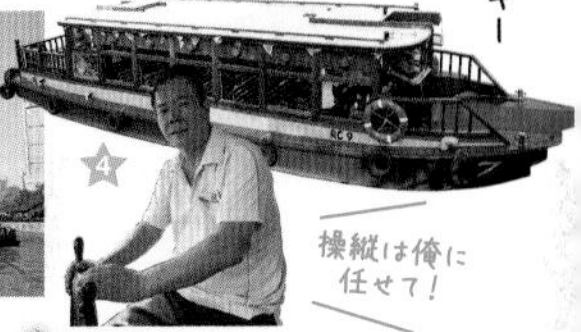

操縦は俺に
任せて!

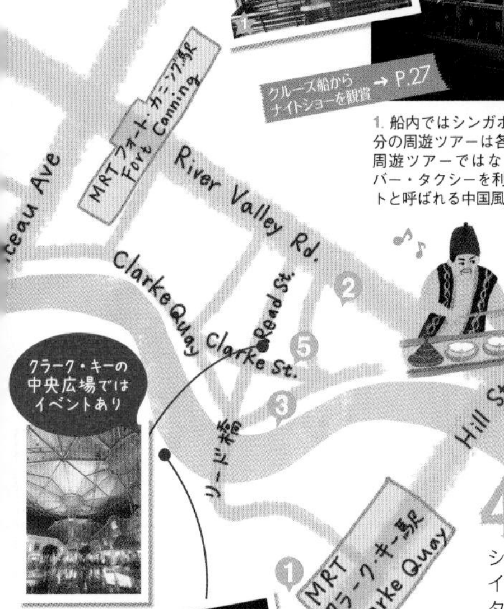

MRTフォート・カニング駅
Fort Canning
River Valley Rd.
Clarke Quay
Read St.
Clarke St.
リード橋
Hill St.
MRT
クラーク・キー駅
Clarke Quay
クラーク・キーの
中央広場では
イベントあり
トルコアイス
いかが?

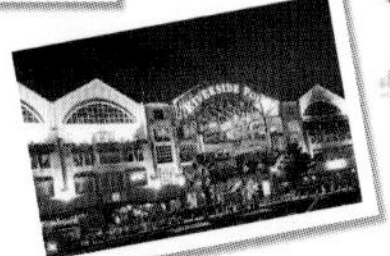

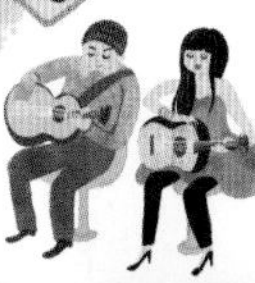

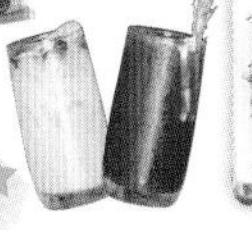

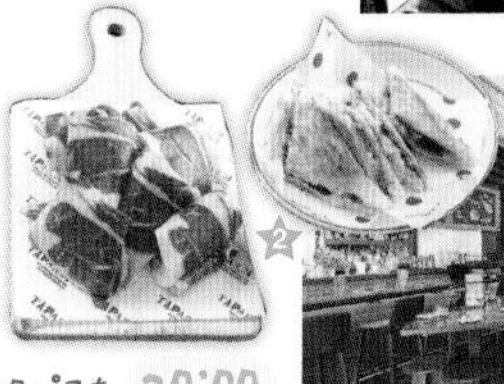

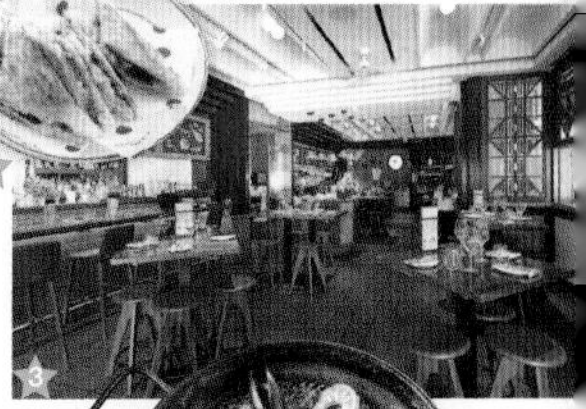

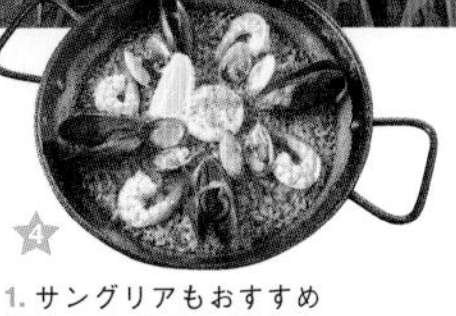

4 タパス24 20:00

ワイン片手に本場のタパスを

Tapas,24

シンガポール川に面したテラス席が人気のスペイン料理店。スペイン直送の食材を用いた創作タパスやシーフードパエリアを味わいたい。

Map 別冊P.6-B2

🏠60 Robertson Quay, #01-04 The Quayside ☎6513-6810 🕘12:00〜24:00（月〜水曜は17:00〜）[休]無休 [Card]A.M.V. [予]望ましい [交]MRTフォート・カニング駅から徒歩約8分、クラーク・キー駅から徒歩約10分 [URL]Tapas24.sg

1. サングリアもおすすめ$19〜 2. 生ハム（左）とビキニ・サンドイッチは人気のタパス$18〜 3. 開放感いっぱいの店 4. 魚介をふんだんに使ったシーフードのパエリア$40

5 ズーク 22:00

若者が集う老舗クラブ

Zouk

クラーク・キーにある規模の大きな有名クラブ。メインルームの「ズーク」、若者向けの「フューチャー」など4つのエリアに分かれている。盛り上がるのは24:00過ぎから。

Map 別冊P.7-D2

🏠3C River Valley Rd. ☎6738-2988
🕘水・金曜22:00〜翌3:00、（土曜〜翌4:00）[休]月・火・日曜 [Card]A.M.V. [交]MRTクラーク・キー駅、フォート・カニング駅から徒歩約5分 [URL]zoukclub.com

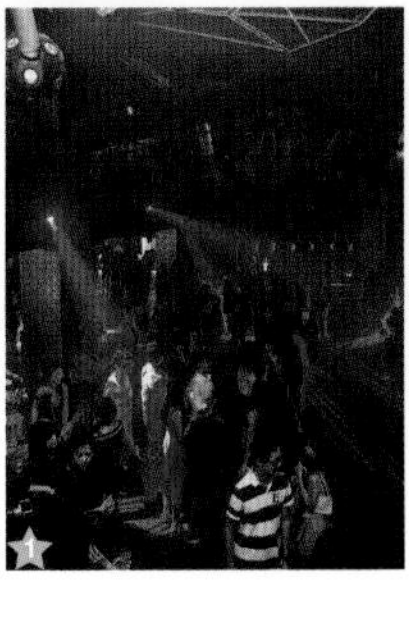

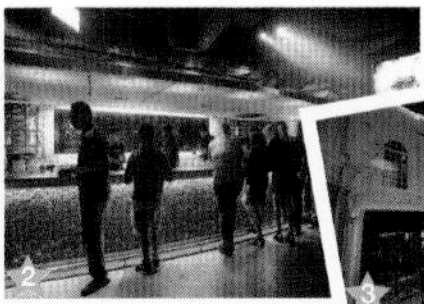

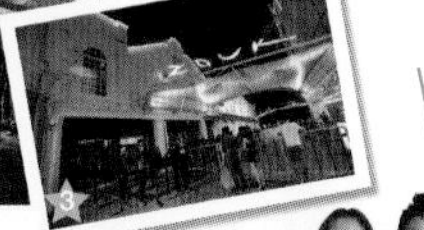

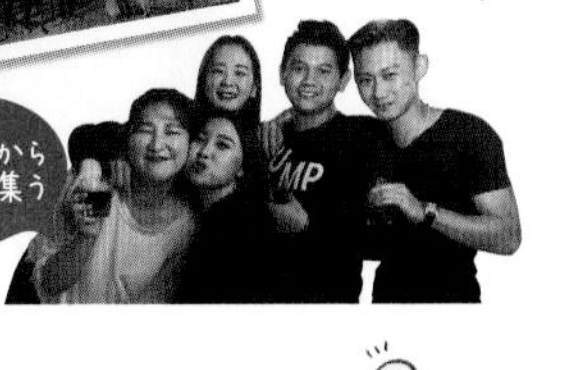

今夜は朝まで
踊っちゃう!
世界中から
若者が集う

1. イベントの詳細はウェブで確認
2. バーカウンターは館内数ヵ所にある
3. 水曜はレディスデーで女性は入場無料（男性$40）

「タパス24」があるのは、ロバートソン・キー Map 別冊P.6-B2〜P.7-C2 というレストラン街。こちらも夜遊びにおすすめ。

中国パワーと文化を体感できるチャイナタウンでおサイフにうれしいショッピングツアー♥

シンガポール最古の寺院やティーサロンで中国文化に触れつつ、巨大市場や中国系デパートでディープなショッピングを楽しもう！

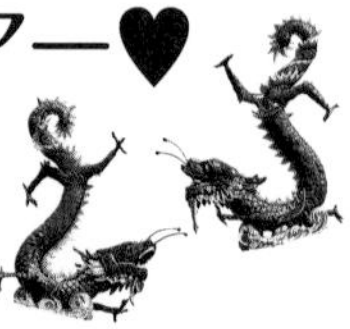

TOTAL 6時間

チャイナタウンおさんぽ

TIME TABLE

- 11:30 シアン・ホッケン寺院
  - ↓ 徒歩1分
- 12:30 シンガポール・オルゴール博物館
  - ↓ 徒歩8分
- 13:30 ティーチャプター
  - ↓ 徒歩3分
- 15:00 アンソニー・ザ・スパイス・メーカー
  - ↓ 徒歩5分
- 15:30 パゴダ・ストリート
  - ↓ 徒歩2分
- 16:00 チャイナタウン・コンプレックス
  - ↓ 徒歩5分
- 16:30 裕華國貨

1 最古の守り神にお参り 11:30
シアン・ホッケン寺院
Thian Hock Keng Temple

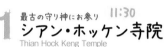

1841年創建のシンガポール最古の道教寺院。1日中途切れることのない参拝客や、寺院内に漂う線香の香りに、約180年の歴史の重みを感じることができる。

[Map] 別冊P.11-C2

🏠158 Telok Ayer St. ☎6423-4616 🕘7:30～17:30（最終入場17:00） [休]無休 [交]MRTテロック・アヤ駅から徒歩約3分

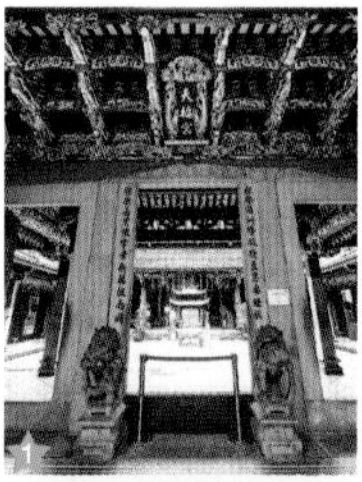

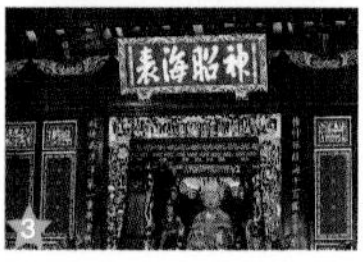
神昭海表

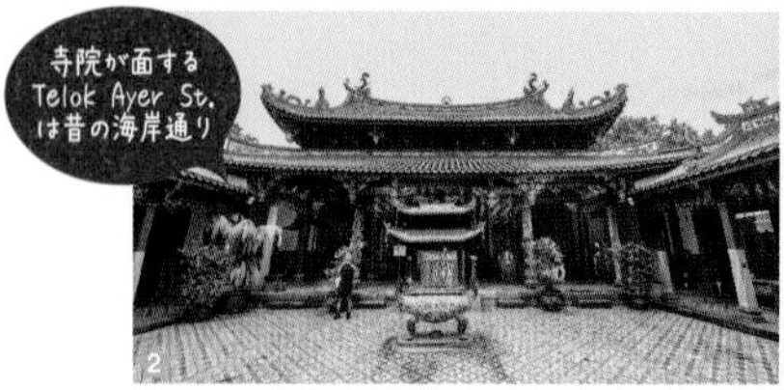
寺院が面する
Telok Ayer St.
は昔の海岸通り

1. 趣あるたたずまい。入口門の庇の装飾も見事 2. 観光ツアーのコースにも組み込まれる古刹 3. 本堂中央には、船乗りを守るという海の守り神「天后」が祀られている

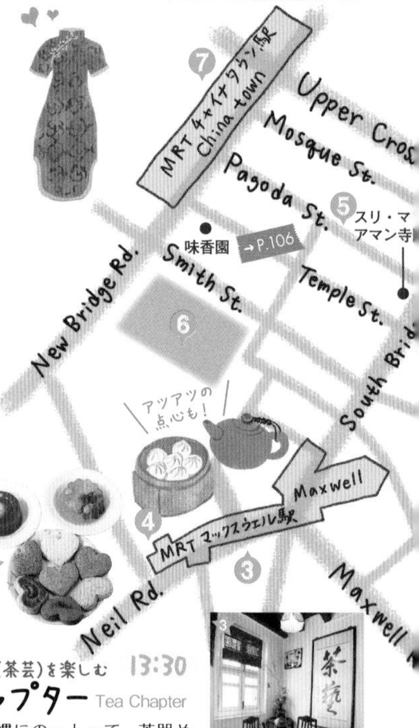
MRT チャイナタウン駅 China town
Upper Cros
Mosque St.
Pagoda St.
スリ・マ
アマン寺
味香園
→P.106
Smith St.
Temple St.
New Bridge Rd.
South Brid
アツアツの点心も！
Maxwell
MRT マックスウェル駅
Neil Rd.
Maxwell

2 美しい音色を聴き比べ 12:30
シンガポール・オルゴール博物館
Singapore Musical Box Museum

1849～52年創建の、崇文閣という歴史的建物と同じ敷地内にある。緻密な細工が施されたヨーロッパ各国のアンティークオルゴールや、タイタニック号に乗せる予定だったオルゴールなど貴重な品がズラリ。

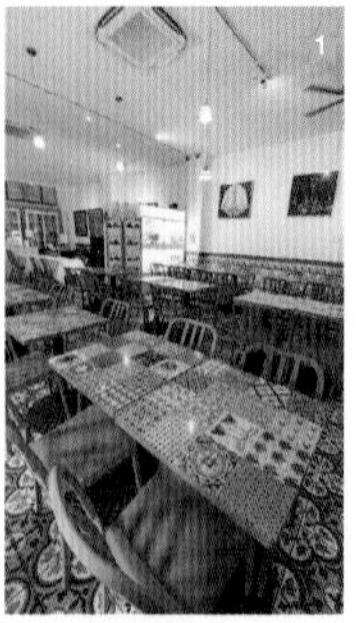

[Map] 別冊P.11-C2

🏠168 Telok Ayer St. ☎9864-6021 🕘11:00～17:00（最終入場15:00） [休]祝日、旧正月3～4日間 [料]$12（学生、60歳以上$6、6歳以下無料） [予]要予約 [交]MRTテロック・アヤ駅から徒歩約3分 [URL]www.singaporemusicalboxmuseum.org

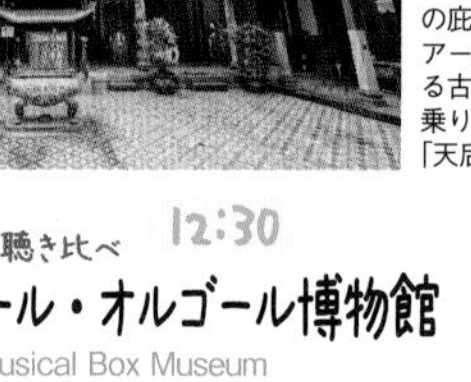

1. ミュージアム・カフェもある 2. シンガポール製のオルゴール

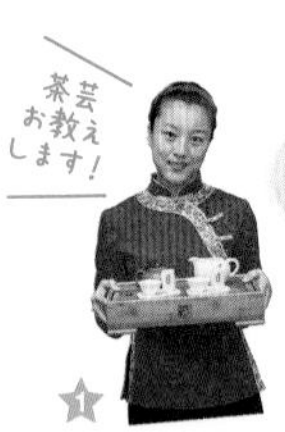
茶芸お教えします！

3 ティーセレモニー（茶芸）を楽しむ 13:30
ティーチャプター Tea Chapter

本場中国のお茶の習慣にのっとって、茶器や茶葉、入れ方といったお茶の文化を味わうティーセレモニーが体験できる。ひとり$9～。

[Map] 別冊P.10-B2

🏠9&11 Neil Rd. ☎6226-1175、6226-1917、6226-3026 🕘11:00～21:00（金・土曜～22:30） [休]旧正月3日間 [Card]D.J.M.V. [予]望ましい [交]MRTマックスウェル駅から徒歩約2分 [URL]teachapter.com

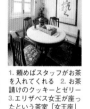

1. 頼めばスタッフがお茶を入れてくれる 2. お茶請けのクッキーとゼリー 3.エリザベス女王が座ったという茶室「女王座」

 ✉「アンソニー・ザ・スパイス・メーカー」は日本語のレシピもあり、自宅で調理の際に役立ちました。（東京都・りん）

4 料理好きは要チェック！
アンソニー・ザ・スパイス・メーカー
Anthony The Spice Maker

15:00

Map 別冊P.10-B2

🏠333 Kreta Ayer Rd., #01-25　☎9117-7573　⏰10:00〜16:00　🚫日曜、祝日
Card A.J.M.V.　🚇MRTマックスウェル駅から徒歩約3分　🏠#B1-169 Chinatown Complex
URL www.anthonythespicemaker.com

1. オーナーのアンソニーさん　2. スパイスはすべて無添加

1986年創業のスパイス専門店。シンガポール料理のブレンド済みスパイスが豊富に揃う。

おみやげのまとめ買いならこのストリート！

中国の縁起飾りも！

5 中国雑貨の買い物天国
パゴダ・ストリート
Pagoda Street

15:30

中国雑貨のみやげ物店がズラリと連なる。3つで$10などまとめ買いがお得な商品が多い。ダメもとで値引き交渉してみよう。

Map 別冊P.23-C1〜D2

🚇MRTチャイナタウン駅から徒歩約1分

1. 毛沢東語録などがプリントされた小銭入れは3つで$10　2. 干支が描かれたタイル風マグネット。2個で$5　3. いつも観光客でにぎわっている　4. 運気が上がりそうな布袋様の置き物は3つで$10　5. 中国結びの飾り。2本で$5　6. 木彫りのアニマルボールペンは3本$10

6 エネルギー渦巻く巨大市場
チャイナタウン・コンプレックス
Chinatown Complex（牛水車大廈）

16:00

この近所の路上で営業していた屋台を1ヵ所に集めて造った市場＆ホーカーセンター。地下は生鮮食品、1階は衣料品や日用雑貨のマーケット、2階は中国系屋台が並ぶホーカーズ（→P.65）。レトロな食器や中国雑貨など掘り出し物が見つかるかも。

Map 別冊P.10-B2

🏠335 Smith St.　⏰8:00頃〜生鮮食品は昼過ぎ、商店は夕方、ホーカーは22:00頃
🚇MRTチャイナタウン駅から徒歩約4分

1. チャイナタウンの核ともいえる存在　2. 大頭頭と呼ばれる張り子のお面を発見　3. ストーンの根付けは種類豊富

7 規模の大きな中国系デパート
裕華國貨
Yue Hwa Chinese Products

16:30

漢方やお茶、チャイナドレスにみやげ物と、中国関係のアイテムなら何でも揃う。2階のシルクの小物雑貨、4階の食料品売り場はチェックしたい。

Map 別冊P.23-C1

🏠70 Eu Tong Sen St.　☎6538-4222　⏰11:00〜21:00（土曜〜22:00）　🚫旧正月　**Card** A.M.V.　🚇MRTチャイナタウン駅から徒歩約2分　**URL** www.yuehwa.com.sg

中国各地の調味料が並ぶコーナーは圧巻の品揃え

1. 4階はスーパー形式の食品売り場　2. 刺繍が施されたシルクのティッシュカバー（$16.9）とクッションカバー（$17.9）　3. 香港の刺繍スリッパ各$18　4. 武威岩茶2種各$15。右は1回分のパック6包入り

Ann Siang Rd.

Telok Ayer St.

イスラム世界へトリップ！
アラブ・ストリート界隈で
ディープなエスニック体験

TOTAL
3時間30分

アラブ・
ストリート界隈おさんぽ

TIME TABLE

14:00 ハジャ・マイムナー
↓ 徒歩3分
15:00 サルタン・モスク
↓ 徒歩1分
15:30 バシャラヒル・ブラザーズ
↓ 徒歩3分
16:00 トッコー・アルジュニード
↓ 徒歩1分
16:30 ハジ・レーン

かつてカンポン・グラムという名称だったこのエリアは、マレー文化が色濃く漂う。サルタン・モスク周辺の狭い通りにはアラビア絨毯を売る店や水タバコをふかす客の姿。エキゾチックな雰囲気にどっぷり浸かってみて。

1 大人気のマレー食堂 14:00
ハジャ・マイムナー
Hjh Maimunah

デザートもおいしいよ

クリスピーな揚げ卵豆腐
Tafu Telur Jakarta
($6)は看板メニュー

「Kampong Cuisine」とうたったマレーの田舎料理を供する。ガラスケースには常時50種類以上の料理が並び壮観。注文の仕方は→P.100。料理の値段はガラスケース上方の画面をチェック。

Map 別冊P.21-C1

🏠11-17 Jalan Pisang 📞6297-4294
🕐8:00～19:00 🚫日曜、ハリ・ラヤ・プアサ、ハリ・ラヤ・ハジの休日 Card A.M.V.
🚇MRTブギス駅から徒歩約10分 URLwww.hjmaimunah.com

肉・魚料理は1人前$2.5～、野菜料理は$1.5～。牛肉とモツの煮込みSambal Goreng Pengantin ($2.5～) がおすすめ

2 神聖な気持ちで訪れたい 15:00
サルタン・モスク
Sultan Mosque

Map 別冊P.21-C1

🏠3 Muscat St. 📞6293-4405 🕐見学可能時間 10:00～12:00、14:00（金曜 14:30）～16:00 🚫無休 💰無料 🚇MRTブギス駅から徒歩6分

1928年建造、シンガポール最大最古のイスラム教寺院。一般の見学者は廊下までしか入場できないが、廊下から美しい大ホールを見学できる。

食べに来てね！

MRTブギス駅へ約200m

North Bridge Rd.
Bali Lane
Ophir Rd.
Haji Lane
Arab St.

ユートピア ●
モモラート

長ズボンを忘れたらイスラム服を借りよう

1. 見学の際は長ズボンを着用のこと 2. 1階大ホール

3 バティック専門店 15:30
バシャラヒル・ブラザーズ
Basharahil Bros.

インドネシア製の花を描いたバティックの種類が豊富で、それらの生地を使ったサロンや巻きスカート、男性用のシャツなども販売。バティックは$50～。

Map 別冊P.22-A1

🏠101 Arab St. 📞6296-0432 🕐10:30～18:00（日曜11:00～17:00) 🚫1/1、8/9、一部のイスラムの祝日 Card A.M.V. 🚇MRTブギス駅から徒歩約7分

1. バティック製品が店内を彩る。店頭にはおみやげによさそうな小物雑貨も並ぶ 2. バティックシルクのスカーフ$160

✉ サルタン・モスクでは、5:15、12:30、16:00、18:45、20:00に礼拝が行われていました。（長野県・愛）

アラブ・ストリート

4 小物がかわいい 16:00
トッコー・アルジュニード
Toko Aljunied

アラブ人経営のバティック専門店。インドネシアやマレーシア各地のバティックがズラリと並び、ランチョンマットやハンカチなど小物類も充実している。

Map 別冊P.22-A1

🏠91 Arab St. ☎6294-6897
🕐10:30～18:00（日曜11:30～17:00）
🈺ハリ・ラヤ・ハジ、ハリ・ラヤ・プサの祝日各1日 Card A.M.V. 🚇MRTブギス駅から徒歩約7分

1. バティック生地のパッチワークが華やかなトートバッグ
2. 民族衣装のケバヤもある
3. バティックの巾着袋$6～
4. バティックのコースター$3～

💬 ほとんどの店が昼過ぎ開店なので要注意！

5 ブティックが並ぶ 16:30
ハジ・レーン
Haji Lane

若手デザイナーのブティックやカフェが建ち並ぶおしゃれ通り。インスタ映えするカラフルな街並みが若者に大人気。

Map 別冊P.22-A1～A2

🚇MRTブギス駅から徒歩約7分

1. 趣向を凝らしたディスプレイが楽しい 2. カラフルな街並みで撮影を楽しむ旅行者の姿も多い 3. 路上にまでテーブルが並びにぎわうカフェ＆バー 4、5、6 奇抜なグラフィティアートが続々登場

💭 そのバジュクルンすてきね！

💭 おしゃれなお店がいっぱいね！

マレー・ヘリテージ・センター

Muscat St.
ミナン →P.101
Kandahar St.
Bussorah St.
Baghdad St.

エドラ・グラ →P.23

おすすめCafe

1. ポプシクル・スプリットツアー各$7.8
2. ワッフル＆ジェラートもある

ヘルシーなジェラート
モモラート
Momolato

100%ナチュラルで手作りにこだわったジェラートカフェ。ジェラートは常時16～18種類をラインアップ。

Map 別冊P.22-A2

🏠34 Haji Lane ☎8883-7968
🕐13:00～23:00（金・土曜～翌2:00）🈺無休 Card M.V.

おすすめShop

オリジナルウエアが豊富
ユートピア
Utopia

インドネシアのバティック生地やエスニックなプリント生地を組み合わせた個性的なワンピースがイチオシ。

Map 別冊P.22-A2

🏠47 Haji Lane ☎6297-6681 🕐11:00～20:00（金・土曜～21:00）🈺無休 Card A.D.J.M.V.

1. オフショルダーのワンピース$148
2. エスニックファッションに合うアクセサリーも要チェック

ミラクルパワー全開！
リトル・インディアでアーユルヴェーダを体験☆

ヒンドゥーの神様の極彩色とスパイスの香り、熱気に満ちたリトル・インディア。異文化を肌で感じながら、インド美容やアーユルヴェーダに基づく料理にトライ！

TOTAL 5時間30分

リトル・インディア
おさんぽ

TIME TABLE

13:30 テッカ・センター
↓ 徒歩1分
14:30 リトル・インディア・アーケード
↓ 徒歩1分
16:00 インディアン・ヘリテージ・センター
↓ 徒歩3分
17:30 スリ・ヴィラマカリアマン寺院
↓ 徒歩5分
18:00 スパイス・ジャンクション

1 香辛料や珍しい食材を見て回る 13:30
テッカ・センター Tekka Centre

1階は生鮮食品とホーカーズ、2階は衣類と日用雑貨。インド料理をつまんだり、調味料などを見て回ろう。

Map 別冊P.18-B3

🏠665 Buffalo Rd. ⏰7:00頃～18:00頃（ホーカーズは22:00頃まで）休無休 🚇MRTリトル・インディア駅から徒歩約3分

> インドの各種衣装揃ってマース

1. 1階は通称K.K.マーケットと呼ばれる生鮮食品市場 2. インド料理中心のホーカーズ 3. ホーカーズ内の「Ar-ラーマン」（#01-248）のプラタ（$1～）はおやつにぴったり 4. 「アラーディンズ・ビリヤーニ」（#01-232）のチキン・ビリヤーニ（$5.5）は絶品 5. スカーフ、ドレス、パンツの3点セット商品もある

2 インド系ショップが大集合！ 14:30
リトル・インディア・アーケード
Little India Arcade

インドの雑貨、ウエア、CD、お菓子、香辛料などインドワールド全開。神様グッズの店などディープな店も。

Map 別冊P.18-B3

🏠48 Serangoon Rd. ⏰店によって異なるがだいたい10:00～20:00頃 休店によって異なる 🚇MRTローチョー駅から徒歩約3分

> この外観が目印！

おすすめ店 1 ヘナ・タトゥにトライ！
セルヴィズ Selvi's

ヘナという植物から作られるヘナ染料のペーストを使って、手足に幾何学模様の絵柄を付けるヘナ・タトゥができるサロン。200以上のデザインがあり$5～。ヘナは1週間～10日で自然に消える。

> 結婚式などお祝いの席には欠かせないの

☎6970-5975 ⏰9:30～20:45（日曜～18:00）休無休 Card不可

> 洗い流すとこうなる

1. 目を見張る早さでデザインを仕上げていく 2. このデザインは$15

おすすめ店 2 雑貨好きはこの店へ
セレブレーション・オブ・アーツ
Celebration of Arts

インドを中心にパキスタン、タイ、ベトナムなどから仕入れた多彩なエスニック雑貨が並ぶ。ラクダ革のサンダルは種類豊富でおすすめ。

☎6392-0769 ⏰9:00～21:00 休ディーパヴァリの祝日3日間 Card A.J.M.V.

> 履いてみてね☆

1.パキスタンのラクダ革サンダル$38 2.ミラーワークが施されたインド製のバッグ$180

テッカ・センターの「アラーディンズ・ビリヤーニ」は安くてボリューム満点。日本人の口に合うと思う！（東京都・K）

オーチャード・ロード
リトル・インディア
シティ・ホール&
マリーナ・エリア
セントーサ島

Map 別冊P.18〜19

CHANDER ROAD

MRTリトル・インディア駅 Little India

バナナリーフ・アポロ →P.102

ガネーシャ だよ〜！

リトル・インディア

Kerbau Rd.

Serangoon Rd.

Buffalo Rd.

1

2　3

Dunlop St.

Sungei Rd.

寺院の外壁の上にも神様が♪

スリ・ヴィラマカリアマン寺院の塔門

インスタ映えするタン・テンニア邸は→P.23

インドグッズも販売

3 インド人コミュニティの歴史がわかる 16:00
インディアン・ヘリテージ・センター
Indian Heritage Centre

シンガポールへのインド系移民の流入や移民たちのシンガポールでの生活、社会的役割について5つのエリアで展示したミュージアム。

Map 別冊P.18-B3

🏠5 Campbell Lane ☎6291-1601
🕐10:00〜18:00 🗓休月曜 **Card**M.V.
💰大人$8、学生・60歳以上$5
🚇MRTローチョー駅から徒歩約3分
URLindianheritage.org.sg

貴重な芸術作品が展示されている

1. インドの叙事詩『マハーバーラタ』に登場するAravanの木彫りの像 2. ヒンドゥー教の神像 3. ガイド機能付きiPadは無料で貸し出している 4. インドの井戸をかたどった建物

4 神々の彫像が見もの 17:30
スリ・ヴィラマカリアマン寺院
Sri Veeramakaliamman Temple

リトル・インディア観光の要ともいえる寺院。殺戮と破壊を司る女神「カーリー」が祀られており、寺院内も屋根の上も神々の像がぎっしり。

Map 別冊P.18-B2

🏠141 Serangoon Rd.
☎6293-4634 🕐5:30〜
12:00、16:00〜21:00（金・土曜18:00〜） 🗓無休
🚇MRTリトル・インディア駅から徒歩約5分 **URL**www.srivkt.org

1. ゴープラム（塔門）には極彩色の彫刻が施されている 2. 女神カーリーを祀った祭壇が中央にある

5 スパイス多用のヘルシー料理 18:00
スパイス・ジャンクション
Spice Junction

アーユルヴェーダ発祥のケララやゴアの料理がメイン。一般的なインド料理とは異なる珍しい料理が味わえる。

Map 別冊P.18-B2

🏠126 Race Course Rd. ☎6341-7980
🕐11:00〜15:00（土・日曜、祝日〜16:00）、18:00
〜22:00 🗓無休 **Card**A.J.M.V. 💰$20〜
🚇MRTリトル・インディア駅から徒歩約6分 **URL**www.spicejunction.com.sg

スパイスでマリネしたマナガツオの料理

インドのアイスクリーム、クルフィ

1. 1品$12〜15 2. モダンな内装の店内 3. マンゴークルフィも美味

ヘナ・タトゥの染料のヘナはアーユルヴェーダでは薬草とされるハーブ。古代からインドの暮らしに根付いている。

プラナカン文化とトレンドが共存する街カトンを歩いて新旧の発見を楽しもう！

マレーと中国、ヨーロッパの文化が融合したプラナカン文化が息づくカトンエリア。おいしいプラナカン料理店や装飾のきれいな家が並ぶ通りを歩いて、ジョー・チアット・ロードで個性派ショップをチェック。のんびりと街歩きを楽しもう。

TOTAL 5時間30分

カトンエリア おさんぽ

TIME TABLE

- 13:30 チリ・パディ
- ↓ 徒歩8分
- 15:15 クーン・セン・ロード
- ↓ 徒歩5分
- 16:00 ディー・バン
- ↓ 徒歩1分
- 16:30 ラ・ティエンダ
- ↓ 徒歩5分
- 17:15 アリババー
- ↓ 徒歩1分
- 18:00 i12カトン

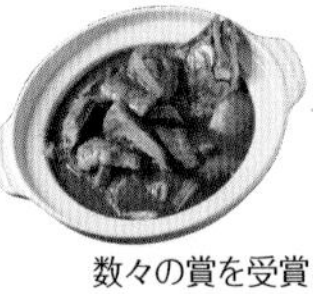

1 伝統料理からオリジナルまで チリ・パディ 13:30

Chilli Padi Nonya Restaurant

数々の賞を受賞してきたプラナカン料理店。ここのオリジナルのキャベッジ・ロール（オタオタ<→P.93>入りロールキャベツ）は逸品。アヤム・ブアクルアもおいしい。

[Map] 別冊P.24-B2

⌂11 Joo Chiat Place, #01-03 ☎6275-1002 ⏰11:30～14:30、17:30～22:00（L.O. 21:30） [休]旧正月2日間 [Card]A.M.V. [料]$25～ [予]望ましい [交]MRTパヤ・レバ駅からタクシーで約5分、中心部からなら約20分 [URL]www.chillipadi.com.sg

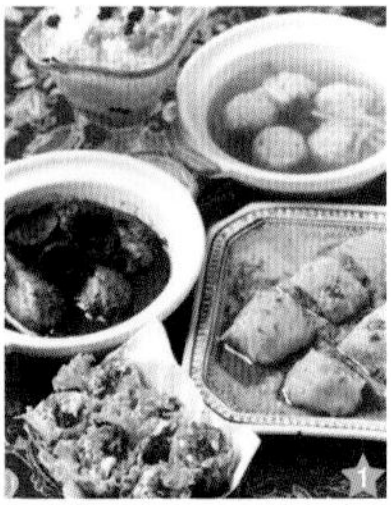

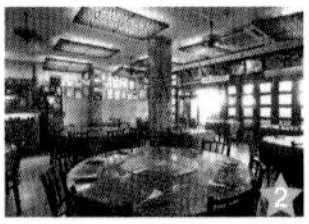

1. 手前はクエ・パイティー、中央右はキャベッジ・ロール（ひとつ$5.8） 2. 1997年オープンの有名店

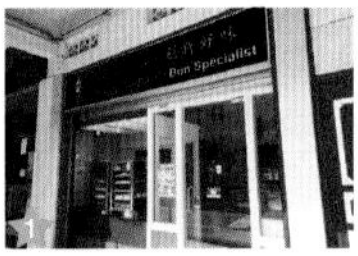

16:00

3 肉まんをほおばり中国菓子をおみやげに ディー・バン

D'Bun（利満）

ゆで卵や鶏肉がぎゅっと詰まった大肉包が看板商品。セサミボール、カヤタルトなどおやつにしたいお菓子も。

[Map] 別冊P.24-B3

⌂358 Joo Chiat Rd. ☎6345-8220 ⏰8:00～20:00 [休]旧正月4日間 [Card]不可 [交]中心部からタクシーで約20分 [URL]www.dbun.com.sg

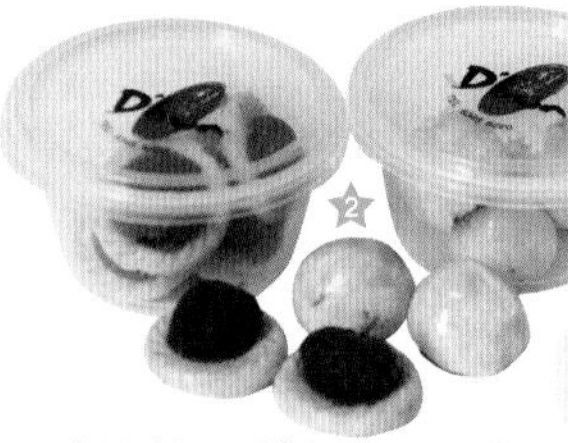

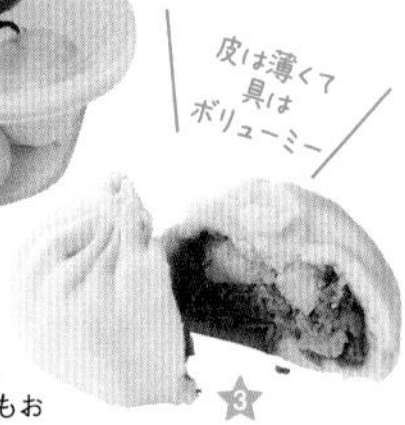

皮は薄くて具はボリューミー

1. 小さな店なので見落とさないで 2. ミニパックのパイナップルタルトはおみやげにもおやつにもGood（各$3.8） 3. 大肉包は$2.5

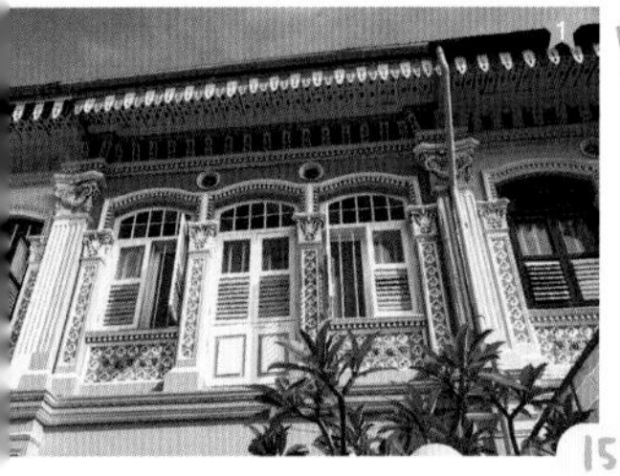

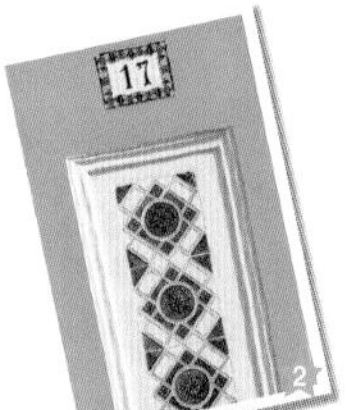

15:15

2 プラナカン装飾の家並みをウオッチング クーン・セン・ロード

Koon Seng Road

歴史のあるショップハウスで、彫刻や飾りタイルがきれいなおうちが並んでいる。住人に失礼のないように見学しよう。

[Map] 別冊P.24-B2

⌂Koon Seng Rd. [交]中心部からタクシーで約25分

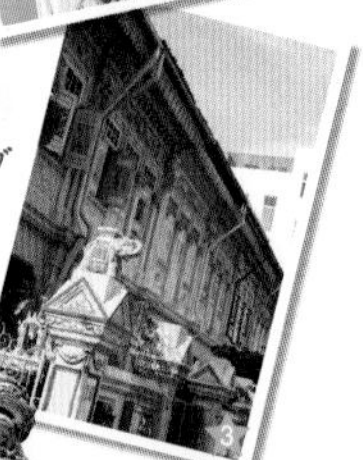

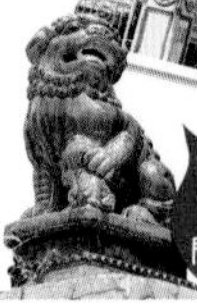

中国風の獅子の像が門柱を飾っている

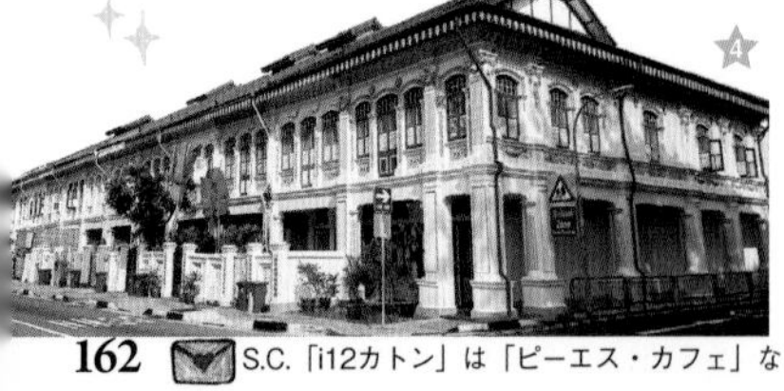

1. 西洋と東洋が融合した装飾 2. タイル飾りも可憐 3. パステルカラーが映える 4. テンベリン・ロードとの交差点まで続く家並み

ちょっとディープにマレー系の店へ！

i12カトンからジョー・チアット・ロードを20分ほど北上すると、マレー系の人々が多く住むエリアに至る。一気に街の雰囲気は変わり、まるで異国のよう。ゲイラン・ロードとの交差点に建つゲイラン・セライ・マーケットとジョー・チアット・コンプレックス（どちらも[Map] 別冊P.24-B1）は、民族服から生活用品、食料品まで中心部にはない品揃え。シンガポールに居ながら異文化体験してみる!?

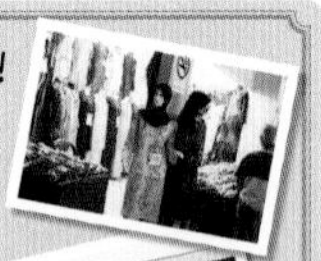

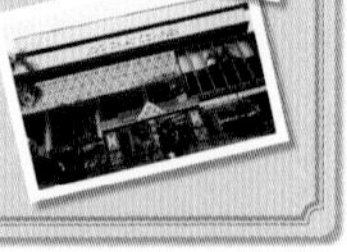

 ✉S.C.「i12カトン」は「ピーエス・カフェ」などカフェが多くて休憩にGood。（千葉県・歩）

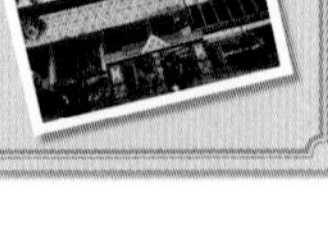

リトル・インディア　カトン
シティ・ホール＆マリーナ・エリア
セントーサ島

自分へのおみやげをゲット　16:30

4 ラ・ティエンダ　La Tienda

スペイン人女性オーナーのセンスが光るセレクトショップ。オリジナルブランド「Nodus Barcelona」のほか、世界各国から仕入れたアイテムが揃う。

持続可能な素材を使用

Map 別冊P.24-B3

🏠370 Joo Chiat Rd.　☎9774-0688　🕐10:30～18:30（日曜11:00～17:00）　休無休　Card A.D.J.M.V.　🚃中心部からタクシーで約20分

カトン

1. インドのブロックプリントのコースター、ナプキン、テーブルマット$14～
2. ヤシや麦わらを編み込んだカゴバッグ$155　3. 蛇革のカードケース各$30
4. キッチン雑貨も種類豊富　5. ショップハウス内にある店　6. ワインバッグ$19.95

↑MRTパヤ・レバ駅へ約500m

Geylang Rd.
ゲイラン・セライ・マーケット

アル・バラカ →P.146

ジョー・チアット・コンプレックス

世界中のビールがラインアップ

Joo Chiat Rd.
Joo Chiat Pl.
Joo Chiat Place

新スタイルのホーカー・バー　17:15

5 アリババー　Alibabar

昼間はローカルなコーヒーショップ、18:00以降はビストロバーに変身。洋食やハンバーガー店など5店舗入っている。

Map 別冊P.24-B3

🏠125 East Coast Rd.　☎6440-6147　🕐9:00～23:00（バーは18:00～）　休無休　Card J.　💲$10～　予不要　🚃中心部からタクシーで約20分

1. 世界各国の地ビールも揃えている
2. バーガー類はビールのお供に
3. テラス席で生ビールを　4.「榮發」のフライド・ミースア$5～

Dunman Rd.
装飾のきれいな家並み

Koon Seng Rd.

Ceylon Rd.
ルマー・ビビ →P.123

Joo Chiat Rd.
Tembeling Rd.

East Coast Rd.

キム・チュー・クエ・チャン →P.123

2022年にリニューアルオープン　18:00

6 i12カトン　i12 Katong

5フロアに約120店が入るS.C.。国内外の人気レストランやカフェ、スーパーマーケットもある。

カトン散策の休憩に便利な新コンセプトのS.C.

Map 別冊P.24-B3

🏠112 East Coast Rd.　☎6306-3272　🕐10:00～22:00　休無休　🚃中心部からタクシーで約20分

1. イースト・コースト・ロードとジョー・チアット・ロードの交差点に建つ　2. ロッククライミングジムも併設　3. フードコートの「マレーシア・ボレ!」は地下1階

malaysia boleh!

ジョー・チアット・ロードは、イースト・コースト・ロードとの交差点から北端まで徒歩で約20分。

高感度エリアチョンバルで
おしゃれカフェ巡りと雑貨さんぽ

1930年代に建てられた白壁の低層団地（HDB）が建ち並ぶ
チョンバルエリア。ここはローカルフードがおいしいエリアとして
知られていたが、2010年頃から団地の1階に個性的なお店がオープン
し始め、シンガポールのおしゃれエリアとして人気に。
そんなチョンバルエリアでカワイイ＆おいしいを探そ♪

TOTAL 4時間

チョンバル
おさんぽ
TIME TABLE

11:00 キャット・ソクラテス
↓ 徒歩1分
11:30 プレインバニラ・
ベーカリー
↓ 徒歩1分
12:00 ナナ＆バード
↓ 徒歩4分
12:30 ニンブル・ニード
↓ 徒歩3分
13:30 メルシー・マルセール
↓ 徒歩2分
14:30 イエンドローズ＆
フレンズ

心くすぐられる品揃え

11:00

1 猫好きは必見！
キャット・ソクラテス
Cat Socrates

猫や動物をデザインした雑貨の宝
庫。オリジナル商品のほか、中国や
韓国などからセレクトしたグッズも
あり、店内はおもちゃ箱のよう。か
わいいおみやげが見つかるはず。

Map 別冊P.22-A3

🏠78 Yong Siak St., #01-14 ☎6333-08
70 🕙10:00～19:00（月曜、祝日～18:00、
金・土曜～20:00、日曜9:00～18:00）休旧
正月2～3日
Card A.M.V.
🚇MRTチョン
バル駅から徒
歩約8分
URL cat-soc
rates.mysho
pify.com

看板猫が
お出迎え

LET'S JALAN SINGAPORE

1. 見て回るだけでも楽しい店　2. 猫のイラストの
ポップなお皿$32　3. 猫がいる店としても有名
4. おみやげに人気のキーホルダー各$13.9

HDB（公団住宅）に注目
土地価格の高いシンガポールでは、人口
の約8割がHDB（公団住宅）に住んでい
るという。チョンバルにある約30の白壁
のHDBは、1930年代にイギリスの統治下
で建てられたもの。団地国家シンガポー
ルのなかでも最も古い団地のひとつとさ
れ、現在は保存地区に指定されている。

2 カップケーキで甘いひととき
プレインバニラ・ベーカリー
Plain Vanilla Bakery

11:30

昔ながらのオーソドックスなカップケーキがお
いしいと評判のカフェ。手作業で手間暇かけて
作られるカップケーキは、濃厚な甘さが口いっ
ぱいに広がり、何となく懐かしい味わい。

Map 別冊P.22-A3

🏠1D Yong Siak St.
☎8363-7614 🕙7:30～
19:00（カップケーキは9:30
以降提供）休無休
Card 不可　🚇MRTチョンバ
ル駅から徒歩約8分
URL plainvanilla.com.sg

1. カフェスペースもある　2. カッ
プケーキはひとつ$4.2～　3. カ
フェラテ（左）やウォーターメロ
ンジュースなどのドリンクは$4～

個性的な
カッティングに
ひとめ惚れ！

1. ブラウンブローチ$49。ネック
レスもある　2. Cassey Gan
のトップス$209　3. 革製の猫
ピアス$69　4. アシンメトリー
ワンピース$449

3 トレンド感のある
アイテム多数
ナナ＆バード nana & bird

12:00

シンガポールブランドと海外ブランドのウエア、
アクセサリー、子供服などを扱うセレクトショッ
プ。ちょっと大人で個性的なアイテムが手に入る。

Map 別冊P.22-A3

🏠1M Yong Siak St.　☎9117-0430 🕙11:00～
18:00（土・日曜10:00～17:00）休無休
Card A.M.V.　🚇MRTチョンバル駅から徒歩約8分
URL shop.nanaandbird.com

✉チョンバル散策の休憩には「チョンバル・ベーカリー」（→P.115）もおすすめ。（石川県・Y）

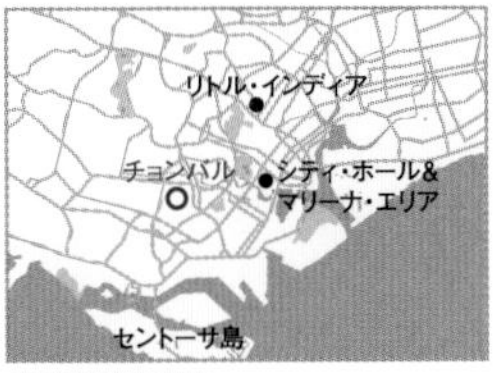
リトル・インディア
チョンバル
シティ・ホール&
マリーナ・エリア
セントーサ島

Map 別冊P.22

4 ニンブル・ニード

小さな隠れ家スパ　12:30

Nimble/Knead

住宅街にひっそりたたずむブティック・スパ。おすすめはバリニーズ・マッサージ（60分$76.9）。

Map 別冊P.22-B3

⌂66 Eng Watt St., #01-28　☎6438-3933　🕘11:00～22:00（最終予約は21:15）　[休]無休　[Card]A.M.V.　[予]要予約　[交]MRTチョンバル駅から徒歩約9分　[URL]www.nimbleknead.com

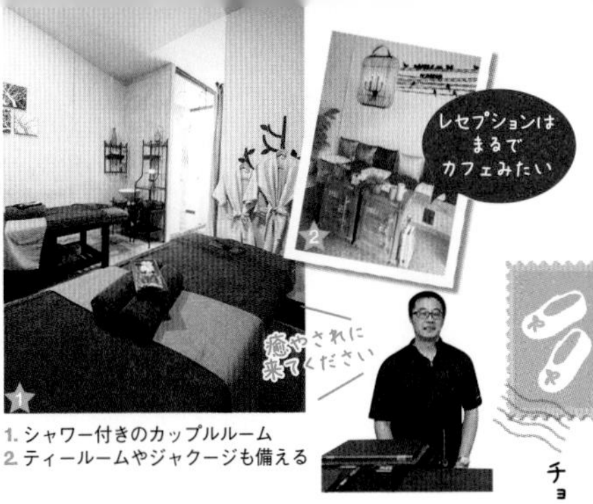
レセプションはまるでカフェみたい
癒やされに来てください

1. シャワー付きのカップルルーム
2. ティールームやジャクージも備える

チョンバル

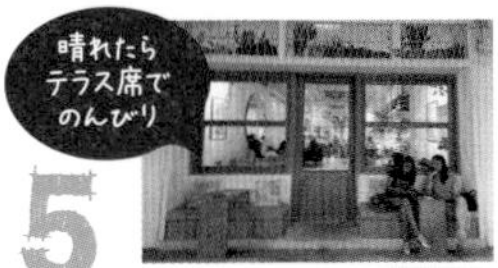
晴れたらテラス席でのんびり

5 メルシー・マルセール

カジュアルにフレンチを　13:30

Merci Marcel

フュージョンフレンチを供するおしゃれなカフェ。スイスの濃厚なチーズのラビオリ（$20）など絶品料理とワインのマリアージュを楽しんで。

Map 別冊P.22-B3

⌂56 Eng Hoon St., #01-68　☎6224-0113　🕘8:00～24:00（日・月曜～23:00）　[休]無休　[Card]A.M.V.　[予]不要　[交]MRTチョンバル駅から徒歩約10分　[URL]mercimarcelgroup.com

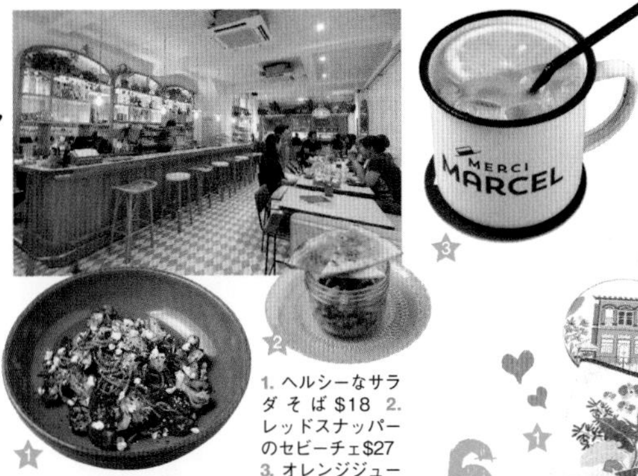
MERCI MARCEL

1. ヘルシーなサラダ そば $18　2. レッドスナッパーのセビーチェ$27　3. オレンジジュースのホーローカップは購入可

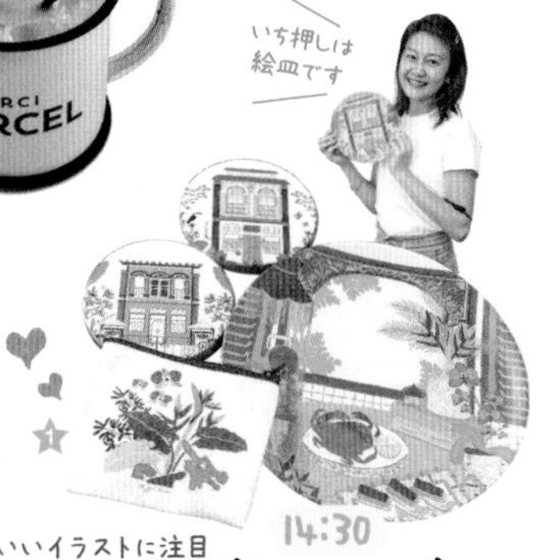
いち押しは絵皿です

6 イエニドローズ&フレンズ

かわいいイラストに注目　14:30

Yenidraws & Friends

女性イラストレーターのイエニさんが描く優しくてかわいいタッチの雑貨がズラリ。シンガポールの暮らしや街のシーンを切り取った絵柄が魅力的。パッと気持ちが華やぐ彩りの品をおみやげに。

Map 別冊P.22-B3

⌂Blk. 55 Tiong Bahru Rd., #01-53　☎なし　🕘10:00～17:00　[休]日・月曜　[Card]A.J.M.V.　[交]MRTチョンバル駅から徒歩約10分　[URL]yenidraws.com

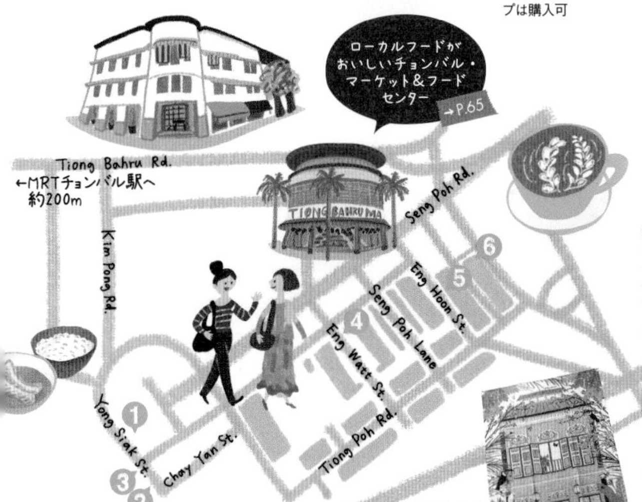
ローカルフードがおいしいチョンバル・マーケット&フードセンター
→P.65
Tiong Bahru Rd.
←MRTチョンバル駅へ
約200m
Kim Pong Rd.
Seng Poh Rd.
TIONG BAHRU MA
Eng Hoon St.
Seng Poh Lane
Eng Watt St.
Tiong Poh Rd.
Yong Siak St.
Chay Yan St.

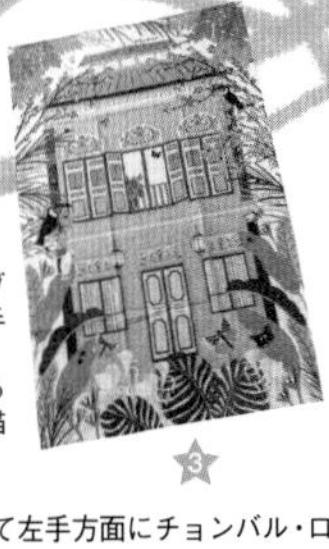

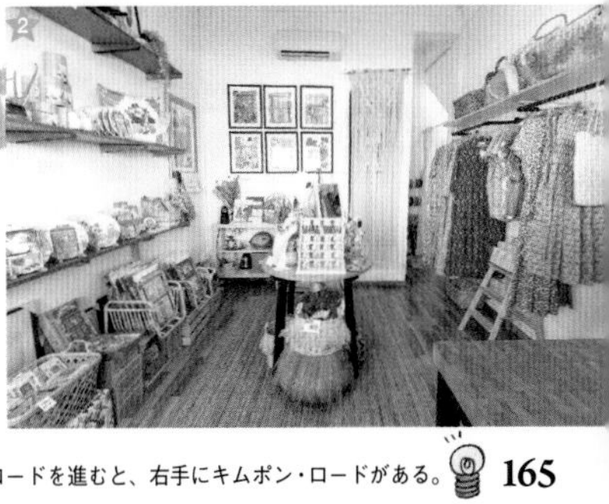

1. 人気商品のチリクラブ柄のバンブー製絵皿（手前右）2枚$22.9
2. インド製のウエアもある
3. プラナカンハウスを描いたティータオル$18.9

在住外国人御用達店が集まる コロニアルな丘陵地 デンプシー・ヒルで過ごす優雅な午後

ボタニック・ガーデンの南側に広がる広大な緑地は、タングリン・ビレッジと呼ばれ、1800年代にナツメグ農園だった場所。英国統治時代にこのあたりに建てられた英軍兵舎をリノベしたカフェやレストランが多く、グルメスポットとして有名だ。タングリン・ビレッジの中心となるデンプシー・ヒルを中心に散策してみよう。

TOTAL 5時間30分

デンプシー・ヒル おさんぽ

TIME TABLE

12:00 モーサルズ
↓ 徒歩2分
13:30 ドーバーストリート・マーケット・シンガポール
↓ 徒歩6分
14:00 ピーエス・カフェ
↓ 徒歩5分
15:00 ミュージアム・オブ・アイスクリーム・シンガポール
↓ 徒歩15分
16:30 チョンバル・ベーカリー・サファリ

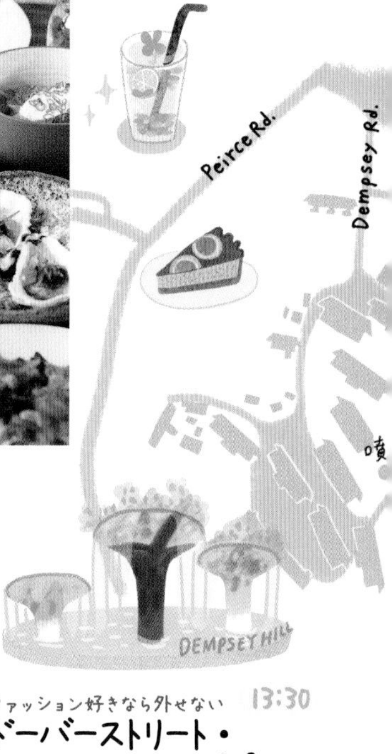

Peirce Rd.
Dempsey Rd.
DEMPSEY HILL

1 丘の上の一軒家レストラン モーサルズ 12:00

Morsels

甘さや辛さ、うま味など料理の要素が凝縮されたひと皿はどれも新感覚。セットメニューのみで、ランチは$58～、ディナーは$128～。組み合わせの妙にハッとさせられる逸品揃い。

Map 別冊P.23-C3

🏠25 Dempsey Rd., #01-04 ☎6266-3822 🕘12:00～15:00(日曜11:30～)、18:00～22:00（金・土曜～22:30） [休]日曜のディナー、月曜 [Card]A.M.V. [予]要予約 [交]中心部からタクシーで約10分 [URL]www.morsels.com.sg

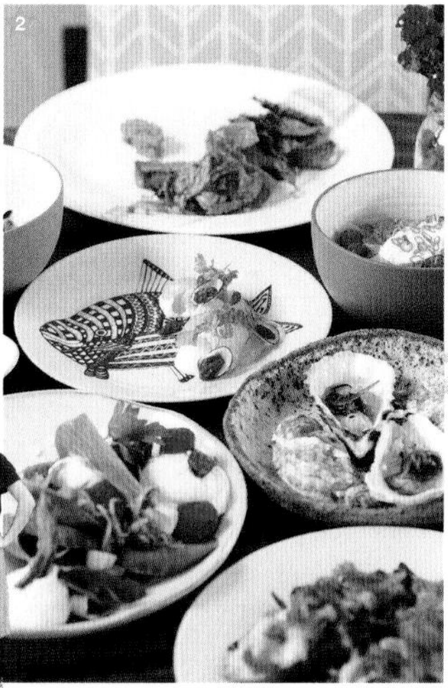

旬の味を食べに来てください

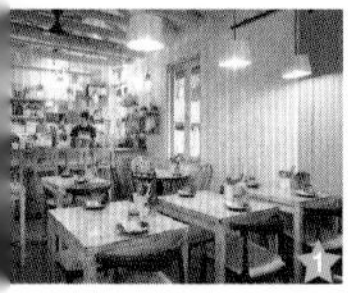

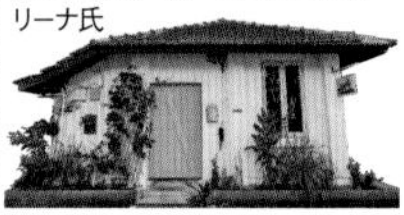

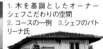

1. 木を基調としたオーナーシェフこだわりの空間 2. コースの一例 3.シェフのパトリーナ氏

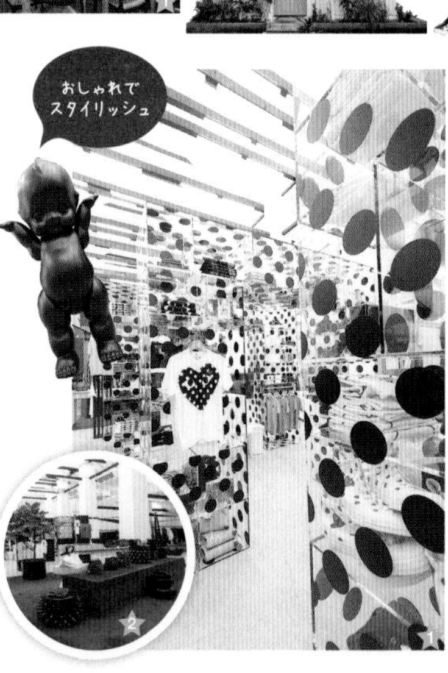

おしゃれでスタイリッシュ

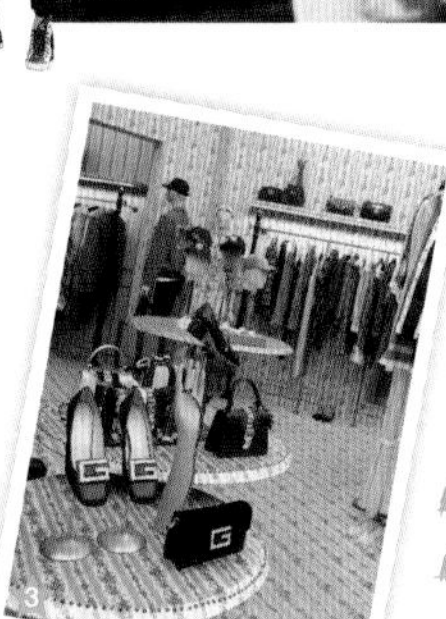

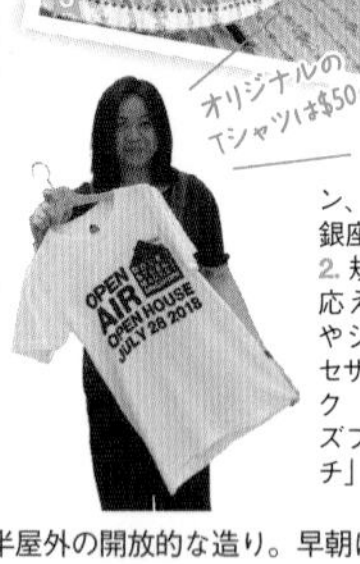

オリジナルのTシャツは$50
OPEN AIR
OPEN HOUSE
JULY 28 2018

1. ロンドン、ニューヨーク、銀座に続く4店目 2. 規模が大きく見応えあり。バッグやシューズ、アクセサリーも要チェック 3. 凝ったディスプレイの「グッチ」のコーナー

2 ファッション好きなら外せない ドーバーストリート・マーケット・シンガポール 13:30

Dover Street Market Singapore

デザイナー川久保玲氏がディレクションを務めるコンセプトストア。コム・デ・ギャルソンなど、50以上のハイブランドやオリジナルアイテムが揃う。

Map 別冊P.23-C3

🏠Block 18 Dempsey Rd. ☎6304-1388 🕘11:00～20:00 [休]無休 [Card]A.D.J.M.V. [交]中心部からタクシーで約10分

✉「チョンバル・ベーカリー・サファリ」は半屋外の開放的な造り。早朝は鳥の声が聞こえ、心地よい朝食を楽しめました。（千葉県・Shou）

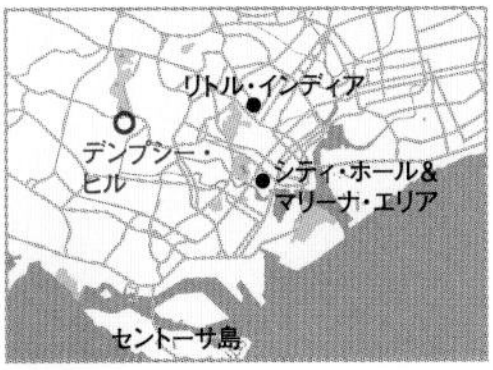
リトル・インディア
デンプシー・ヒル
シティ・ホール&マリーナ・エリア
セントーサ島

Map 別冊P.23

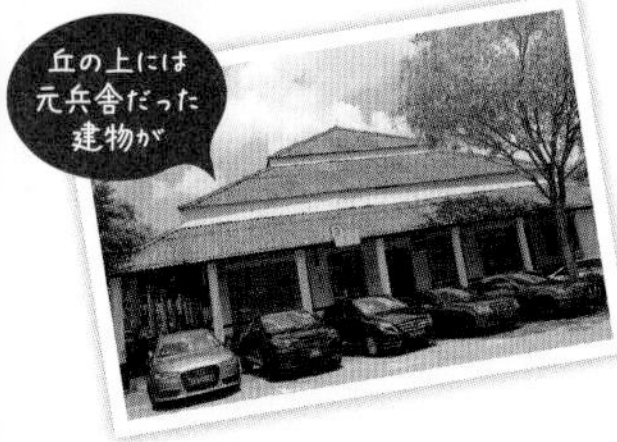
丘の上には元兵舎だった建物が

3 シンガポールを代表する有名カフェ 14:00
ピーエス・カフェ
PS. Cafe

デンプシー・ヒルの森の中にあるカフェ。もともとは英国統治時代の兵舎だった建物を用い、西洋とアジアのフュージョン料理を提供。ガーデン席は木漏れ日や吹き抜ける風が心地よい。

Map 別冊P.23-C3

🏠28B Harding Rd. ☎6708-9288 🕘8:00～22:30（金・土曜、祝前日～23:00） [休]無休 [Card]A.J.M.V. [予]不要 [交]中心部からタクシーで約10分 [URL]www.pscafe.com

1. 心地よい光が差し込む店内 2. ケーキはどれもボリューム満点 3. 手前はココナッツタルト、後方はキングプロウン・アーリオ・オーリオ$30

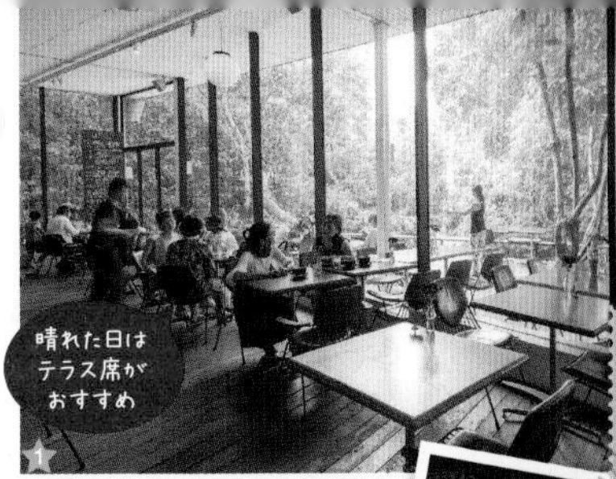
晴れた日はテラス席がおすすめ

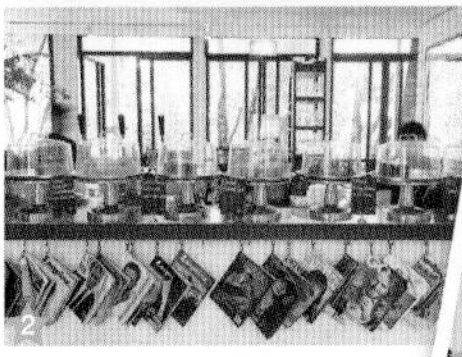

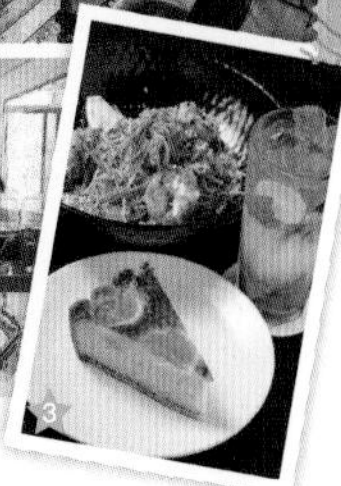

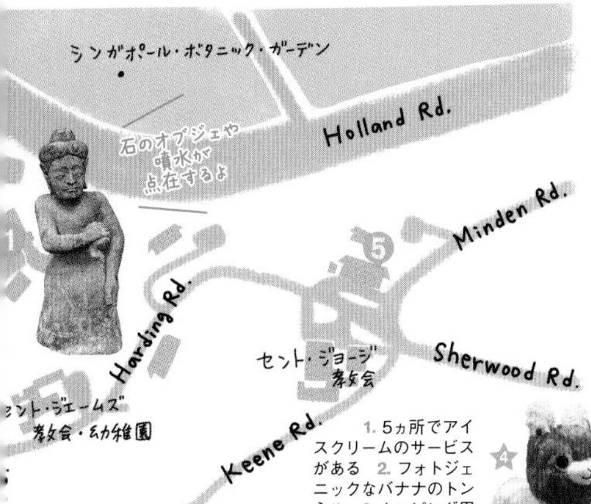
シンガポール・ボタニック・ガーデン
石のオブジェや噴水が点在するよ
Holland Rd.
Minden Rd.
5
Harding Rd.
セント・ジョージ教会
Sherwood Rd.
セント・ジェームズ教会・幼稚園
Keene Rd.

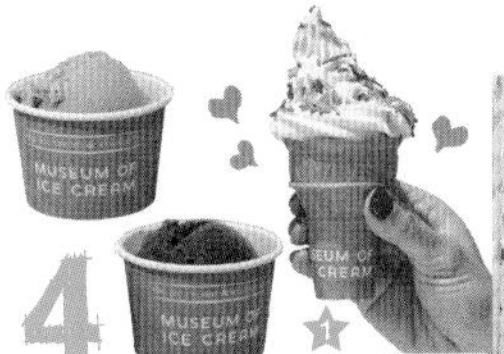
MUSEUM OF ICE CREAM

4 ピンクカラーに心躍る 15:00
ミュージアム・オブ・アイスクリーム・シンガポール
Museum of Ice Cream Singapore

アイスクリームのトリビアやゲーム、遊びや写真映えするスポットなどが次々出現。加えてアイスクリームも食べ放題。子供はもちろん、大人も童心に返って楽しめる。

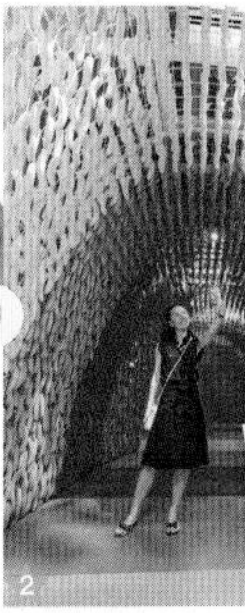

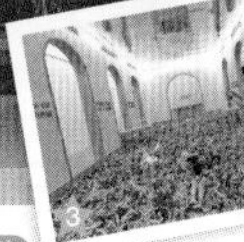

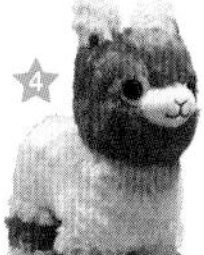

1. 5ヵ所でアイスクリームのサービスがある 2. フォトジェニックなバナナのトンネル 3. トッピング用菓子のスプリンクルを模した物を敷き詰めた遊び場 4. ショップのグッズ

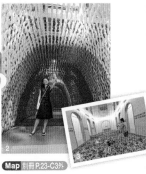

Map 別冊P.23-C3外

🏠100 Loewen Rd. 🕘10:00～21:00（月・水曜～18:00） [休]火曜 [料]平日$36（18:00以降$46）、土・日曜、祝日$42（18:00以降$52）※2歳以下無料。チケット販売はオンラインのみ。[交]中心部からタクシーで約10分 [URL]www.museumoficecream.com/singapore

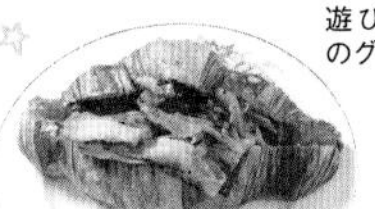

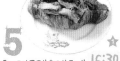

5 テーマはアフリカのサファリ 16:30
チョンバル・ベーカリー・サファリ
Tiong Bahru Bakery Safari

南国植物が生い茂る敷地にサファリテントが登場。民族調の布地をインテリアに用いた内部はロッジのよう。店自慢のサンドイッチやペストリーでおやつタイム。

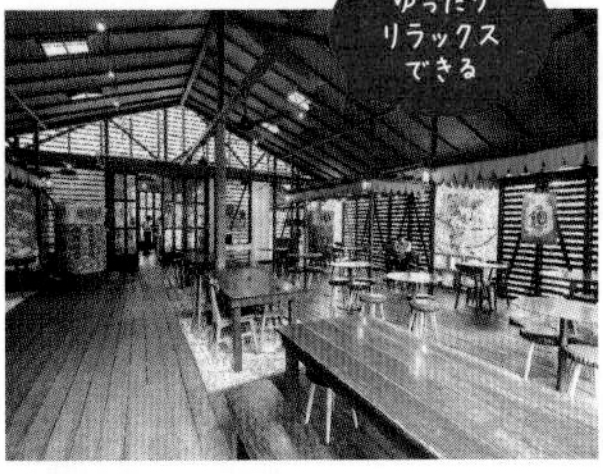
ゆったりリラックスできる

Map 別冊P.23-D3

🏠130E Minden Rd. ☎6877-4876 🕘8:00～18:00 [休]12/25、旧正月 [Card]A.J.M.V.※現金不可 [予]不要 [交]中心部からタクシーで約10分 [URL]www.tiongbahrubakery.com

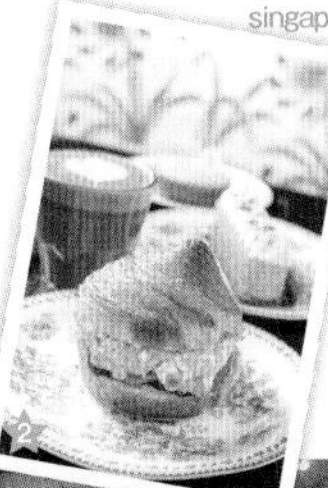

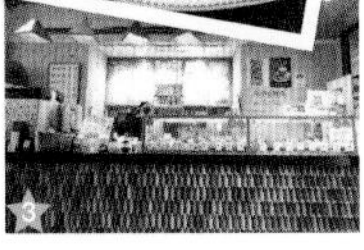

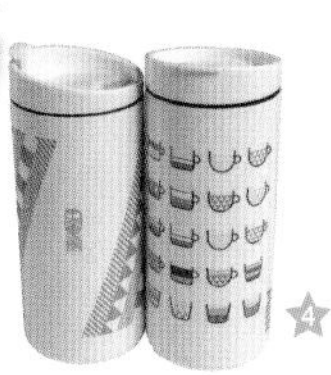

1. ローストビーフ・クロワッサン$12 2. 手前はエッグマヨ&スモークトサーモン・パン・フイユテ$11、後方左のビートルート・ローゼル・ラテはこの店限定メニュー 3. 注文はカウンターで 4. オリジナルタンブラー各$52.8

ミュージアム・オブ・アイスクリーム・シンガポールは、18:00以降は大人向けの企画や屋外バーでお酒も提供。

Raffles Singapore

RAFFLES HOTEL

ラッフルズ・
ホテルへ
ようこそ

プルメリアの花が香る

贅を尽くした
コロニアルホテルなら
物語のヒロインも夢じゃない!

長い時を超えて、今も世界中の旅行者を魅了し続けるヘリテージホテル。
そんな特別なホテルへちょっぴりおしゃれして食事やお酒を楽しみに
訪れてみたいもの。さあ、ホテルストーリーの扉をオープン♪

ショッピングを
楽しむ

種類豊富な
フレーバーティーが
新登場!

ここでしか買えない逸品揃い
ラッフルズ・ブティック
Raffles Boutique

ホテルオリジナルのグルメみやげをはじめ、
小粋な雑貨からファッションまで充実の品揃
え。店内にはヒストリーギャラリーもある。

Map 別冊P.9-C1　シティ・ホール&
マリーナ・エリア

🏠#01-26 to 30 Raffles Arcade　☎6412-
1143　🕐10:00〜20:00　㊡無休　Card A.
D.J.M.V.

1. ドアマンとシンガポール・ス
リングのキーホルダー各$16.9
2. ロング・バーの麻袋入りピー
ナッツ$18　3. 左・中央はアフ
タヌーンティー、マンゴー
ティーのティーバッグ ($29
〜)、右はシンガポール・スリ
ングのフレーバーティー ($34)
4. ドアマンをデザインした折り
たたみ傘$48

LONG BAR

📩「ラッフルズ・シンガポール」に泊まるなら、浅田次郎さんの『シェエラザード』を読んでおくとより楽しめる。(大阪府・匿名希望)

白亜の建物にうっとり

ラッフルズ・シンガポール
Raffles Singapore

2019年、2年半に及ぶ改装工事を経て新しいスタートを切ったラッフルズ。格調高いコロニアル建築に新しい感性を吹き込み、伝統とモダンが穏やかに融合する洗練された空間が誕生。アーケードやダイニングに立ち寄って、シンガポールの歴史の一端に触れてみよう。

Map 別冊P.9-C1 シティ・ホール＆マリーナ・エリア

🏠 1 Beach Rd. ☎6337-1886 FAX (65)
6339-7650 🛏115スイート Card A.D.J.M.V.
💰S$839〜(+18%) 🚇MRTシティ・ホール駅から徒歩約5分 URLwww.raffles.com/singapore

1. 客室から中庭を望む　2. コロニアル調の廊下で記念写真を撮ったらすてき　3. 敷地には熱帯の緑が生い茂る　4. 広々としたバスルーム。アメニティも豪華　5. 3階にプールとジムがある　6. コートヤードスイートのベッドルーム

賛を尽くしたコロニアルホテル

静かで落ち着いた雰囲気

ホテルの歴史
1887年アルメニア人のサーキーズ兄弟が客室数10室のホテルを創業。年月を経て現在と同様の建物が完成、「スエズ運河以東で最も豪華な建物」と評された。作家や政治家、王族も数多く宿泊。第2次世界大戦時は日本軍に接収され昭南旅館と名前を変えされた歴史の断片もある。

ホテルを愛した著名人
- ●サマセット・モーム（作家）
- ●ジョゼフ・コンラッド（作家）
- ●チャーリー・チャップリン（喜劇俳優）
- ●ラドヤード・キップリング（作家）

※このほか8名の計12名はパーソナリティ・スイートに名前が冠せられている。

JOSEPH CONRAD SUITE

リゾート気分満喫の一泊

すてきなダイニング＆バー

南国風情漂う老舗

ロング・バー　Long Bar

シンガポールの名物カクテル「シンガポール・スリング」を生んだバー。無料のおつまみのピーナッツの殻は床に落とすのがこの店の流儀。

Map 別冊P.9-C1 シティ・ホール＆マリーナ・エリア

🏠 #02-01 Raffles Arcade
☎6412-1816 ⏰12:00〜 L.O.
22:45 📅無休 Card A.D.J.M.V.

長い木のバーカウンターが店名の由来

1. 目の前でカクテルを作ってくれる　2. シンガポール・スリングは$32〜37　3. 1920年代のマレーシアのプランテーションをイメージした造り

シンガポール・スリング誕生物語
1915年ロング・バーのバーテンダーで海南島出身のニャン・トン・ブーンによって創作された。女性客を意識して、甘い味わいと淡いピンクのような色合いにしたという説もある。近年ではバーのスタッフ創作のトロピカルフルーツ・スリングが各種登場。

1. 好みのカレーをティフィンボックス（弁当箱）で供する「メラ・ダッパー」（ディナー$72〜）　2. 1900年代初頭のインテリアを再現した優雅な空間

至高のインド料理を堪能

ティフィン・ルーム
Tiffin Room

多様なスパイスと厳選食材で作る北インド料理はワンランク上の味わい。ランチタイムはビュッフェあり。

Map 別冊P.9-C1 シティ・ホール＆マリーナ・エリア

🏠 Grand Lobby
☎6412-1816 ⏰12:00〜13:30、18:30〜21:00 📅無休 Card A.D.J.M.V. 📅要予約

美しいヘリテージホテル

フラトン・シンガポール
The Fullerton Singapore

1928年に建てられた石造りの建物を内部のみ改装してホテルに。部屋によってマリーナ・ベイや川沿いのすばらしい眺めが楽しめる。ホテルの歴史を紹介するヘリテージ・ギャラリーは必見。ラグジュアリーなスパも好評。

Map 別冊P.8-B3　シティ・ホール＆マリーナ・エリア

🏠1 Fullerton Square ☎6733-8388
FAX(65) 6735-8388　🛏400室
Card A.D.J.M.V.　💰ツイン$560〜、スイート$820〜（＋18％）🚇MRTラッフルズ・プレイス駅から徒歩約5分
URL www.fullertonhotel.com

ぜひプールも利用したい

プールから見る景色サイコー

1. 重厚感のあるロビー
2. 客室の造りはほぼ全室異なる。写真はロフトタイプのスイート　3. 景色に溶け込むインフィニティプール　4. スイートルームのバルコニー　5. 古代ローマに影響を受けたパラディアン建築の建物　6. ヘリテージギャラリー入口の昔のポストは現役で、投函可能

ロマンティックな夜景だわ〜

The Fullerton Singapore

THE FULLERTON HOTEL

外観はローマ風！

ホテルの歴史

1928年、フラトン砦があった要所に前身となるフラトンビルが完成。中央郵便局や証券取引所などのオフィスや役所が入居し、経済界の中心を担った。1996年まで郵便局として使われた後、約4年の歳月をかけて改装され2001年にホテルが誕生。

このポスト実際に機能してます

✉「フラトン・シンガポール」1Fの「タウン・レストラン」では、ローカルフードビュッフェがあった。おいしいし楽しいのでオススメ。（千葉県・Satomi）

1900年創建の名ホテル

グッドウッド・パーク・ホテル
Goodwood Park Hotel

ドイツ人の将校クラブとして建てられ、その後コルカタの貿易省が買い取り、1929年に結婚式場やダンスホールを併設するホテルとなった。中国料理のミンジャンやレスプレッソ（→P.150）などの人気レストランが入店している。

Map 別冊P.15-D1　　オーチャード・ロード（西部）

🏠 22 Scotts Rd.　☎6737-7411
(FAX) (65) 6732-8558　🛏233室
(Card) A.D.J.M.V.　💰ツイン$300〜、スイート$450〜（＋18%）　🚇MRTオーチャード駅から徒歩約8分
(URL) www.goodwoodparkhotel.com

Goodwood Park Hotel

赤いとんがり屋根のかわいい建物

教を尽くしたコロニアルホテル

1. 6ヘクタールの敷地を有し、整備されたガーデンの中に建つ。オーチャード・ロードまでは徒歩約5分　2. ホテルはロビーのあるメイン・ウイングとメイフェア・ウイングに分かれている。これはメイフェア・プール　3. 格調高いメイン・ウイングのデラックスルーム

Hotel Fort Canning Singapore

プールひとり占め

森の中の秘密のホテル

ホテル・フォート・カニング・シンガポール
Hotel Fort Canning Singapore

14世紀初めにはマレーの君主の居住地で、英国植民地時代には軍司令部がおかれた、歴史あるフォート・カニング・パーク内にたたずむ歴史遺産ホテル。ホテルは1926年建造の英国軍司令本部を利用している。

Map 別冊P.7-D1　　クラーク・キー周辺

🏠 11 Canning Walk　☎6559-6770
(FAX) (65) 6338-8915　🛏86室
(Card) A.D.J.M.V.　💰ツイン$305〜、スイート$485（＋18%）　🚇MRTドービー・ゴート駅、プラス・バサー駅から徒歩約10分
(URL) www.hfcsingapore.com

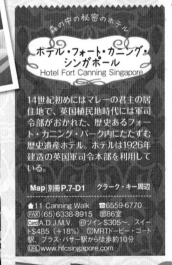

コロニアル様式の美しいホテル

1. 客室はデザイン家具を配しモダンな印象　2. 窓際にバスルームがある部屋もある　3. 白塗りの階段も歴史を感じさせる　4. プールはふたつある

「ホテル・フォート・カニング・シンガポール」に宿泊するなら、フォート・カニング・パークを散歩してみて♪

171

かわいくって機能的！
一度は泊まってみたいデザインホテル

シンガポールに最近急増中の、趣向を凝らしたデザインホテル。
arucoオススメのこの5軒で
ちょっと変わったステイを楽しんで☆

カップルの
お客様が
多いです

インフィニティ
プールで
リゾート気分

プールで
まったり♪

ホテルゲスト専用の
ルーフトップバー
「クラウド9」もある

1. 外観もアーティスティック　2. 屋上のインフィニティプール　3. ポップアートの巨匠アンディ・ウォーホルをフィーチャーしたEden & Nirwana　4. ココ・シャネルにインスパイアを受けてデザインされたGabrielle and Camellia

Naumi Hotel
ナウミ・ホテル

モダンでアーティスティックな5つ星ブティックホテル。客室のミニバーやスナック類は無料で、ヨガマットが標準装備など女性にうれしいサービスも。7層のベッドとエジプシャンコットンのリネンで安眠を保証。

Map 別冊P.9-C1　シティ・ホール＆マリーナ・エリア

🏠41 Seah St.　☎6403-6000　FAX(65)6333-0053　🚇73室　Card A.J.M.V.　💰ダブル$250～350(+18%)。朝食付き　🚇MRTシティ・ホール駅から徒歩約5分　URL www.naumihotels.com

Amoy Hotel
アモイ・ホテル

100年以上前の中国伝統家屋を利用したリノベーションホテル。全37室というこぢんまりとした規模だからこその、行き届いたサービスが自慢。ホテル周辺はダイニングスポット。

Map 別冊P.11-C2　チャイナタウン＆シェントン・ウェイ

🏠76 Telok Ayer St.　☎6580-2888　FAX(65)6438-5832　🚇37室　Card A.D.J.M.V.　💰ツイン$280～340（+18%）。朝食付き　🚇MRTテロック・アヤ駅から徒歩約2分　URL www.stayfareast.com/en/hotels/amoy

過去と現在が
融合した
隠れ家ホテル

客室には日本への
国際電話無料の
スマートフォンもある

心を込めて
おもてなし
します

1. 1824年に建てられた福徳祠。この祠を抜けるとホテルのロビーがある　2. ロビーの柱は建築当時のオリジナル　3. アメニティもかわいい　4. コンパクトにまとまったコージー・シングル。客室には「王」や「張」など中国の漢姓が付けられている

「ホテル・インディゴ」はコスパ上々。屋上のプールもレストランも想像以上に素敵でした。（茨城県・Rei）

デザインを手がけたのは
フランスの著名インテリアデ
ザイナー、ジャック・ガルシア

1. テラス付きのクラシック・
ルーム　2. エレベーターと一体
化したゾウのオブジェ　3. サロ
ンではジャズ演奏や映画上映会
などが催される　4.1950年代煉
造のアールデコ調の建物をリノ
ベート

The Vagabond Club, Singapore, a Tribute Portfolio Hotel

バガボンド・クラブ・シンガポール・ア・トリビュート・ポートフォリオ・ホテル

「パリの芸術サロン」がコンセプト
のブティックホテル。豪華絢爛な
アートで満たされた浮世離れした空
間が楽しい。ロビーやバーのデザイ
ンはもちろん、客室の調度品やリネ
ン類にもこだわっている。

Map 別冊P.19-D3 リトル・インディア

🏠39 Syed Alwi Rd.　☎6291-6677
FAX(65)6291-2823　🛏41室　CardA.J.M.V.
💰ツイン$260〜（+税18%、朝食付き）
🚇MRTジャラン・ベサール駅から徒歩7分
URLwww.hotelvagabondsingapore.com

遊び心
あふれる
個性派ホテル

一度は泊まってみたいデザインホテル

The Warehouse Hotel

ウエアハウス・ホテル

メインダイニング
「Pó」も
話題の的

かつて地下活動や密造酒製造の温床
だった川沿いの倉庫に、モダンな
風を吹き込み、ブティックホテルと
してよみがえらせた。当時の建築を部
分的に残すセンスのよい空間で優雅
な時間を過ごしたい。

Map 別冊P.6-B2 クラーク・キー周辺

🏠320 Havelock Rd., Robertson Quay
☎6828-0000　FAX(65)6828-0001
🛏37室　CardA.J.M.V.　💰ダブル$475〜（+
18%）　🚇MRTハブロック駅から徒歩5分
URLthewarehousehotel.com

オリジナルの
造りや建材を残す
シックな客室

1895年建造の
倉庫を改築

1. ロフトスタイルのリバー
ビュー・スイート　2. 当時の
建築が残るロビー　3. 屋上に
はシースルーのインフィニ
ティプールがある

1階のミーティングスペース

屋上のインフィ
ニティプールで
リゾート気分♪

プラナカン
文化に
どっぷり
浸る

1. プラナカンの街並みを見
下ろすプール　2. プラナカ
ンタイルやバティックで彩ら
れた客室　3. 併設のプラナ
カン・レストラン「ババ・
チュウズ」

Hotel Indigo Singapore Katong

ホテル・インディゴ・シンガポール・カトン

カトンエリアにある、プラナカンの
カルチャーが随所にちりばめられた
ホテル。ゲームボードを用いたテー
ブルやミシン台をリメイクしたシン
クなど、客室も遊び心たっぷり。

Map 別冊P.24-A3 カトン

🏠86 East Coast Rd., #01-01 Katong Square
☎6723-7001　FAX(65)6723-7002
🛏131室　CardA.D.J.M.V.　💰ツイン$300〜
（+18%）　🚇中心部からタクシーで約20分
URLwww.hotelindigo.com/singapore

「アモイ・ホテル」は古い中国家屋を保存、改築して生まれ変わったダイニングスポット「ファーイースト・スクエア」内にある。　173

CASE 01 屋台で値引き交渉

アイ バイ トゥー
I buy two.
ディスカウント ラー キャン オア ノッ
Discount lah, can or not?
ふたつ買うから
安くしてよ！

キャン キャン
Can can!
いいよ！

解説：「Can can」「Cute cute」など単語を連発する傾向が多いのはマレー語の影響。とくにOKの意味の「Can can」はよく耳にする。

CASE 02 何か食べ物を食べて感激している男

ダイ ダイ
Die, die,
マスト トライ
must try!
絶対に食べなきゃ
損だぞ！

解説：「die die」は、「死んでもいいから絶対に」という造語。

英語のようで英語でない！
シンガポーリアンの謎の言語、それはシングリッシュ!!

アイ バイ ユー
I buy you
マカン ラー オーケー
makan lah, OK?
僕がごはんおごるよ、いいでし？

パイセー ラー
Paiseh lah,
サンキュー
thank you.
なんだか悪いわ、ありがとう。

CASE 03 皿を割ったメイドに向かって怒る奥さん

ユー ブラー ライク
You blur like
ソートン
sotong!
あんたってホントにボンヤリしてるわね！

解説：「blur」は英語で「ぼやける」の意味。「sotong」はマレー語の「イカ」の意味。ここでのイカはボーッとしている人の例え。「マヌケ」の意味もあり、日本語の「タコ」に近いニュアンス。

さまざまな移民が集まったこの地では、英語にそれぞれの言語を交えて、文法を簡略化。今や大衆文化のひとつといえるシングリッシュの会話例をご紹介。

CASE 04 男性が女性にごちそうする場面

解説：「makan」はマレー語の「食べる、食事」。「paiseh」は福建語の「恥ずかしい」。語尾に「〜lah」を付けるのもシングリッシュの特徴。

ヒー イズ ソー
He is so
チープスケート
cheapskate.
あのオヤジ貧乏くさい。

ドント プレイ プレイ
Don't play-play!
ヒー イズ ア トウケイ
He is a Towkay,
ユー ノウ
you know.
バカにしないほうがいいぞ。
彼はすごいボスなんだぞ。

★シングリッシュでは動詞の変化は気にしない。きれいな英語を話すより単語を並べただけのほうが、ノリでうまく通じたりする。要は気持ち。大らかなシングリッシュにのっとって臆せずどんどんコミュニケーションを！

気持ちが大切☆

解説：「play-play」は中国語の「なめてかかる」の言い回しから。「Towkay」は福建語の「ボス」の意。

CASE 05 ランニングシャツのオジさんを見てバカにした態度をとる友人をなだめる

初めてでも
大丈夫♪

安全・快適
旅の基本情報

クリーンで安全なイメージが強いシンガポール、でもやっぱり海外。
思いがけないアクシデントもあるかも、と心配や不安は尽きないもの。
シンガポールデビューの人はもちろん、リピーターさんも
基本情報をちゃんとおさらいしておいて☆

INFOMATION

aruco的 おすすめ旅グッズ

シンガポールは1年中高温多湿の、熱帯モンスーン気候。
紫外線対策はもちろん、クーラーがガンガン効いた室内での寒さ対策も忘れずに！
快適で楽しい女子旅に、おすすめグッズをご紹介。ぜひ参考にしてね。

旅のお役立ちアイテム

□ 日焼け止め

ドラッグストアやスーパーで現地調達も可能だけど、やっぱり日ごろ使っているものを持ち歩くのが安心。いつもより念入りに塗ってね。

□ サングラスと帽子

シンガポールの強烈な日差しに備えて、街歩きの際は忘れずに持って行こう。特に乾季は日差しが強い！

□ 折りたたみ傘

雨が多い10〜3月の雨季の旅行には必需品。乾季でもスコールが多いので、バッグにしのばせておくと安心。

□ ウエットティッシュ

ホーカーズやフードコートでの食事や、スナックをつまみ食いするときに便利。レストランで出てくるウエットティッシュは有料の場合があるので注意しよう。

□ 常備薬

油の多い中国料理やローカルフード、冷たいデザートの食べ過ぎ、飲み過ぎなどでお腹を壊してしまったときに、飲み慣れた胃腸薬や下痢止めがあると安心。

□ カーディガン

シンガポールのS.C.やホテルは、寒いくらいにクーラーが効いている所が多い。体調を崩さないためにもカーディガンやジャケットを持って行こう。

機内手荷物のアドバイス

日本からシンガポールまでは直行便で約7時間。パスポート、eチケットの控えと貴重品類は機内に持ち込もう。機内での乾燥対策に、保湿マスクや乳液（1〜2回分のサンプルがベスト）があるといい。肌寒いときのために、はおり物やストールも用意しておこう。

▶ 機内持ち込み制限についての詳細はP.178をチェック！

基本の持ち物チェックリスト

貴重品
- □ パスポート
  残存有効期間は要チェック！→P.11
- □ ビザ（必要な人のみ）→P.11
- □ 航空券（eチケット控え）
- □ クレジットカード
- □ 現金（円）
- □ 海外旅行保険証書

洗面用具
- □ シャンプー類
- □ 歯磨きセット
- □ 洗顔ソープ
- □ 化粧水、乳液
- □ タオル

衣類
- □ 普段着、おしゃれ着
- □ 靴下、タイツ
- □ 下着、パジャマ
- □ 水着

その他
- □ 常備薬
- □ 虫除けスプレー
- □ 生理用品
- □ エコバッグ
- □ マスク
- □ 雨具
- □ スマートフォン
- □ 電池、充電器
- □ 変圧器、変換プラグ
- □ スリッパ
- □ カメラ

✉ 8月のシンガポールはスコールが本当に多かった。乾季の旅行でも折りたたみ傘は携帯しておいて。（佐賀県・美月）

知って楽しい！ シンガポールの雑学

~ん~なるほど

小さな島国に多民族が共存するシンガポールでは、
国を統一するためにさまざまなルールや罰金制度が設けられている。
楽しい旅をするために、事前にちょっとお勉強！

シンガポールの基礎知識

正式名称	シンガポール共和国 The Republic of Singapore
国旗	平等を意味する赤、純潔を意味する白の2色の上に、自由、平和、進歩、平等、正義を表す5つの星と三日月が描かれたもの。
国歌	マジュラ・シンガプーラ Majulah Singapura
面積	742.2㎢。東京23区とほぼ同じ（'19年）
人口	564万人（'22年）
政体	大統領を元首とする共和制
元首	ハリマ・ヤコブ大統領 Halimah Yacob
民族構成	華人系74%、マレー系13%、インド系9%、そのほか4%
宗教	仏教、イスラム教、キリスト教、ヒンドゥー教など
言語	公用語は英語、中国語（北京語）、マレー語、タミール語

シンガポールの歴史年表

14世紀	港町トゥマセクが史料に登場
14世紀末	トゥマセク、シンガプーラと改称
1613年	シンガプーラ、ポルトガルに焼討ちされ壊滅
1819年	トーマス・ラッフルズ、シンガポールに中継港建設開始
1832年	ペナン、マラッカと合わせた海峡植民地の首都となる
1858年	海峡植民地、イギリス政府の直轄となる
1942年	日本軍、シンガポールを占領
1945年	日本敗戦。シンガポール、再びイギリス直轄地となる
1955年	選挙により部分自治政府成立
1956年	四言語校の平等政策決定、翌年度から実施
1957年	シンガポール市民権法制定・実施
1958年	四言語の公用語化
1959年	総選挙により完全自治に移行
1963年	マレーシア連邦に加入
1965年	マレーシアから分離、シンガポール共和国成立
1967年	シンガポールほか4カ国でASEAN結成
2017年	ハリマ・ヤコブ大統領が初の女性大統領に就任

シンガポールのルール！

覚えておいて！

- ゴミのポイ捨てには最高$1000の罰金！
- 喫煙所以外での喫煙、公共の場所で痰、つばを吐くと罰金！
- 入国時、チューイング・ガムの持ち込みは禁止！
- 一部例外はあるが、基本的に日本国内で販売されているタバコは持ち込み禁止。同様に電子タバコも持ち込み禁止。
- 22:00～翌7:00の間は公共の場における飲酒と酒類販売禁止（バーなどはOK）。
- ホーカーズ、フードコート、コピティアムでの食後の食器やゴミの片づけが義務化され、違反者は初回は警告書、2回目は$300の罰金！

オプショナル・ツアーを上手に利用♪

もっと効率よく観光したい、自分で行くにはちょっと遠い……なんてときは事前にネットで申し込める日本語ガイドツアーがおすすめ。定番の市内観光から世界遺産に登録されているマレーシアのマラッカへの日帰りツアーなど、さまざまなツアーが催行されている。

日本語ガイドが案内する現地ツアーを催行しているのは以下の2社。

- パンダバス　Panda Travel Agency
  - ☎6337-1616（日本語）
  - URL www.pandabus.com/singapore
- マイバス　My Bus
  - ☎6735-2847（日本語）
  - URL www.mybus-ap.com/country/singapore

日本でできる情報収集

出発前に、シンガポール政府観光局や現地の日本語情報サイトで最新の情報を仕入れよう！

- シンガポール政府観光局
  - 🏠〒100-6314　東京都千代田区丸の内2-4-1　丸の内ビルディング3414
  - ☎03-6268-0861　⏰9:30～12:30、13:30～17:30　🚫土・日曜、祝日、8/9
  - URL www.visitsingapore.com　✉STB_InfoJapan@stb.gov.sg
- マンゴスティン倶楽部
  - URL www.mangosteen.com.sg
- パルティ
  - URL www.partisg.com

シンガポール入出国かんたんナビ

まずは飛行機でシンガポールへ！
日本からシンガポールへは約7時間のフライト。
シンガポールへの持ち込み制限は特に注意してね！

① SGアライバルカード、健康申告書をオンラインで提出

到着3日前から、入国管理局（ICA）のウェブサイトでSGアライバルカードと健康申告書をオンラインで提出。審査が済めば、登録したメールアドレス宛に確認書が送られてくるので、ダウンロードしてスマホに保存しておくか、プリントした書面を携行しよう。
入国管理局（ICA）URL eservices.ica.gov.sg/sgarrivalcard

② 到着／入国審査

飛行機を降りたら1階にある入国審査へ。審査官にパスポート、SGアライバルカードの確認書ダウンロード画面（または書面）を提出する。シンガポール出国のeチケットの提示を求められることもある。スキャナーで顔・虹彩、指紋の登録を行い審査終了。その後、SGアライバルカードに登録したメールアドレス宛てに滞在可能日数等が記載されたe-Pass（電子訪問パス：Electronic Visit Pass）が送られてくる。

↓

③ 荷物を受け取る

空港中央ホールのターンテーブルで自分の荷物が出てくるのを待つ。待っている間に両替しておくこと。レートは市内とほぼ同じ。もしも荷物が出てこなければ、空港スタッフにバゲージ・クレームタグを提示し手続きを。

↓

④ 税関の申告

荷物をピックアップしたら税関Customへ。免税範囲（右記）を超えている人は赤の通関路で申告するか、税関の近くにある「Tax Payment Kiosk」という機械で自己申告で税金を支払う。免税範囲を超えていない人は緑の通関路を進む。申告がない場合は、荷物検査を受けることはほとんどない。

↓

⑤ 到着ホール

税関を抜けると、いよいよそこが到着ホール。インフォメーションカウンターでSIMカードや地図、観光案内の入手や、ホテルの予約も可能。市内への交通手段はタクシー、MRTなどがあるので、詳しくはP.180を参照。

★液体機内持ち込み制限

国際線の機内に手荷物で液体類（ジェル、エアゾールを含む）を持ち込む場合、次のような制限がある。
●すべての液体物は100mℓ以下の容器に入れる
●それらをジッパー付きの容量1ℓ以下の透明プラスチック製袋に入れる
●旅客ひとりあたりの袋の数はひとつのみ
詳しくは下記のサイトで確認を。
URL www.mlit.go.jp/koku

★機内預け荷物重量制限

機内に預けられる荷物の大きさ、重量などの制限は航空会社や搭乗クラスにより異なるので事前に確認を。シンガポール航空のエコノミークラスの場合、日本〜シンガポール間のフライトは、個数に関係なく総重量は30kgまで。

シンガポール入国時の免税範囲

品名	内容
タバコ	日本国内で販売されているタバコは持ち込み禁止。●パッケージにロゴやブランドマークが入っていない●健康障害の警告の図柄・写真が入っている●パッケージの色はドラブ（ダーク）・ブラウンという条件を満たしている場合は400gまで持ち込み可能（1本42.7¢の課税）。
酒類	アルコール度によって変わる。●スピリッツ1ℓ＋ワイン1ℓ＋ビール1ℓ●ワイン2ℓ＋ビール1ℓ●ワイン1ℓ＋ビール2ℓの3通りの組み合わせ以内の量は免税。
購入した物	総額$600（滞在48時間以内は$150）未満

日本からシンガポールへの直行便 （※2023年3月現在）

●成田発
シンガポール航空：毎日2便
日本航空：毎日1便
全日空：毎日1便
スクート（直行便か台北経由）：毎日2便
ジップエア：毎日1便
●羽田発
シンガポール航空：毎日2便
日本航空：毎日2便
全日空：毎日2便

●関空発
シンガポール航空：毎日1〜2便
スクート：毎日1便
●名古屋発
シンガポール航空：週3便
●福岡発
シンガポール航空：週3便
●札幌発
スクート（台北経由）：週4便

シンガポールの持ち込み禁止品

●チューイング・ガム　●ピストル型のライター　●わいせつな雑誌やビデオ
●噛みタバコ、電子タバコ　●花火や爆竹　●麻薬
麻薬所持はトランジットであろうと厳罰に処される。他人の荷物は預からないように。また、手荷物の管理には注意したい。

シンガポールから日本へ

1 チェックイン

空港ビル2階にある出発ホールDeparture Hallで、利用航空会社のカウンターにeチケットの控えとパスポートを提示。大きな荷物はここで預け、バゲージ・クレームタグをもらう。

↓

2 出国審査

外国人専用窓口に並び、順番が来たら搭乗券とパスポートを係員に提示し、入国時と同様に指紋をスキャン。審査後パスポートにスタンプを押して返してくれる。

↓

3 手荷物検査／搭乗

出国審査が終われば、免税店などで買い物ができる。出発の30分前には搭乗ゲート前に行くようにしよう。まれにゲートが変更されることもあるので注意。搭乗前にゲート入口で手荷物チェックを受ける。

↓

4 帰国

入国審査、税関申告の手続きがオンラインで行える「Visit Japan Web」に事前登録を。審査完了時に送られてくるQRコードを入国時に提示するとスムーズ。

日本入国時に必要なこと

2023年4月29日以降、日本入国時にワクチン証明書または出国前の検査の提示は不要となっている。
以下の「Visit Japan Web」に登録しておくと入国がスムーズ。

● Visit Japan Web
日本入国時の手続き「入国審査」、「税関申告」をウェブで行うことができるサービス。必要な情報を登録することでスピーディに入国できる。
[URL]vjw-lp.digital.go.jp

日本入国時の免税範囲

税関 [URL]www.customs.go.jp

品名	内容（居住者の場合）
酒類	3本（1本760ml程度のもの）
タバコ	紙巻200本または葉巻50本または加熱式タバコ個装等10個。その他250g
香水	2オンス（1オンスは約28ml。オードトワレは含まれない）
その他	20万円以内のもの（海外市価の合計額）
おもな輸入禁止品目	・麻薬、向精神薬、大麻、あへん、覚せい剤、MDMA・けん銃等の銃砲、これらの銃砲弾、けん銃部品・爆発物、火薬類・貨幣、有価証券、クレジットカード等の偽造品、偽ブランド品、海賊版等

※免税範囲を超える場合は追加料金が必要。
海外から自分宛に送った荷物は別送品扱いになるので税関に申告する。

「携帯品・別送品申告書」記入例

A面

B面

消費税（GST）の払い戻し

シンガポールではほとんどの商店やレストラン、ホテルで8%の消費税（Goods & Service Tax：GST）を加算している。旅行者は購入した商品を国外に持ち出す場合、1回の買い物につき$100（GST込み）以上の買い物をしたなど一定の条件を満たしていれば、その商品に支払ったGSTの払い戻しを受けることができる。なお、eTRS（電子認証システムによる旅行者払い戻し制度）が導入されているので、紙面の免税書類を作成する必要はない。アプリ「Tourego」を使ってオンラインで手続きも可能。

GST還付の条件

□16歳以上であること。□シンガポール国民、または永住権保持者ではないこと。□過去6ヵ月間にシンガポールで就労していないこと。□過去2年間のシンガポールでの滞在日数が365日以下であること。□チャンギ国際空港またはセレター空港から、購入より2ヵ月以内に商品を国外に持ち出すこと。　マレーシア陸路出国の場合は還付不可。

GSTの還元を受けるための買い物の手順

❶$100以上の買い物をする際に、クレジットカードかデビットカードを提示し、購入履歴を記録してもらう。支払いはこのとき提出したカード、別のカード、現金などを選択可能。
❷クレジットカードを所持していない、または提出したくないという場合は、店頭でeTRSチケット（免税書類）を発行してもらう。

空港内の免税手続きの場所

チャンギ国際空港ターミナル1、2、3、4のチェックインホール（出国審査の前）または、出発ラウンジ（出国審査のあと）にあるeTRSセルフサービス・キオスク。

免税手続きのタイミング

❶購入品を機内預けにする場合：チェックインホール（出国審査の前）で手続きを行う。
❷購入品を機内に持ち込む場合：出発ラウンジ（出国審査のあと）で手続きを行う。

eTRSセルフサービス・キオスクでの免税手続きの手順

❶購入履歴が記録されているクレジットカードかデビットカードと、パスポートを読み込ませ、購入履歴を呼び出す。eTRSチケットを発券してもらった場合は、それをスキャンする。
❷eTRSセルフサービス・キオスクのガイドに従って手続きを進める（日本語表示可）。払い戻しの方法は、現金かクレジットカードへの返金のいずれか。
❸免税手続きを終えると「Approved（承認）」または「Not Approved（非承認）」と書かれた受付通知書（Notification Slip）が発行される。「Approved（承認）」の場合は税関で購入品の検査を受ける。

払い戻し金の受け取り方法

現金での払い戻しの場合は、出発ラウンジ（出国審査のあと）にあるセントラル・リファンド・カウンター（Central Refund Counter）で受付通知書を提示すれば、払い戻してくれる。クレジットカードへの返金の場合は、eTRSセルフサービス・キオスクでの免税手続き完了後10日以内に、指定のクレジットカードに返金される。

空港から市内への交通

さあ、いよいよシンガポールに到着！
シンガポールの空の玄関はチャンギ国際空港。
空港から市内への手段は予算と時間、好みに応じて選ぼう。

何に乗ってく？

空港案内

チャンギ国際空港
Changi International Airport

国際線が発着するのはチャンギ国際空港。シンガポール本島の東端のチャンギ・ビーチ近くに位置する。ハイテクを駆使した近代的な空港内にはS.C.、レストラン、医療施設、ホテル、プール、サウナやジムなどの設備を備え、「空港都市——エアトロポリスAirtropolis」の概念を実現している。4つのターミナルがあり、2019年には空港併設の巨大複合施設「ジュエル・チャンギ・エアポート」（→P.42）がオープン。ターミナル間の移動は、無料のスカイトレインを利用するのが便利。

URL www.changiairport.com　Map 別冊P.3-D2

空港での買い物は → P.138

空港から市内へのアクセス

エム・アール・ティー
MRT

料金　$1.93（空港からシティ・ホール駅間）
所要　約40分

チャンギ空港のターミナル2と3を連結するようにMRT空港線チャンギ・エアポート駅が設置されている。この駅を出発し、タナ・メラ駅で東西線へ乗り換えれば市内へアクセスできる。空港からシティ・ホール駅間は7〜12分間隔で運行しており、所要約40分。空港発の運行時間は早朝5:31（日曜、祝日5:59）〜翌0:06だが、タナ・メラ駅からシティ方面への東西線最終電車は23:33発。

詳細は → P.182

バス
Bus

料金　$2.8（空港からMRTオーチャード駅間）
所要　30〜40分

ターミナル1、2、3は、空港地下のバスターミナルから、ターミナル4は1階到着ホールを出た道沿いから市内へのバスが出ている。空港発着のバス路線は5系統あり、旅行者によく利用されるのは、ターミナル2〜マリーナ・エリア〜オーチャード・ロードを結んで主要ホテルを経由するSMRTのNo.36の巡回バス。8〜12分間隔で運行。運行時間は5系統ともだいたい6:00〜24:00。おつりは出ないので、あらかじめ空港内の両替所で小銭を用意しておこう。

詳細は → P.183

タクシー
Taxi

料金　$20〜45
所要　20〜30分

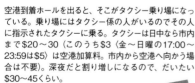

空港到着ホールを出ると、そこがタクシー乗り場になっている。乗り場にはタクシー係の人がいるのでその人に指示されたタクシーに乗る。タクシーは日中なら市内まで$20〜30（このうち$3〈金〜日曜の17:00〜23:59は$5〉は空港加算料。市内から空港へ向かう場合は不要）。深夜だと割り増しになるので、だいたい$30〜45くらい。

詳細は → P.181

エアポート・シャトル・サービス
Airport Shuttle Service

料金　大人$10、子供$7
所要　20〜30分

エアポート・シャトルが、セントーサ島、チャンギ・ビレッジのホテルを除く市内のホテルと中央ビジネス街（Central Business District）の任意の場所まで運行。7:00〜23:00に1時間間隔で運行している。各ターミナルの到着ホールにあるカウンターで申し込む。また、市内の任意の場所まで4〜7人乗りリムジン・タクシー・サービス（$55〜70）もある。

問い合わせ先　GST（The Ground Transport Consierge）　☎9656-6258

シンガポール内の移動手段

旅行者が利用しやすい交通手段は、タクシー、MRT（電車）、バスの3つ。それぞれの利用法をご紹介。

タクシー
Taxi

タクシースタンドやホテル、観光地のほか一般道路沿いでもつかまえることのできるタクシーは、旅行者の強い味方。メーター制で料金は日本より安い。なお、タクシー乗車時にはシートベルトの着用が義務付けられていて、違反した場合は運転手、乗客ともにそれぞれ$120罰金。

乗り方

車の屋根の表示灯が付いていると空車なので手を挙げて拾う。タクシー会社によっては「TAXI」と電光表示されていれば空車、「HIRED」なら乗客を乗せている。「on call」と表示されていたり、行き先の地名の札がフロントガラスに張り付けてある場合は、乗客が乗っていなくても停まってくれない。

料金

タクシー料金はメーター制で、初乗りは$3.9〜、その後10kmまでは400mごと、10km以降は350mごとに¢22〜23加算される。また渋滞などのために45秒以内に単位距離（350m／400m）を進めない場合はその都度¢22〜23加算される。このほかにも下記のような追加料金がある。追加料金は別のメーターに表示されるのでよく見ておこう。支払いは現金で。カードが使えるタクシーも多いが手数料がかかる。

タクシーの一般的な料金

- ●チャンギ国際空港から中心部まで
オフピーク：$20〜25（$30〜35）
ピーク：$30〜35（$35〜40）
※（ ）内はプレミアムタクシーの値段。
- ●オーチャード・ロードから
シティ・ホール周辺、ブギス／$6〜10
マリーナ・エリア、チャイナタウン／$7〜11
ジュロン地区／$18〜24
セントーサ島／$18〜25

タクシー追加料金一覧
※コンフォート／シティ・キャブタクシーの場合（2023年3月現在）

内容	追加料金
深夜に乗ったとき（0:00〜5:59）	メーター料金の50%増し
ピーク時に乗ったとき（月〜金曜6:00〜9:29、月〜日曜、祝日18:00〜23:59）	メーター料金の25%増し
チャンギ国際空港から乗ったとき	$3
チャンギ国際空港から金〜日曜の17:00〜23:59に乗ったとき	$5
シティ・エリア（中央ビジネス区域）から月〜日曜17:00〜23:59に乗ったとき	$3
リゾート・ワールド・セントーサから乗ったとき	$3
ガーデンズ・バイ・ザ・ベイから乗ったとき	$3
月〜金曜6:00〜9:30、月〜日曜18:00〜24:00の利用直前に電話で呼んだとき	$3.3
上記の時間以外に直前に電話で呼んだとき	$2.3
30分以上前に予約したとき	$8
ERPゲートを通過したとき	随時（$0.5〜4）

● 街なかでタクシーがつかまらないときは

タクシー会社に電話する「オン・コールon call」という方法があるが、英語で現在地を説明する必要がありハードルが高い。スマートフォンがあれば「グラブGrab」や「ジグZig」などの配車サービスアプリの利用が便利。

配車サービスアプリ「グラブ」の利用方法

1. アプリを開き、現在地がマップ上に表示されるので、正しい位置か確認し、乗車位置を確定。
2. 目的地を入力。住所ではなくホテル名など目的地の名称を入れると確実。
3. 目的地を入力すると見積もり料金とドライバー到着までのおおよその時間が表示される。「Confirm booking」をタップして予約を確定させる。
4. 近くにいるドライバーがリクエストを承認するとドライバー到着までのおおよその時間が表示される。
5. ドライバーが到着したら車のナンバーや顔写真で予約した車かどうか確認し、乗車。
6. 目的地に着いたら、アプリに表示された料金を支払って降りる。料金は流しのタクシーとさほど変わらない。カードを登録している場合はカード決済も可能。

オン・コールの番号 ●Comfort Transportation／City Cab ☎6552-1111 ●SMRT Taxi ☎6555-8888 ●Prime Taxi ☎6778-0808

タクシー乗車時に気をつけよう

- ● 道路の端に引かれた黄色の2本のジグザグ線は「車の一時停止禁止」という意味で、タクシーを停めることはできない。黄色の1本のジグザグ線なら、タクシーの乗り降りができる。ちなみに直線は駐車禁止を表している。
- ● 市内各所の道路に設置された「ERP」と書かれたゲート。このゲートを通過した時間や曜日によって、自動的に通行料を徴収されてしまう。ERPの料金だけで$5近くになる場合もある。

エム・アール・ティー
MRT（Mass Rapid Transit）

都心では地下鉄となるMRTは渋滞もなく旅行者にも便利。東西線（East West Line）、南北線（North South Line）、東北線（North East Line）、サークル線（Circle Line）、ダウンタウン線（Downtown Line）、トムソン・イーストコースト線（Thomson-East Coast Line）の6路線があり、線によって多少異なるが、始発は早朝5:30～6:00頃、最終は23:00～24:00頃。

MRT、イージー・リンク・カードに関する問い合わせ先　(Free)1800-3368900　(URL)www.smrt.com.sg

路線図 → 別冊P.29

運賃の支払い方法

種類	備考
シンガポール・ツーリスト・パス The Singapore Tourist Pass (URL)thesingaporetouristpass.com.sg/ja	旅行者向けのMRTとバスの乗り放題パス。1日用$20、2日用$26、3日用$30の3種類がある（デポジット各$10含む）。カードは主要な16のMRT駅構内のチケットオフィスで購入。発行日から5日以内にチケットオフィス（⏰10:00～21:00頃）へカードを返却すればデポジットは戻る。
イージー・リンク・カード EZ Link Card (URL)www.ezlink.com.sg	チャージ式のIC乗車カード。カードは$10で使用可能額は$5（$5はカード代）。運賃は$0.99～2.26。残高が$3を切ったら自動券売機で増額が必要。現金なら$2から、クレジットカードなら$10から増額できる。カードは駅構内のチケットオフィスやセブン-イレブンで購入できる。残額はチケットオフィスで払い戻し可能（カード代$5は返金不可）。
シンプリーゴー SimplyGo (URL)www.simplygo.com.sg	クレジットカードやスマートフォンを利用した非接触決済サービスのこと。非接触決済対応のクレジットカード（マスターカード、ビザカードに限る）を所持している場合、登録不要で利用可能。シンガポール国外で発行されたクレジットカードでも利用できるが、1回の請求につき$0.6の手数料がかかるので注意。利用方法はイージー・リンク・カードと同じで、駅の改札やバスの乗車時に端末をセンサーにタッチするだけ。

乗り方

1. 改札機を通ってホームへ。イージー・リンク・カード、ツーリスト・パス、非接触決済対応のクレジットカードなどを改札機上部にあるセンサーにかざすだけでよい。

2. 線路は6色で色分けされており、それぞれホームも異なるので、自分の乗る電車のホームを確認しよう。ホームの掲示板には次に来る電車の行き先が表示されている。

増額方法

1. イージー・リンク・カードの増額は、駅の改札手前にあるトップ・アップ・マシンTop-up Machineで行う。まずはカードをリーダーの上に置く。

2. 操作スクリーンで増額する金額を選ぶと決済画面になり、現金かクレジットカードを選択。

3. 現金の投入またはクレジットカードを読み取り機にかざし、決済すれば完了。「receipt」をタッチすればレシートが出てくる。ちなみにMRT、バスともに7歳未満で身長90cmまでの子供は、大人が同伴する場合無料。

覚えておいて！

MRT禁止事項あれこれ

以下の禁止事項に触れると最高$5000の罰金を徴収されるので注意してね！

- 車内、駅構内でタバコを吸ったり、物を食べたり飲んだりしてはいけない。また、ツバをはいたり、ゴミを捨てたりしてはならない。
- ドリアンを持ち込んではいけない。
- 座席の上に足を投げ出してはならない。
- 車内、駅構内をブラブラ歩きまわってはいけない。

このほか、常識で考えると当然と思えることが、たくさん禁止事項としてある。一般的なモラルやエチケットを守っていれば大丈夫。

MRTダウンタウン線は乗客が少なく、ブギス方面からサンズやガーデンズ・バイ・ザ・ベイに行くのに便利でした。（福井県・M）

バス
Bus

エス・ビー・エス・トランジットSBS Transit（SBS）とエス・エム・アール・ティ・バス（SMRT Bus）などのバス会社がある。シンガポール中を網の目のように結んでいるため、バスを乗りこなせれば、ほとんどの場所へ行くことができる。車内の電光掲示板にバス停の名前がアナウンスされるが、スマートフォンに、バスの路線、運行時間、料金が検索できるアプリ「Singapore Maps」をダウンロードしておくとさらに安心。

バス会社、バス路線のウェブサイト
● SBS URL www.sbstransit.com.sg　● SMRT URL www.smrt.com.sg

乗り方／降り方

1 目的地まで行くバスが停まるかどうかを、バス停の路線ボードで確認しておこう。右写真のバス停の場合、80と145のバスが停まるということ。

3 バスは前乗り、後ろ降りで料金は乗車時に支払う。おつりはもらえないので、小銭を用意しておくこと。ツーリスト・バスやイージー・リンク・カードを利用する場合は料金箱脇のセンサーにカードをかざす。

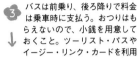

2 乗りたいバスが来たら手を挙げて停める。もし誰も手を挙げていなければ、バスは停まらずに通り過ぎるので注意すること。

4 車内のポールに付いている赤いボタンを押すと「ピンポン」という音がして、次のバス停で停まってくれる。どこが目的の停留所かわからない場合には、あらかじめ運転手に目的地に着いたら知らせてくれるよう頼んでおくとよい。ツーリスト・バスやイージー・リンク・カードを利用する場合は、降車時にも料金箱脇のセンサーにカードをかざすこと。

料金

公共の乗り物のなかで最も安く$1.7〜、その後¢10〜20刻みで$2.8まで。料金区間はバス停の数とは関係なく、距離（1区間900m）に応じて加算される。ツーリスト・パスやイージー・リンク・カードでの支払いが便利だが、持っていなければ運転手に行き先を告げて料金を教えてもらって支払おう。

また、ツーリスト・パスやイージー・リンク・カードでバスに乗り、降車時にセンサーにかざすのを忘れたら、最終地点まで乗ったことになってしまうので注意！

リバー・タクシーを上手に利用

シンガポール・リバー・クルーズ社（→P.155）が運航する水上タクシー。乗り場はマリーナ・ベイからシンガポール・リバーにかけて5ヵ所あり、川沿いやマリーナ・エリアの移動に便利。ただし、運航日時が限定されており、土・日曜、祝日を除く8:00〜10:00、17:00〜19:00。料金は一律$5でイージー・リンク・カードで支払う。

● シンガポール・リバー・クルーズ
URL www.rivercruise.com.sg

オーチャード・ロードから主要観光地へのバスルート一覧 ※2023年3月現在

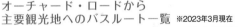

目的地	オーチャード・ロードからの直通バスNo.
マーライオン・パーク（→P.152）	128. 162. 167. 700
シンガポール国立博物館（→P.80）	7. 14. 36. 77. 106. 111. 124. 162. 167. 171. 174. 190
チャイナタウン・コンプレックス（→P.157）	124. 143. 190
リトル・インディア（→P.160）（セラングーン・ロード）	64. 65. 139
アラブ・ストリート（→P.158）（サルタン・モスク）	7. 175
マリーナベイ・サンズ（→P.28）	106. 502. 518
カトン（→P.162）	14. 16. 36

旅の便利帳

シンガポールの旅に必要なノウハウをわかりやすくまとめました。
旅の基本をきっちりおさえていれば、
イザというときに慌てず対処できるはず。

困ったときは
すぐ確認！

お金・クレジットカード

お金

通貨単位はシンガポール・ドルS$（本書では$と表記）、補助通貨単位はシンガポール・セントS¢（本書では¢と表記）。紙幣は2、5、10、50、100、1000、1万の7種類。硬貨は1、5、10、20、50セント、1ドルの6種類。2013年より、新硬貨（右記）が流通開始したが、旧硬貨ももちろん使用可能。1セント硬貨、1000、1万ドル紙幣は発行中止されたが使用可能。

$2

$5

$10

$50

$100

$1000

クレジットカード

ホテルやレストラン、スーパー、タクシーなどでは、VISAやMasterなど国際ブランドのカードならばたいてい使える。大金を持ち歩くのはリスクが高いので、両替はできるだけ最小限にとどめて、カードで支払うのが賢い方法。利用時に暗証番号（PIN）が必要な場合があるので、事前にカード発行金融機関に確認を。

ATM

空港や街なかなどいたるところにあり、VISAやMasterなど国際ブランドのカードでシンガポール・ドルをキャッシングできる。出発前に海外利用限度額と暗証番号をカード発行金融機関に確認しておこう。金利には留意を。

5セント　10セント　20セント　50セント　$1

新5セント　新10セント

新20セント　新50セント　新$1

電話

電話はホテルの客室か公衆電話でかけられる。公衆電話は年々減っており、空港以外にほとんどない。コイン（¢10、¢20、¢50、$1）のほか、クレジットカードが使える機種も。市内電話は2分間¢10。国際電話は1分間¢45。ホテルからの場合はこれに10%程度の手数料と8%のGSTが加算されることが多い。SIMフリーのスマートフォン端末（バンド3か7に対応しているもの）があれば、現地でSIMカードを購入すると便利。チャンギ国際空港の「チャンギ・レコメンズ」をはじめ、コンビニや駅の売店などで購入できる（パスポートの提示が必要）。ツーリスト向けSIMカードは使用期間7～15日間で$10～50。通信容量100GBで、国内通話500分～、国際通話20分～が標準。

M1（左）とシングテルSingtelのSIMカード

日本からシンガポールへ

※携帯電話の場合は010のかわりに「0」を長押しして「+」を表示させると、国番号からかけられる
※NTTドコモ（携帯電話）は事前にWORLD CALLの登録が必要

| 事業者識別番号 0033/0061 ※携帯電話の場合は不要 | ＋ | 国際電話識別番号 010 ※ | ＋ | シンガポールの国番号 65 | ＋ | 相手の電話番号 (8桁) |

シンガポールから日本へ

| 国際電話識別番号 001 | ＋ | 日本の国番号 81 | ＋ | 市外局番を含む相手の電話番号（固定電話・携帯とも最初の0は取る） |

現地での電話のかけ方

市外局番などはなく、6番から始まる固定電話のほか8と9番から始まる携帯電話や緊急電話、1800から始まる無料通話がある。マレーシアへは国際電話のかけ方でかける方法のほか、02をダイヤルしてから市外局番＋電話番号をダイヤルする方法もある。

「ラッキー・プラザ」 Map別冊P.15-C2 の両替商では複数店のレートをチェックしてから両替したほうがよい。（千葉県・Sob）

電圧とプラグ

電圧は230V、50ヘルツ。プラグは四角形の穴が3つのタイプ（BF型）が一般的だが、一部には丸穴が3つのタイプ（B3型）もある。日本の電気製品をそのまま使う場合には変圧器が必要となるが、ほとんどのホテルで貸し出しサービスがある。

B3型

BF型

郵便

郵便局の営業時間は月～金曜8:30～17:00、土曜～13:00、日曜、祝日は休み。日本への航空郵便の料金は、ハガキが¢80、封書は20gまでが$1.5で、10g増すごとに¢35ずつ加算される。日本への小包の目安は2kgまで$8.3（所要4～9日）。

インターネット

シンガポールは国策としてインターネット環境整備を推進しており、オフィス街やS.C.、MRT駅周辺などであれば、どこでもWi-Fiでネットに接続できる。特に「Wireless@SG」というネットワークは広範囲をカバーしている。シンテルやスターハブといった通信会社の専用サイトにアクセスし、「Foreign Mobile Number」を選択。無料Wi-Fiサービスを利用したい携帯電話の番号など必要事項を入力し、パスワードを入手しよう。同アプリからも登録可能。チャンギ国際空港内では、1日3時間まで無料でWi-Fiが使えるサービスがある。「WiFi@Changi」という無料ネットワークを利用するには、空港内に設置された「Free WiFi」の目印が付いたPC端末で、パスポートの写真ページをスキャンし、パスワードを発行する。また、格安ホテルを含むほとんどのホテルで、客室で無料Wi-Fi接続が可能。

チップ

レストランやホテルでは基本的に税金8%のほかにサービス料10%が加算されているので、チップを置く必要はない。レストランなどでよいサービスを受けたと思ったら、小銭のお釣りをチップとして置くのが一般的。ベルボーイやルームメイドに世話になったときは、その気持ちをチップで伝える（$2～）。タクシーでは不要。

トイレ

ほとんどが日本と同じ洋式の水洗。S.C.や美術館などの観光地には掃除の行き届いたトイレがあり、無料で利用できる。ホーカーズ（→P.62）にもトイレがあるが、有料（¢10～20）だったり、掃除が行き届いていない場合がある。

水

シンガポールの上水道はWHO（世界保健機関）の審査基準をクリアしており、生水を飲むことができる。ただし、胃腸が弱い人は、ミネラルウオーターや市販の飲料水を飲むことをおすすめする。水は500mℓのペットボトルで$0.7～1くらい。

喫煙

屋内、屋外とも飲食関連施設では、一部の喫煙指定場所を除いて禁煙。ナイトスポットも禁煙であるが、環境省に認定された店舗に限り、喫煙エリアを設けている店もある。喫煙可能なエリアは、その区分を明確にする印（床のマーキングやテーブルのカラーなど）やサインを施すことが規則で命じられている。店員に喫煙場所があるかどうか聞くとよい。

知っておきたいこと

第2次世界大戦中に旧日本軍が3年間占領した時代（昭南島時代）があるため、年輩者のなかには反日感情をもつ人もいる。宗教上のタブーは特にないが、イスラム教寺院を訪れるときは肌を露出した服装は避ける。

旅の安全情報

治安のよさは東南アジアいちといわれているシンガポールだけど、
そこはやっぱり外国。日本人を狙った犯罪も増加傾向にある……。
ちょっとだけ気を引き締めて、無駄なトラブルを回避しよう。

注意してね～

治安　シンガポールの治安の
よさは有名だけど、スリ、
置き引き、強盗などの発生率は
日本より高いのが実情。自分の
手荷物から目を離さない、親切
を装って声をかけてくる輩は相
手にしない、深夜のひとり歩き
はしないなど、注意を怠らない
ように。下記サイトで渡航先の
安全情報を確認できる。

外務省海外安全ホームページ
URL www.anzen.mofa.go.jp

病気・健康管理　シンガポールには日
本語対応の病院（→
P.187）があるので、いざとい
うときのためにチェックして
おこう。また、食事や水による
食あたりに備えて、日本から飲
み慣れた薬を持参しておくと
安心。

生ものに
気をつけて

海外旅行保険　旅行中はどんなトラ
ブルが起きるかまった
く予想がつかないもの。だか
ら、海外旅行保険にはぜひ加入
しておきたい。最近はウェブで
簡単に加入でき、自分が必要と
する補償だけをチョイスでき
たり、保険料も割安になってき
ている。また海外旅行保険が付
帯しているクレジットカード
を持っていたら、補償の範囲内
でカバーしてもらえる。詳しく
はカード会社に連絡を。

こんなことにも気をつけて！

事前に手口を知って、トラブルはできるだけ避けよう！

① スリ、置き引き

混雑したMRT内やS.C.でバッグの中の
財布をすられたり、ホテルのチェック
イン、チェックアウト時に床に置いた
バッグを盗まれるといった観光客を
狙ったスリ、置き引きが増えている。
貴重品は分散して身に付ける、荷物は
体から離さない、支払いのときに財布
の中を他人に見せないようにする、な
どの対策を。もしも被害に遭ってし
まったら、現地警察に届け出を。

② ぼったくりタクシー

空港から市内へ向かうタクシーが、
メーターを使用しなかったり、メー
ター表示の何倍もの料金を要求して
きたといったトラブルも起きている。
深夜などは追加料金がかかるが、そ
れでも$45を超えることはない。納得
のいかないことがあったら、助手席
の前に掲げてある運転手の名前とタ
クシー番号を控えてタクシー会社に
申し入れる。

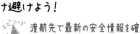③ 渡航先で最新の安全情報を確認できる「たびレジ」に登録しよう

外務省提供の「たびレジ」は、旅程
や滞在先、連絡先を登録するだけで、
渡航先の最新安全情報を無料で受け
取ることのできる海外旅行登録シス
テム。メール配信先は本人以外も登
録できる。またこの登録内容は、万一
大規模な事件や事故、災害が発生し
た場合に滞在先の在外公館が行う安
否確認や必要な支援に生かされる。
URL www.ezairyu.mofa.go.jp/tabireg

④ 麻薬所持は極刑

シンガポールでは麻薬や覚せい剤な
どの所持、密売に対しては非常に厳
しく取り締まっており、厳罰に処せ
られる。外国人に対しても例外では
ないので自己責任のもと、良識ある
行動を。知らない人に依頼された荷
物などは絶対に預からないこと。荷
物から麻薬や覚せい剤が出てきたら、
たとえ身に覚えがなくともシンガ
ポールの法にのっとって罰せられる。
最も重い刑で極刑に処せられるので、
注意を怠らないように。

⑤ 買い物時のトラブル

オーチャード・ロード周辺の雑居ビ
ル内のIT機器販売店舗において、ス
マートフォン等を購入する際、先に
携帯電話端末費用を現金やクレジッ
トカードで支払わせ、その後事前に
説明のない保証書や付属品分などの
名目で高額な追加請求が行われ、こ
の支払いを拒否すると購入した端末
の引き渡しをしないという詐欺ま
がいのケースが多発。買い物時のト
ラブルは警察か消費者協会☎9795-
8397（英語）へ相談を。

⑥ 日本語で声をかけてくる親切な輩には要注意

オーチャード・ロードなどの繁華街
でガイドを口実に日本語で声をかけ
られ、警戒心が緩んだところで、高
額のガイド料を請求されたり、睡眠
薬入りのジュースを飲まされ金品を
奪われたという被害もある。見ず知
らずの人が異常に親切にしてくるよ
うな場合は、毅然とした態度をとり、
すぐにその場から立ち去ること。ま
た、他人からもらった飲食物は口に
しないなど、日常的な注意を怠らな
いで！

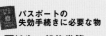
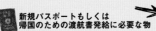

トラブル別 困ったときの イエローページ

じたばた じたばた

トラブル1 パスポートを紛失したら

**まずは現地警察とともに
現地日本大使館に届け出て手続きを**

まずは最寄りの警察またはシンガポール警察ホームページ（URL www.police.gov.sg）にて紛失・盗難届出証明書（Police Report）を取得する。そして日本大使館に本人が出向き、紛失したパスポートの失効手続きを行う。その後パスポートの新規発給、または帰国のための渡航書発給の手続きを行うことになる。

パスポートの失効手続きに必要な物

- ☐ 紛失一般旅券等届出書1通
- ☐ 写真（縦4.5×横3.5cm）2枚
- ☐ 警察が発行した紛失・盗難届出証明書1通

新規パスポートもしくは帰国のための渡航書発給に必要な物

- ☐ 一般旅券、もしくは渡航書発給申請書1通
- ☐ 6ヵ月以内に撮影された写真（縦4.5×横3.5cm）2枚
- ☐ 写真付きの身分証明書・書類。パスポートの場合は戸籍謄本（抄本）1通
- ☐ 帰りの航空券、あるいは航空券の予約確認書
- ☐ 手数料
  パスポートは$138（5年有効）、$200（10年有効）。所要日数は4日（土・日曜、祝日は含まない）。帰国のための渡航書は$31、所要日数は1〜2日

トラブル2 事件・事故に遭ったら

すぐに警察や日本大使館で対応してもらう

置き引きや盗難、事件に遭ってしまったら、すぐに警察へ電話を。また、ケガなどの場合は消防／救急へ電話しよう。

緊急連絡先

警察・緊急	999
消防・救急	995

在シンガポール
日本国大使館領事部 **6235-8855**
URL www.sg.emb-japan.go.jp
Map 別冊P.14-A1

トラブル3 クレジットカードを紛失したら

盗難でも紛失でも、至急利用停止手続きを

もし、クレジットカードを紛失してしまった場合は、すぐにカード発行金融機関に連絡して、カードの利用を止めてもらう。盗難による紛失なら、警察にもすぐ連絡を。

緊急連絡先 カード会社

Visa	1-303-967-1090
アメリカンエキスプレス	1800-535-2209
ダイナース	81-3-6770-2796
JCBカード	001-800-00090009
マスターカード	800-1100-113

トラブル4 病気になったら

シンガポールには日本語の通じる病院も。緊急なら救急車を！

旅先での急な病気や体調不良に備えて、日本語対応の病院を把握しておくと安心。海外旅行保険に加入している場合は、保険会社のサービスセンターにも連絡を。

緊急連絡先 消防・救急 995

ラッフルズ・ジャパニーズクリニック	6311-1190
ジャパン・グリーン・クリニック	6734-8871
日本メディカルケアー	6474-7707

トラブル5 荷物を忘れたら

心当たりの場所もしくは各遺失物センターに連絡を

タクシー内に忘れ物をしたときのために、タクシーに乗ったら領収書をもらっておくと安心。

緊急連絡先 遺失物相談

遺失物集中管理事務所（FUPO）	6842-9645
チャンギ国際空港遺失物センター	6595-6868
	6723-1188
	6597-4500

その他連絡先

保険会社（日本のカスタマーセンター）

損保ジャパン日本興亜	0120-666-756
東京海上日動	0120-868-100
AIG損保	0120-016-693

航空会社

シンガポール航空	6223-8888
全日空	800-8102-448
日本航空	800-811-0768
スクート	6329-1420

観光案内

シンガポール政府観光局 1800-736-2000
URL www.visitsingapore.com

貴重品の紛失に備え、現金、カード、パスポートのコピー、海外旅行保険の書類は分散して持つようにしたい。

188